U0067275

親職教育的
原理與實務（第二版）

林家興●著

作者簡介

林家興

■ **學歷** ■

美國肯塔基大學諮商心理學哲學博士
美國南加州心理分析學院進階心理分析治療結業

■ **經歷** ■

美國舊金山總醫院、麥考利神經精神醫院及列治文心理衛生中心
實習心理師
美國洛杉磯太平洋診所亞太家庭服務中心心理師兼助理主任

■ **執照** ■

美國加州心理師考試及格
臺灣專技高考諮商心理師考試及格

■ **現任** ■

國立臺灣師範大學教育心理與輔導學系教授
臺灣諮商心理學會常務理事
考選部心理師審議委員會委員
財團法人華人心理治療研究發展基金會董事
財團法人董氏基金會心理健康促進委員

親職教育的原理與實務

二版序

　　本書於 1997 年出版以來，受到許多讀者的好評，認為本書理論與實務兼顧，十分實用，很多學界朋友將這本書列為親職教育的大學教科書，我覺得很榮幸、很感謝，也深受鼓勵。本書出版將近十年，的確有修訂再版的需要，使它可以符合時代的潮流和學生學習的需要。但是由於平日教學、研究和行政事務相當繁忙，以致於修訂的工作一再耽擱。

　　本書修訂的工作從 2005 年夏天開始，到了 2006 年的夏天完成。全書內容增加了四分之一的份量，顯著的豐富了本書的內容。主要新增的章節包括：台灣地區親職教育實施方式的檢討、新移民家庭的親職教育、親職教育團體實施成效的個案研究，以及強制親職教育團體的實施等。這些內容的增加主要在反應過去十年的社會變遷，包括社會新興議題的出現，例如：台灣新移民家庭的親職教育、《兒童及少年福利法》新增強制性親職教育的條文，以及以團體方式實施親職教育的需要日增等。

　　除了內容的增加，為了增進本書的品質，本書修訂的重點還包括下列幾方面：1. 增加每章的篇幅，並重新調整章節，為配合大學老師教學的方便，調整全書為 13 章；2. 每章之後增加「本章小結」和「問題討論」，增進讀者對於各章內容的回顧和討論；3. 全書之後增加中英文專有名詞索引，以方便讀者快速查閱；4. 更新參考文獻，增加親職教育最新的參考資料。

　　為了方便大陸讀者有機會閱讀本書，本書將同時在大陸以簡體字版發行，大陸地區的父母們在管教獨生子女方面，面臨更大

的挑戰,農民工不論在管教隨身兒童(流動人口子女)或留守農村子女,遭遇極大的困難。從事人格素質與心理健康教育的各級學校輔導老師,希望有適當的親職教育書籍,可以作為推展親職教育輔導的參考。本書簡體字版的出版,希望可以多少彌補這方面專門著作的不足。

本書修訂之前,我曾經努力在台灣師大建構一個家長互助會的支持性團體計畫,這個計畫執行了幾個月之後,因故停辦,成為一個遺憾。本書修訂之後,我希望它不只是一本書,也可以成為一個課程,更希望有朝一日,它可以成為一個家長互助會的支持性組織,讓更多的父母可以在這裡獲得親職教育,可以增進父母的成長,可以獲得精神的支持和情感的交流。

本書的修訂和出版,我要感謝本書初版讀者的回饋和建議,謝謝孫正大老師、洪美鈴老師和曾怡茹老師的協助資料整理,謝謝心理出版社林敬堯副總的全力支持。本書能夠順利在大陸發行簡體字版,要謝謝吳武典教授、史慧利總經理、周欣茹老師和邱學東老師的督促和協助,以及感謝這十年來和我一起從事父母成長團體工作的許多伙伴和家長們。沒有大家的協助,這本書的修訂不知道要再延宕多久。最後,希望本書二版的出版,可以提供更新更優質的內容給讀者。本書如果有疏誤之處,還請讀者不吝指正。

林家興

2006 年夏天於台灣師範大學

初版序

　　多年從事親職教育工作，使我體會為人父母的辛勞和苦心，並且了解父母對於子女的人格發展和終身幸福具有關鍵性的影響，這使我更加相信親職教育的重要性。幫助辛苦的父母能夠繼續成長，更有能力去幫助他們的子女，便是 1994 年筆者撰寫《天下無不是的孩子》的初衷。雖然，有些父母可以透過閱讀相關的親職書籍來增進為人父母的效能；但是，有些父母卻需要更多的教育和輔導，特別是需要有關親職教育研習課程的幫助。

　　要為父母們開課講授親職教育或主持父母成長研習課程，並不是一件容易的事，坊間有關如何開設親職教育研習課程的中文專書也不多見。有興趣想進修成為一名親職教育專業的人，通常是透過自我摸索和在職進修；一路走來，跌跌撞撞，極需要有適合的專業用書作為有系統的進修之用。

　　撰寫本書時，筆者心中以下列三類讀者為主要對象：一是選修大專院校「親職教育」的大學生和研究生，本書兼顧原理與實務，正好可以作為「親職教育」的大專用書；二是參加「親職教育」在職進修的中小學教師，本書可以作為相關主題的研習教材；三是有興趣為一般父母主持「親職教育研習課程」的教育輔導人員與心理衛生工作者，本書正好可以作為設計與實施親職教育研習課程的參考指南，書中並包括一些可以直接使用的講義大綱。

　　全書分為十六章，包括親職教育的理論基礎、行為管理技

術、課程的規劃與實施、父母成長團體的設計、課程設計實例、親職教育的評量,以及親職教育專家的訓練等課題。除了介紹美國著名的親職教育課程,本書也介紹筆者所設計的「亞太親職教育課程」,作為實例說明。

1995 年夏天,筆者應邀返國參加國建會時,已有撰寫本書的構想。這個構想直到 1996 年秋天回國任教國立台灣師範大學,講授「親職教育」的課程時,得到很大的動機;再加上心理出版社許麗玉總經理的催促和鼓勵,終於使本書得以問世,與讀者分享筆者從事親職教育工作與研究的心得。

本書的醞釀和撰寫,要謝謝許多的人和機構。在洛杉磯亞太家庭服務中心,我要謝謝我的同事和來參加「親職教育課程」的家長們。在國立台灣師範大學,我要謝謝我的同事和來選修「親職教育」的同學。與同事、家長和同學的教學相長,直接間接地豐富了本書的內容。

本書第八章〈了解父母的心聲和需要〉及第十三章〈親職教育好書推薦與社會資源〉的資料整理,要謝謝台灣師範大學教育心理與輔導研究所研究生陳孟吟小姐的協助。

全書完稿之後,承蒙政治大學心理學系鍾思嘉教授、台灣師範大學教育心理與輔導學系吳麗娟副教授、心理治療師王麗文博士,以及台灣師範大學特殊教育研究所研究生黃裕惠小姐的檢閱,並提供許多寶貴的修正建議,使本書的內容更臻充實,謹此致謝。

林家興

1997 年夏於台北

目錄

CONTENTS

CONTENTS

表次

第一章

緒論

本章針對親職教育這個主題先進行一個概述，首先澄清親職教育的定義和功能，接著闡述親職教育的本質，本書認為親職教育基本上是心理健康和兒童保護的一種教育，最後說明親職教育的一般策略和內容。閱讀本章可以對本書的觀點和主張有一個初步的認識，有助於閱讀其它章節。

親職教育的定義與功能

　　本節首先闡述親職教育的定義，分別從親職教育的特點、對象、內容、機構、教師與教育期限等角度加以描述。接著說明親職教育的功能，包括積極和消極的功能。最後探討親職教育的範圍，說明親職教育的優點與限制，以及親職教育與諮商輔導、心理治療的區別等。

壹、親職教育的定義

　　「親職教育」（parent education）是成人教育的一部分，以父母為對象，以增進父母管教子女的知識能力，和改善親子關係為目標，由正式或非正式的學校親職專家（parent specialist）所開設的終身學習課程。

　　關於上述親職教育的定義，我們有進一步加以說明的必要。就教育的性質而言，親職教育是一種成人教育。一般人很少有機會在學齡階段，從學校中學習如何做父母的知識技能。通常都是到了孩子生下之後，或者等到管教子女出了問題的時候，才會想到接受親職教育。

　　親職教育既然是成人教育，因此它具備了以下幾個特點：自願性、實用性、即時性，以及連續性。除部分法院強制性的親職教育課程，大部分的親職教育是屬於自願參加的課程，父母可以選擇參加或不參加。親職教育非常重視課程的實用性，讓父母能

夠學以致用，理論的部分比較少。父母之所以選擇參加親職教育，通常都是因為面臨一些子女管教的問題，需要解決，因此，親職教育很強調即時性地協助父母處理當下的親子問題。

親職教育的另一個特點是連續性，也就是說親職教育是一種終身繼續教育，並沒有學會學完的一天。也就是說，如何做父母是一門活到老學到老的進修課程。

就教育的對象而言，接受親職教育的人，是屬於非傳統的學生。他們是成人，通常是有家庭、有孩子、有工作的父母。在忙碌的生活之餘，前來參加親職教育。因此，在實施親職教育的時候，要了解他們的特殊狀況和需要，並且能夠在教材教法上作適當的調整，在上課時間的安排上要遷就他們的方便。

就教育的內容而言，親職教育主要在培養正確教養子女的態度，增進有效教養子女的知識技能，以及改善親子關係。筆者認為良好的親職教育，應以父母管教子女的生活經驗為主要內容，任何遠離父母教養子女經驗的理論和教材都應該避免。隨著子女年齡不同，教養問題的種類不同，親職教育的內容也應有所調整。

就教育的機構而言，親職教育通常是由正式學校所開設的非正式課程，或由非正式學校機構所開設的進修課程。非正式的學校機構包括：政府機構、諮商輔導機構、心理衛生機構、社會服務機構，以及成人學校。親職教育通常沒有學分，因此也就沒有考試。不過一般而言，開課機構通常會發給出席的人一張上課時數證書或出席證明。

就教師而言，由於親職教育通常由非正式的學校機構所開設，在師資的條件和資格上並沒有任何的限制。但是為了有效達

到教學目標，親職教育課程的教師，應該由親職專家、心理輔導專家或家庭教育專家擔任。由於參加親職教育課程的學生，以有子女管教困擾的父母為主，因此請親職專家或心理輔導專家來擔任教師最為適當。

就教育期限而言，親職教育是一種父母的繼續教育，課程的設計以短期為主。但是，參加單次的親職教育課程是不夠的，因為隨著子女年齡的增加，管教問題的變化，以及時空的推移，如何成為一位有效能的父母，便成為一門父母終身要學習的課程。

貳、親職教育的功能

親職教育的功能很多，在消極方面，可以幫助父母與子女改善有問題的親子關係或避免親子問題的惡化；在積極方面，可以幫助父母與子女預防親子問題的發生或者增進更好的親子關係。換言之，親職教育的功能在於：預防兒童虐待與疏忽、預防青少年濫用藥物、預防青少年犯罪、預防心理問題的產生、預防子女學習挫敗，最終達到良好的親子關係與和諧的家庭生活。

親職教育應該是每一位父母都需要參加的課程，是屬於心理衛生的初級預防。理想上，任何為人父母的人都應該在準備為人父母時，以及為人父母以後，繼續不斷地進修，以便扮好為人父母的角色，以期發揮父母有效教養子女的功能。在子女還沒有出現問題行為的時候，親子溝通還沒有發生障礙的時候，當孩子年齡還小的時候，父母就要未雨綢繆，學習有效教養子女的知識技能。

由於子女年齡和問題不同，因此親職教育的功能也往往因人

而異。有的親職教育是以有特殊問題兒童的父母為對象，其功能在於協助父母認識子女的特殊問題和需要，以及教導父母適當管教特殊兒童的方法。有的親職教育是以虐待兒童的父母為對象，其功能在於協助父母認識兒童保護法律，教導父母以有效而非暴力的方式來管教子女。有的親職教育以虞犯少年的父母為對象，其功能在於協助父母了解青少年的身心發展，教導父母有關少年犯罪的法律常識，並且幫助父母學習有關吸毒、幫派與暴力行為的輔導和管教方法。

根據多年輔導兒童與青少年的臨床經驗，筆者認為孩子如果有情緒與行為上的問題，這些問題的產生和惡化，通常和父母的管教態度與親子關係有很密切的關係。親職教育的主要功能，便是在幫助參加上課的父母覺察到這個關係，使父母深刻明白自己是如何地在影響子女的情緒與人格發展。透過父母的自我反省和改變，達到有效幫助子女的目標。

分辨不清虐待兒童與管教子女的父母，在接受親職教育之後，才學會如何適當地管教子女。子女濫用藥物的父母，在親職教育的討論中，才學會濫用藥物是青少年求助的一種方式，而不必然是對父母的叛逆。

親職教育所要達到的教學目的，不僅止於知識技術的傳授，更重要的是態度的學習與情緒的管理。成功的親職教育課程應該包括三種重要的學習內容：認知的學習、技能的學習，以及情感的學習。教養子女不僅有賴正確的知識和適當的技能，更重要的是感情的培養和重建。成功的親職教育，不僅幫助了父母，幫助了子女，更幫助了整個家庭。

參、親職教育的優點、限制與範圍

本小節將進一步說明親職教育的優點與限制，以及親職教育與諮商輔導、心理治療的區別。

一、親職教育的優點

親職教育的優點，可以歸納如下：

（一）親職教育是有效的初級預防課程

對於一般父母與家庭功能尚屬正常的人，通常可以從親職教育中獲得極大的好處，特別是在於預防子女問題行為的產生，以及親子關係的衝突。子女在稱職父母的教養之下，通常可以得到比較順利成長的機會，和父母的關係也比較正面和健康。親職教育可以說是「預防勝於治療」的最佳教育課程。

（二）親職教育提供父母許多精神上的支持

這方面的優點，在小班級或小團體式的親職教育課程中最容易發揮出來。父母倘若遭遇到管教子女的挫折時，可以得到其他父母的經驗分享、精神支持和鼓勵。對於教養子女欠缺信心的父母，親職教育所提供的支持與鼓勵是很重要的優點。

（三）親職教育是屬於教育性活動

「去上課」總是比「去輔導」或「去看病」更容易得到親友的肯定，比較容易被父母所接受；因為親職教育的學生都是為人父母者，不希望被人家瞧不起或被人家認為心理有問題，因此親職

教育以進修課程的方式為訴求，比較容易吸引父母的參與。

（四）親職教育通常是免付費或是低收費

親職教育通常屬於心理衛生推廣教育、家庭教育或兒童保護服務的一部分，經費來自政府或民間募款。一般學校、社教與輔導機構，為了吸引更多的父母來參加親職教育，通常免收學費，或者向父母酌收成本費。

（五）親職教育的實施相當社區化

親職教育課程多半在社區中開設，以方便父母們報名參加。親職教育的實施可以在任何人們集會的地方，通常在社區居民所在的學校、社區活動中心或社會服務機構中舉辦，因此具有社區化的優點。

二、親職教育的限制

親職教育並不是解決父母管教子女問題的萬靈丹，親職教育也有它的限制，主要的限制如下：

（一）親職教育不能取代心理治療

對於有精神疾病或嚴重心理困擾的父母或子女，親職教育只能局部幫助父母改善他們父母的功能，但是對於其他方面的功能與問題，則幫不上忙。親職專家通常會將那些不適宜參加親職教育的人篩選出來，轉介到其他更適當的機構去，以方便這些有精神疾病或心理困擾的父母得到最好的幫助。

（二）親職教育不能直接替父母去管教子女

親職教育可以幫助父母本身，也可以間接透過父母去幫助孩子，但是親職教育不可能直接去幫助那些有問題的孩子。只有出席親職教育課程的父母，才能直接受益於親職教育。未出席的其他家人，並無法直接受益於親職教育。我們要明白，親職教育的對象是父母，而不是孩子或其他家人，親職教育不可能解決所有家人的問題。

（三）親職教育沒有速成班

學習做一位有效能的父母是十幾二十年的教育歷程，希望透過一、兩個小時的演講或幾次的上課，便想要成為「天才老爹」，是不可能的。親職教育涉及知情意的學習，涉及深層人際關係的重建，不可能有速成班，也不可能有畢業的一天。參加親職教育的人，先要有一個心理準備，那就是要有「活到老，學到老」的學習態度。保持一顆繼續不斷學習的心，才是為人父母最重要的態度。

三、親職教育與諮商輔導、心理治療的區別

親職教育、諮商輔導和心理治療都是助人活動，通常都是由心理輔導人員所提供，有時甚至是由同一個機構或同一個人所提供。因此，一般人往往無法清楚地區別三者的不同。三者比較明顯的區別如下：

1. 就助人模式而言，親職教育是屬於教育模式，諮商輔導是屬於輔導模式，心理治療是屬於醫療模式。

2. 就提供者而言，親職教育提供者稱為親職教師，諮商輔導的提供者稱為諮商師或輔導老師，心理治療的提供者稱為心理師或心理治療師。

3. 就提供的機構而言，親職教育與諮商輔導通常在一般學校、社會服務與心理輔導中心實施，心理治療通常在精神醫療院所或心理衛生中心實施。

4. 就服務對象而言，親職教育的對象以父母為主，諮商輔導則以一般心理功能尚屬正常的人為主，心理治療則以患有精神疾病或遭遇嚴重心理困擾的人為主。

5. 服務方式而言，親職教育通常以團體或班級方式實施，諮商輔導與心理治療則兼有個別和小團體的實施方式。

6. 就服務費用而言，服務費用的多少要視機構性質而定，通常由政府或非營利的機構或學校所提供的親職教育、諮商輔導或心理治療通常是免費或低收費。若是由私人或營利機構所提供的服務則收費會比較高。

親職教育是心理健康與兒童保護的教育

本節將從心理健康和兒童保護這兩方面來探討親職教育。親職教育的性質，既是一種預防心理疾病和兒童虐待的教育措施，也是一種改善心理問題、減少親子衝突、消弭兒童虐待的輔導措施。它是教育的必需品，而非奢侈品。親職教育的對象是每一位為人父母者，而非少數特定的對象。親職教育的價值既是教育性的、預防性的，也是輔導性的、治療性的和復健性的。親職教育

實施的時機是隨時隨地的，而不是只在子女管教無效的時候。甚至，親職教育的實施，應包括在生育孩子之前和孩子長大之後。本書同時將親職教育界定為心理健康教育和兒童保護教育，並且是一種預防與矯治心理疾病與兒童虐待的教育輔導措施。

壹、心理健康與親職教育

　　心理健康（mental health），從消極方面來說，是指一個人沒有妨礙生活功能的心理症狀或障礙的心理狀態；從積極方面來說，心理健康是指一個人有能力去處理日常生活的壓力與問題，能夠與人和諧相處，並且以有效率的方式去生活和工作。心理健康的人可以適當地處理自己的情緒並享受生活。

　　怎樣才能促進或維持自己和子女的心理健康呢？這方面和親職教育便有非常密切的關係。親職教育不僅有助於預防為人父母的心理疾病，增進自己的心理健康，更可以預防子女的心理疾病，增進子女的心理健康。

　　親職教育和心理健康的密切關聯性，我們可以從心理保健的三類預防措施看得很清楚。Goldenson（1970）把心理保健分為生物的、心理的和社會的預防措施。

一、生物的預防措施

　　生物的預防措施包括：孕婦的產前照顧，可以預防嬰兒因為營養不良或感染所引起的心理缺陷；充分的產科照顧，可以預防嬰兒出生過程的創傷；良好的兒童衛生保健，可以增強免疫，避免身心疾病的罹患；定期健康檢查，可以早期發現早期治療身體

的疾病；實施安全措施，可以預防子女的腦傷、中毒和意外事故；接受預防接種疫苗，可以避免感染各種傳染疾病；給予子女充足的營養，可以預防身心疾病的產生；遺傳諮商可以預防將遺傳性疾病傳給下一代。這些生物的預防措施，若沒有適當的父母教育或親職教育來配合，便無法發揮它的預防效果。

二、心理的預防措施

　　心理的預防措施包括：對嬰幼兒的充足照顧；提供子女一個有愛心和鼓勵的生長環境；按時餵食、適當的大小便訓練及社交訓練；給予子女適度的自由去探索環境；適當而一致的管教態度和方法；在子女面臨挫折和壓力時，給予充分的支持和鼓勵；培養子女適度的挫折忍受力，發展各種心理、社會與體能的能力，並獨力去面對生活問題；幫助子女學習適當的情緒和感情表達，以及適當的情緒控制的能力；培養子女良好的情緒和態度，如愛人、體貼與幽默等；協助子女培養處理害怕與憤怒的情緒，培養子女良好的人際關係，與人合作的能力與責任感；協助子女充分準備面對人生的重要階段，如上學、青少年、結婚、就業、生育孩子；以及培養子女有正確的人生觀和了解生活的意義等。從心理的預防措施，我們發現它和親職教育的內容是完全一致的，亦即，親職教育的內容與實施，根本上即是在從事心理疾病的有效預防。

三、社會的預防措施

　　社會的預防措施是指各種有組織地努力去改善社會環境，以減少對個人的壓力，提供良好的社會環境，去促進個人的心理健

康。具體的說，社會的預防措施包括：興建國民住宅以消除遊民；提供充分的育樂設施；有效控制藥癮和酒癮的措施；進行心理疾病流行病學的調查，以針對特定的壓力因素和心理疾病採取有效防治措施；提供充分的社區心理衛生資訊與資源給居民，以從事心理疾病的預防和治療。社會的預防措施，不像生物的和心理的預防措施，那麼容易由個人和家庭來實施。但是，親職教育的內容應該包括如何利用社會的預防措施，來協助子女預防心理疾病的發生，並增進子女的心理健康。

貳、兒童保護與親職教育

本書定義兒童為年齡 18 歲以下的未成年人，包括：嬰幼兒、兒童以及青少年等。未成年人大部分的時間生活在家庭裡，大部分的時間由父母教養與照顧。父母對子女的人格發展、身心健康、情緒教育有著極大的影響。父母的素質和管教方式，深遠地影響子女的一輩子，甚至子女長大以後的家庭。親職教育對於預防「兒童虐待」和「子女疏忽」有非常重要的功能。

一、兒童虐待的類型

什麼是兒童虐待和疏忽呢？兒童虐待與疏忽大致可以分為四類：身體虐待（physical abuse）、疏忽（neglect）、性虐待（sexual abuse）和精神虐待（emotional abuse）。茲說明如下（林家興，1994b）：

1. 身體虐待，是指人為加諸於兒童的身體傷害，不包括「因意外而受傷」。法律上的認定是根據兒童身體是否有受傷的痕跡而

定，包括：骨折、青紫、瘀血、燙傷、流血、瘀腫等。父母往往因為管教不當而導致虐待兒童。有些父母因為孩子不聽話、不做功課、說謊、偷竊或打架，動輒對兒童實施體罰，因而導致兒童身體上的傷害。

2. 疏忽，是指父母不能勝任教養孩子，導致兒童無法發育成長，缺乏足夠飲食以致營養不良，未能注意兒童的身心安全導致兒童受傷，或不帶患病的兒童去接受治療等。父母嚴重疏忽兒童的例子，包括：把小孩子單獨留在家裡或車子裡，沒有保母或其他成人的照顧；帶孩子的時候，沒有把孩子看好，讓孩子從桌上跌到地上，在床上窒息而死，從樓梯上跌到樓梯下，或孩子生病卻沒錢去看醫生等。

3. 性虐待，是指成人加諸於兒童的性侵犯或性利用。性侵犯包括：與兒童的性行為、在兒童面前自慰，或玩弄兒童的性器官等。性利用是指教唆兒童從事色情活動，拍攝、販賣裸照、性表演或性交易等。父母與子女亂倫，脅迫子女從事色情活動，以及供應兒童觀看色情光碟、書刊圖片或表演等，均屬於性虐待子女的兒童虐待。

4. 精神虐待，是指對兒童的侮辱、威脅、恐嚇、嘲笑，導致兒童心生恐懼不安、厭世，或精神痛苦等。父母對兒童的無理要求，給予兒童極大的心理壓力，便是明顯的精神虐待。

國內比較嚴重的兒童虐待與疏忽，還包括下列行為（彭懷真，1994）：

1. 未提供適當食物、衣著、住所、安全照顧、醫療照顧及成長所需之教養。

2. 利用兒童從事危害其健康的活動。

3. 利用畸形兒童供人參觀。

4. 利用兒童行乞。

5. 供應兒童觀看、使用不當資訊、設施、有礙身心之場所。

6. 剝奪或妨礙兒童接受國民義務教育之機會。

7. 強迫兒童婚嫁。

8. 拐騙、綁架、質押、買賣兒童或以兒童為擔保之行為。

9. 供應兒童毒藥、毒品、麻醉藥品、刀械、槍砲、彈藥或其他危險物品。

10. 使六歲以下兒童或將特別需要照顧之兒童獨處或使用不適當之人代為照顧。

11. 促使或准許兒童吸菸、飲酒、嚼檳榔、吸食或施打迷幻藥、麻醉藥品或其他有害其身心健康之物質。

預防兒童虐待與疏忽最重要的策略便是對父母實施親職教育。有些父母由於使用代代相傳的管教方法，傷害了自己的子女還不知不覺。有些父母甚至相信「棒下出孝子」、「不打不成器」而濫用體罰。這些家長便可以透過參加親職教育，來學習如何保護自己的孩子。

二、兒童虐待的統計資料

根據「兒童保護專線」的統計（中華兒童福利基金會，1994），對兒童的施虐者多是兒童所熟悉的人，包括：父母、祖父母、兄姊及朋友等。該項統計指出，施虐者中，親生父母對自己的子女施虐的比率高達 80.6%，若加上繼父母，更高達 84.8%。父母是兒童成長過程中關係最親密的人，父母親長期對孩子的虐待，對孩子的人格與心理發展的傷害是非常巨大的。

　　兒童遭受虐待和疏忽的類型，主要是身體虐待、疏忽、精神虐待和性虐待。根據筆者（Lin, 1990）對美國洛杉磯亞太家庭服務中心 26 名受虐個案的研究，發現美國華人虐待兒童的類型主要是身體虐待，占 69%；其次是疏忽，占 23%；再其次是性虐待，占 8%。由於精神虐待的界定較為困難，因此並未列入該研究之中。同一個時期，根據洛杉磯郡兒童保護專線的統計，美國兒童受虐的類型，百分比分別是：身體虐待，占 36%；疏忽，占 30%；性虐待，占 20%；精神虐待，占 3%；其他，占 11%。

　　台灣的統計因資料來源而異，根據彭懷真（1994）的論文，台灣兒童受虐的類型主要有身體虐待、精神虐待和性虐待，在百分比方面約為 67%、17% 和 16%。家庭扶助中心兒童保護專線的統計則為：嚴重疏忽，占 39.71%；身體虐待，占 29.16%；管教不當類似虐待，占 14.32%；精神虐待，占 10.81%；以及性虐待，占 6.0%（中華兒童福利基金會，1994）。

　　根據內政部（2007）的統計，2006 年 1 至 9 月各縣市政府受理之兒童及少年保護個案通報案件計有 12,081 件。受虐類型以身體虐待占 37.7% 最多，不當疏於照顧占 26.7% 次之，精神虐待占 7.2% 居第三。

　　兒童虐待與嚴重疏忽，對兒童身心發育和人格發展都是非常嚴重的傷害，嚴重者導致子女傷亡，長期虐待與疏忽則導致身心障礙和人格偏差。受虐的孩子不僅一生的幸福和健康受到破壞，多數受虐者日後也有可能成為施虐者，使暴力的傷害代代相傳。

　　事實上，兒童虐待與嚴重疏忽是一項最可以預防的工作，而親職教育便是預防兒童虐待與疏忽之最直接、最有效的方法。親職教育的實施，便是在幫助父母以適當的方式教養和保護自己的

子女。父母管教子女並不是天生就會的事情，父母倘若得到正確的指導，將可以在幫助和照顧子女方面，獲得事半功倍的效果。同時，有效地避免成為虐待兒童與疏忽兒童的高危險群。

參、有效預防措施的特徵

親職教育是一種心理衛生與兒童保護的教育措施，著重在心理疾病與兒童虐待的初級預防。規劃與實施親職教育的時候，我們務必要把握它的教育目標與性質。要發揮預防的功能，任何親職教育課程的規劃，都應該具備下列的特徵（Benard, 1991）。

一、有效的預防措施，要有足夠的綜合性，去處理不同系統的問題，並採用不同的策略

有效的親職教育課程，必須涵蓋不同的系統，包括青少年、家庭、學校、工作場所、社區組織，以及大眾媒體。所採用的策略要多元化，包括：提供正確的資訊，培養生活技能，提供更佳的替代選擇，改變社區的政策和生活方式。

二、有效的預防措施，必須是更大更廣泛的身心保健計畫的一部分

有效的親職教育，必須成為整個社區身心保健的一環，必須成為整個社會兒童保護的一環。單獨為改變某一不良行為，如抽菸行為或打架行為的親職教育課程，其效果是有限的。妨礙健康的行為、妨礙親子關係的行為，以及妨礙兒童發展的行為，都必須整體考慮。有效的親職教育課程，必須把它列為整個心理衛

生、醫療保健、兒童保護和學校教育的一環，使它和其他預防措施環環相扣，共同發揮預防的功能。

三、有效的預防措施，必須是密集的和終生的

　　有效親職教育的實施，必須盡早開始，並且繼續成為父母的終生教育。比較不容易出現問題的孩子，通常在出生後第一年的時候，有受到充分而良好的照顧和注意，才能培養出與人相處的基本信任。親職教育不僅要趁早實施，而且要隨著孩子的成長，繼續不斷地學習，成為終生教育的一部分。

四、有效的預防措施，要作更久的努力，包括實施的時間　　要充分，次數要足夠

　　因為親職教育所要改變的，通常是父母的基本態度和信念，以及長年累月所建立的行為習慣。想要有效改變這些根本的態度、信念和習慣，親職教育所使用的策略，要給予充分的時間和次數。例如：教學時數和訓練次數便不能太少；並且，要提供很多的機會，讓父母有充分練習新態度、新信念和新習慣的機會。

第三節

親職教育的策略與內容

　　本節主要內容將說明親職教育的實施策略、有效親職教育課程的特色，以及親職教育的研習內容。親職教育的內容可以根據父母的需要以及心理衛生預防層級而設計。

壹、親職教育的教學策略

　　親職教育要做到提升父母功能，改善親子關係，有效達成增進心理健康與兒童保護的目標，在實際的教學策略上，便要有所講究。親職教育的教學策略應強調以下幾個要點。

一、教學內容兼顧知識、態度與技能的學習

　　親職教育的教學內容應兼顧知識、態度與技能三部分。整合父母良好的知識、態度和技能成為課程的中心，幫助父母能知能行，知行合一，並且從根本去改變自己的管教態度和信念，以發揮親職教育的預防功能。

二、替代選擇的提供

　　親職教育的教學策略，不僅告訴父母什麼不可以做，而且要告訴父母什麼是有效的代替做法。例如：我們告訴父母對孩子不可以打，不可以罵，當孩子表現不適當的行為，父母應該怎麼辦？能做什麼？有效的親職教育會提供父母各種選擇，父母可以根據個別的情況和需要，選擇有效的管教方法，放棄原來無效的方法。

三、教導有效的生活技能

　　教養子女牽涉許多生活技能，包括：溝通技巧、問題解決的技巧、獨立判斷的能力、自我肯定的能力、壓力管理的技巧、自我成長的能力，以及社交技巧等。這些重要的生活技能，有助於父母更為勝任管教子女的工作，教導這些技能，便是有效的預防

措施。

四、選擇適當的師資

有效的親職教育，有賴於有信用、有能力的親職教師來實踐。適當的師資應該具備的特徵，包括：良好的養成教育、誠實、有效的溝通能力、有效催化團體動力的能力、喜歡親職教材與受訓的父母、具備角色扮演的能力、喜歡社會互動，並且有樂於助人的個性等。

五、參與社區整體改造

有效的預防措施，必須成為社區整體改造的一部分。有效的親職教育課程，自然不能自外於家庭所居住的社區。親職教育應鼓勵父母參與社區活動，參與制訂有益身心健康的社區活動，包括：參與學校活動、社區育樂活動，以及敦親睦鄰活動。社區參與是有效預防措施的重要特徵。

貳、親職教育的規劃過程

有效的親職教育，是經過精心設計和規劃的結果。其主要特色如下：

1. 有效的課程規劃包括：需求評估、確立目標、實施細節規劃、行政管理，以及效果評鑑等項目。

2. 課程規劃應參考有關人士的意見，並爭取他們充分的合作。有效的親職教育通常重視父母、教師、警察、學校行政人員、青少年，以及有關社政機構的意見。爭取這些人士的充分合

作，可以提高課程實施的成功率。親職教育的規劃更應該與不同的專業領域合作，包括：心理衛生、公共衛生、藥物濫用防治、學校教育和兒童保護等單位。因為，親職教育和其他專業領域是不可分割的工作，透過科際整合與分工合作，才能發揮親職教育的功能。

3. 課程應訂定合理的、多元的，和可測量的目標。評量親職教育是否達成其教學或服務目標，有賴具體明確的評量標準。目標又可分為短程目標和長程目標。評量的標準包括：父母參與的人數與程度、青少年學業成績、親子互動關係，以及問題行為的發生等。評量的方式應多元化，包括根據不同的人、不同的測量方式、不同的工具來評量，以便獲得有意義的結果。評量的內容，不僅評量課程的成效，並且要評量父母的學習成效和課程的成本效益。

4. 成功的課程相當重視宣傳。如何吸引父母參加親職教育，特別是如何招來那些最需要上課的父母，是決定親職教育是否成功的重要因素。成功的親職教育課程，通常獲得社區的支持，包括：社區裡的學校、宗教組織、企業組織、政府機構，以及民間社團。透過這些機構廣為宣傳和轉介，使親職教育免於招生困難的窘境。優良的課程加上適當的宣傳，必然更能發揮其預防的功能。

參、親職教育的內容

親職教育的研習內容，應視父母的需要，以及心理衛生預防層級而定。親職教育課程不是解決所有孩子問題的萬靈丹，在有

限的時間和人力之下，它只能達到某一些特定的教育目標。根據
社區心理衛生三級預防的觀念，親職教育的研習內容可以有不同
的重點，茲分述如下。

一、初級預防的研習課程

　　初級預防（Primary prevention）是指在孩子問題與親子衝突尚
未發生之前所作的預防工作。初級預防的目的，在於防範問題於
未然，因此以初級預防為重點的親職教育，其招生對象是一般身
心功能健康，親子關係以及家庭功能良好的父母。其研習內容可
以視父母的需要，從下列項目中選擇安排：

（一）關於兩性與婚姻的課程

　　1. 婚前婚後。
　　2. 兩性心理學。
　　3. 性、愛、婚姻。
　　4. 如何獲得妻子（或丈夫）的歡心。
　　5. 夫妻相處之道。
　　6. 家庭計畫與優生保健。
　　7. 如何建立良好的姻親關係。

（二）關於親子關係與子女管教的課程

　　1. 青少年犯罪預防。
　　2. 管教子女的藝術。
　　3. 如何經營親子關係。
　　4. 兒童學前教育的安排。

5. 如何幫助子女成長。

6. 如何教養嬰幼兒。

（三）關於經營家庭生活的課程

1. 如何適應家庭壓力。

2. 如何改善家庭溝通。

3. 家庭醫藥衛生與急救。

4. 家庭經濟管理。

5. 家庭休閒活動。

6. 家庭營養與衛生。

初級預防的研習內容，在於培養為人父母的知識和能力。以初級預防為目標的親職教育課程，通常透過專題演講與座談會的方式來實施。理想的實施方式應該採用比較正式的課程，包括：請專人上課，每期研習課程至少 10 小時，除了上課聽講，亦應該有書面資料，如父母手冊或簡單易讀的親職教育參考書。

二、次級預防的研習課程

次級預防（Secondary prevention）是指在孩子問題與親子衝突發生之後所作的努力，目的在於早期發現早期解決，避免問題的惡化。對於父母與子女經常彼此抱怨對方的不是，以及子女的行為表現開始令人擔心的這些父母，所需要的親職教育是屬於次級預防的親職教育。

針對子女已有行為與情緒問題的父母，以及親子關係愈來愈緊張的父母，我們應建議他們參加以次級預防為目的之親職教育課程。初級、次級，以及三級預防的親職教育，在研習方式與所

需要的服務內容的對照，請見表 1-1。

　　由表 1-1 可知，以次級預防為目標的親職教育課程，所招生的對象通常是那些已有子女問題和親子問題的父母。因此，其研習內容除了初級預防的研習內容之外，還需要增加有關改善與解決問題能力的內容。

表 1-1　親職教育的三級預防與實施方式

實施方式	初級預防	次級預防	三級預防
非正式的研習課程： 如專題演講、座談、自修	∨	∨	∨
正式的研習課程： 大團體上課	∨	∨	∨
小團體研習	∨	∨	∨
個別指導		∨	∨
家訪指導		∨	∨
心理健康服務		∨	∨
社會福利服務			∨
特殊教育服務			∨

以次級預防為目標的研習內容，至少應包括：

1. 良好溝通的能力。

2. 問題解決的能力。

3. 正確的管教態度。

4. 情緒自我控制的能力。

5. 了解子女的能力。

6. 有效管教子女的方法。

7. 自我覺察的能力。

　　要學習上述適當的管教態度與方法，透過一般知識性的教學方式，通常效果十分有限。有效幫助父母學習適當的教養態度與方法，培養勝任親職的能力，必須透過正式的研習課程來實施，特別是兼顧知識與情緒的學習，以及行為演練的小團體研習方式。

　　參加次級預防親職教育的父母，通常手上都有許多迫切需要解決的親子問題，因此，親職教育課程的設計，必須是小班制，容許父母有直接參與討論和分享的時間和機會。研習的時數更不宜少於 10 小時，對於問題愈嚴重的家庭，父母所需要的時間愈長。

　　除了透過參加小團體研習的方式，來改善親子問題之外，有些家長與子女還需要個別指導或家訪指導，針對父母個別的問題，給予親職教育和輔導。對於有心理困擾或行為問題的孩子及其父母，親職教育工作者也應考慮請他們接受心理衛生的服務，包括諮商輔導與心理治療等。

三、三級預防的研習課程

　　三級預防（Tertiary prevention）是指對有嚴重親子問題和子女問題的家庭所作的努力，其目的在於減少身心功能的喪失。有些家庭由於嚴重的親子衝突和子女問題，導致家庭暴力、心理疾病、兒童虐待、犯罪坐牢，以及妻離子散。對於這些家庭，親職教育的初級與次級預防工作，已經無法有效地給予幫助。他們最

需要的是以三級預防爲目標的親職教育。

　　以三級預防爲目標的親職教育，其所招生的對象，通常是那些子女在監獄裡、在寄養家庭裡、在精神醫院裡，或煙毒勒戒中心裡的父母。由於父母功能的嚴重喪失，如何負起管教那些問題重重的子女，父母所需要的協助，比一般的父母更多、更迫切。

　　三級預防親職教育的實施方式，除了類似次級預防的研習課程，他們需要比較個別化的服務計畫，包括：個別指導、家訪指導，以及小團體研習。通常他們也是屬於高危險群的父母，因此，單獨實施親職教育是不夠的，他們除了親職教育之外，還需要其他的服務，包括：心理衛生服務、社會服務，以及特殊教育的服務。

親職教育的原理與實務

本章小結

　　本章內容首先定義親職教育是成人教育的一部分，以父母為對象，以增進父母管教子女的知識能力，和改善親子關係為目標，由正式或非正式的學校親職專家所開設的終身學習課程。教育親職教育的功能，在消極方面，可以幫助父母與子女改善有問題的親子關係或避免親子問題的惡化；在積極方面，可以幫助父母與子女預防親子問題的發生或者增進更好的親子關係。親職教育的性質，既是一種預防心理疾病和兒童虐待的教育措施，也是一種改善心理問題、減少親子衝突、消弭兒童虐待的輔導措施。最後本章分別說明親職教育的實施策略、有效親職教育課程的特色，以及親職教育的研習內容。親職教育的內容則特別強調應該根據父母的需要以及心理衛生預防層級而設計。

問題討論

1. 何謂親職教育？請給予一個適當的定義。
2. 試述親職教育有哪些優點和缺點？
3. 兒童虐待通常分為哪四類？請說明各類兒童虐待的定義。
4. 親職教育的教學策略應強調哪些要點？
5. 根據心理衛生三級預防的觀點，初級、次級和三級親職教育的對象分別是哪些人？

第二章

親職教育的理論基礎

■ ■ ■　親職教育有其心理學的理論基礎。親職教育的課程規劃和實施，所依據的心理學理論不外下列五種：心理分析理論、行為學習理論、家庭系統理論、個人中心理論，以及阿德勒理論。這些理論對於親職教育所探討的主要議題，例如：親子關係的改善、兒童人格的發展、父母對子女的影響、管教子女的技術、獎勵與處罰的運用、良好行為習慣的培養、親子溝通的方法，以及家庭互動的影響等，都提供重要的指導，值得我們加以了解。

心理分析理論

　　以西蒙・佛洛伊德（Sigmund Freud）、安娜・佛洛伊德（Anna Freud）、梅蘭妮・克萊恩（Melanie Klein）、溫尼卡（D. W. Winnicott）、約翰・包比（John Bowlby）、漢斯・寇哈特（Heinz Kohut），以及瑪格麗特・馬勒（Margaret Mahler）等人為代表人物的心理分析理論，對嬰幼兒、兒童及青少年的人格正常與異常發展，提供非常有系統的說明。心理分析理論中，許多重要的概念都和親職教育、親子關係有關。心理分析中有關兒童發展與親子關係的理論，可以說是最佳的親職教育理論，值得我們深入了解。以下將簡單地介紹一些與親職教育有關的心理分析概念（Arlow, 1979）。

壹、早年的生活經驗影響日後的人格發展

　　心理分析理論認為人的行為，包括其思想、情緒和衝動，深受早年經驗的影響。子女的各種言行，都是有含義的，不是任意發生的；如果對子女的言行缺乏了解，自然會很容易誤會孩子。為人父母的管教行為，其實也是有含義的，也是受早年生活經驗的影響。父母如果對自己的管教行為缺乏了解，用防止子女的壞行為來合理化自己的不當管教，反而會造成更大的親子衝突。

貳、不為意識所接受的心理活動將被壓抑在潛意識

心理分析理論認為人的心理分為意識和潛意識兩部分。凡是不為意識所接受的心理活動或欲望，或者會導致身心焦慮或痛苦的想法、念頭與衝動會被意識所壓抑。然而被壓抑的種種想法、念頭與衝動，並沒有消失，他們仍然存在於潛意識裡，伺機出現。雖然人們不自覺他們的存在，可是他們卻經過包裝，隨時在影響人們的行為。人們許多重要的生活決定往往受到潛意識的影響而不自覺。親子關係與互動中，父母和子女的許多行為也是受到潛意識的影響，父母不自覺地使用許多無效的管教方式，甚至使用一些傷害親子感情的方法，卻一犯再犯。

兒童對父母的種種想法和情緒，因為受到意識的監控，許多不方便對父母表達的想法和情緒，便被壓抑到潛意識，兒童自己甚至否認對父母原先有過的真實想法和情緒。例如：兒童不滿意父母的情緒，或想傷害父母的念頭，不容於意識的審查，於是把對父母的種種攻擊性想法和情緒壓抑在潛意識而不自覺。但是，在日常生活中，兒童卻以自我虐待、陽奉陰違或叛逆不合作的態度來與父母相處。

參、人心是各種生物力量與本能互動的結果

人為了生存，為了消除生理的緊張，為了趨樂避苦，而有種種的行為表現。雖然心理活動大部分是由生物本能所驅動，但人類卻有強大的能力，將生物本能作各種複雜的轉化。無疑的，年

齡愈小的孩子，受到生物本能的支配愈大，對嬰幼兒心理活動的
生物性了解，有助於父母適當地教養子女。如因不了解嬰幼兒強
大的生物性和本能需求，而對嬰幼兒有不適當的期望，往往會埋
下親子之間的衝突和緊張的種子，導致日後嚴重的親子問題。

肆、成年人的心理衝突、人格特質、神經質症狀，以及心理結構，都可以追溯到早年的關鍵事件及兒童的願望與幻想

　　由於人類有著漫長的嬰幼兒與兒童成長期，人類嬰幼兒如此
漫長的生物性依賴，無疑會增加嬰幼兒受到各種傷害的可能性。
我們甚至於可以說，很少人真正能從嬰幼兒期順利成長過來。嬰
幼兒的人格發展便是在生物因素與生活經驗互相影響之下而進行
的。在嬰幼兒、兒童與青少年的人格發展過程中，父母扮演著非
常關鍵的角色。父母是否能勝任地照顧子女，是否能提供子女一
個最少創傷的生活環境，是否與子女有著良好的互動經驗，無不
深刻影響子女日後的人格發展和心理健康。

伍、早年母子關係是日後人際關係的原型

　　根據克萊恩（Klein, 1932）的研究，嬰幼兒自我概念的發展與
外在世界的關係，無不透過與母親的關係而形成。母親以及主要
照顧嬰幼兒的成人，是影響子女的人格發展和心理健康無比重要
的角色。克萊恩有關兒童發展的重要概念，如對失落的原始性幻
想（primitive fantasies of loss）、死亡的本能（death instinct）、投射

認同（projective identification）、客體關係的內化（internalized object relation），以及人類愛與恨感情的發展等，都是影響親子關係與親職教育的重要理論。

陸、兒童的成熟須經過「分離」與「個別化」的過程

根據馬勒等人（Mahler, Pine, & Bergman, 1975）的理論，兒童從嬰幼兒逐漸長大的過程中，是否能夠順利地從母親那裡「分離—個別化」（separation-individuation），是一個非常重要的發展階段。從母子連心過渡到健康獨立的個體，並非一件容易的事。根據馬勒的理論，兒童從母子同心（symbiotic attachment）的階段，發展到穩定成熟的個體，通常會經過三個階段：自閉的階段（autistic phase）、母子同心的階段（symbiotic phase），以及分離—個別化階段。就在分離—個別化的階段，母子的感情衝突開始激烈化。幼兒陷入追求獨立與依賴母親的衝突，幼兒如何解決與母親分離與個別化的衝突，端視母親的態度和成熟度。從心理分析的理論可知，母親對子女人格發展的影響，遠自子女誕生就開始了。母親對子女的自我概念、人際關係、心理健康，以及人格發展有著非常關鍵的影響。親職教育多少有助於父母成為適任的父母，深刻認識自己是如何的影響子女的成長。

筆者認為心理分析理論是親職教育的理論基礎，對於解釋親子關係、兒童發展，以及了解兒童的內心世界，非常有幫助。

行為學習理論

　　以卓色夫・俄貝（Joseph Wolpe）、施金納（B. F. Skinner）、約翰・華生（John B. Watson）、艾德華・桑戴克（Edward L. Thorndike）及巴夫洛夫（Pavlov）等人為代表人物的行為學習理論，對人類行為的學習與改變、子女行為的管理，以及培養子女良好行為的方法等，提供了非常有價值的解釋和方法。親職教育中，有關子女管教技術的課程和行為學習理論有很密切的關係。以下將簡單介紹行為學習理論中，與親職教育有關的基本概念（Chambless & Goldstein, 1979）。

壹、古典制約

　　許多情緒與感情的學習，是根據古典制約（Classical Conditioning）而來的。有關人們的喜樂、害怕、緊張、焦慮、恐懼、憤怒，以及嫉妒等的學習，是依據古典制約的學習理論而形成的。一個中性刺激與制約刺激，經過反覆的配對聯結之後，中性刺激也會引起刺激反應，兒童情緒的學習便是如此。例如：一個小孩子因為自慰而被體罰，結果小孩子從此對給自己性刺激的行為感到焦慮，這種焦慮的反應便是古典制約的結果。依據古典制約理論，親職教育便會提醒為人父母如何正確地實施情緒教育，如何幫助子女改善不好的情緒反應。

貳、操作制約

　　管教子女常用的許多方式，包括：獎勵、處罰、暫停、忽視等，便是根據操作制約（Operant Conditioning）理論的管教方法。操作制約理論認為人的行為，會受到增強而增加，會受到處罰而減少。因此，透過親職教育，我們告知為人父母，若要增加子女的行為，便要鼓勵；若要減少子女的行為便要處罰。許多知識與技能的學習，是透過操作制約的原理而學習的。父母熟悉根據行為理論而來的管教技巧，將能夠有效地實施子女管教。

參、社會學習

　　人類行為的學習，除了透過獎勵與處罰，還有許多的行為是透過觀察與模仿而學習的，例如：我們可以從閱讀、看電視、社會觀察以及模仿父母而達到學習的效果。社會學習（Social Learning）所依據的學習理論基本上是「操作制約」。社會學習理論告訴我們，為人父母必須了解父母以身作則的重要性，以及兒童是如何受到模仿與觀察學習的影響。

　　行為學習理論非常有實用的價值，早已被廣泛使用在班級管理與學校教育上。筆者認為親職教育課程的設計與實施，特別是有關於子女管教與行為改變技術等方面，行為學習理論可以提供許多的貢獻。

家庭系統理論

　　以維吉尼亞・沙堤爾（Virginia Satir）、莫瑞・玻文（Murray Bowen）、卡爾・菲鐵克（Carl Whitaker），以及沙瓦多・密努擎（Salvador Minuchin）等人為代表人物的家庭系統理論，主張家庭是一個系統，要了解與幫助個人，應從整個家庭系統去著手。家庭系統理論認為，個人只是家庭問題的代罪羔羊，改變個人並非對症下藥，要幫助有困擾的個人，應從改變家庭的關係和互動下手，亦即改變家庭關係和系統，才能根本幫助受苦的個人。家庭系統理論之所以是親職教育的理論基礎，是因為家庭系統理論牽涉到父母、子女以及家庭系統三方面的因素，使我們在實施親職教育時，不致於有所偏廢。家庭系統理論中，與親職教育息息相關的三個基本概念是系統、三角關係及回饋，茲分別簡介如下（Foley, 1979）。

壹、系統的概念

　　家庭系統理論認為家庭成員之間是互相聯結和互相依賴的，任何一個成員的言行，總會影響到另一個成員。家庭成員之間的關係通常是穩定持久的。有的家庭系統是開放的，有的是封閉的。開放的家庭系統是指一個家庭是互相依賴的、彼此關聯的，牽一髮而動全身的。系統的概念（Concept of System）有助於親職教育的實施，特別是告訴為人父母，與其先改變子女，不如先改

變自己。告訴父母，子女有行爲問題是代表家庭生病了，要改善的不只是子女的問題行爲，而是整個家庭系統與家庭關係。

貳、三角關係

　　根據家庭系統理論，一個家庭是由許多不同的三角關係（Interlocking Triangle）所構成的，這些不同的三角關係便是維持家庭系統持續穩定的力量。任何兩個家庭成員之間的關係，變得更親密或更疏遠，第三個家庭成員往往會介入去維持家庭系統的平衡。當父母的婚姻出現問題的時候，例如：父親有了外遇或變成工作狂，母親和子女的關係就會變得更爲緊密。了解並分析三角關係的現象，有助於改善家庭關係及其成員的行爲。親職教育的實施，不僅影響來上課的家長，也會間接地影響其他家庭的成員，包括子女與配偶。

參、回饋

　　家庭系統理論把回饋（Feedback）分爲消極回饋（Negative feedback）和積極回饋（Positive feedback）。消極回饋是指家庭系統出了問題，當問題與症狀嚴重到瓦解整個家庭系統時，家庭便無法恢復到原來的樣子。回饋的概念其實在提醒親職教育專家以及家庭治療者，當一個家庭不能發揮其健康的功能時，我們不妨透過積極回饋，讓家庭的系統能夠重組更新，以便澈底改善一個家庭系統。

家庭系統理論作為親職教育的理論基礎，在於闡明個人不能自外於家庭，子女不能自外於父母。在幫助父母或子女時，不能不關心到整個系統如何地在影響個別成員。熟悉家庭系統理論，讓我們更能夠掌握親職教育的實施方式。

個人中心理論

個人中心（client-centered）理論是指個人中心輔導理論，主要的代表人物是卡爾‧羅吉斯（Carl Rogers）。個人中心理論對人性和人際關係的重要概念，包括：自我實現、真誠一致、積極的尊重，以及同理的了解等，這些概念不僅是心理輔導關係的重要因素，也是親子關係和家庭關係的重要因素。羅吉斯幾個重要的主張，例如：人有成長的潛力、重視自我覺察、強調人際關係，以及重視當事人的主觀經驗等，也對親職教育有很大的影響。

在所有的心理輔導學派當中，羅吉斯（Meador & Rogers, 1979）的個人中心學派最重視輔導人員的輔導態度。羅吉斯認為真誠、同理與尊重三種輔導態度是輔導關係的必要與充分條件，而良好的輔導關係才能有效地協助個案達到正面的改變。他認為在輔導關係中，只要個案在充分感受到、經驗到輔導人員對個案真誠一致的關心、同理心和正確的了解，以及無條件的尊重和接納，個案便會產生積極正向的自我改變（林家興、王麗文，2000）。

壹、真誠

眞誠的態度是指輔導人員在面對個案時，能夠眞心誠意地表達對個案的關心。這種眞誠的態度是發自內心的，不是認知的，即使是在碰到不認同個案的行爲時，仍能關心個案對自己行爲的了解與想法，並且能節制自己的情感反轉移，積極設法幫助個案作更好的選擇。

輔導人員誠實地看待自己與個案的內在經驗，以及兩人互動的經驗，他的態度是眞誠一致，即言行一致、內外如一的。當個案充分經驗到輔導人員一致的態度時，自然比較會願意去開放的討論自己，擴充經驗，爲自己做深度的思考與爲自己負責。

貳、同理心

同理心是指輔導人員對個案主觀經驗與內心世界的正確了解。同理心的態度，即是有能力站在個案的立場和觀點，去了解個案所經驗的現象世界（phenomenal world），類似「將心比心」、「設身處地」、「感同身受」的意思，而同時又不會失去掌握現實與個案狀況的能力。

同理心是要能聽懂個案說話裡的訊息與情感，以及看懂個案的肢體語言。同理心的表達在於輔導人員會如何使用語言及非語言，針對所聽到的予以回應，並且這個回應對個案而言是有輔導意義的。具體而言，同理心的做法包括兩個部分：一是簡述語意；二是情緒反映（黃惠惠，1996）。簡述語意（paraphrasing）的意思是簡單扼要地說出個案說話的主要意思，偏重在事實內容

方面。輔導人員在聽懂個案的話之後，用自己的話說出個案的主要內容，主要目的是讓個案知道自己被了解。情緒反映（emotional reflection）是指輔導人員辨識出個案說話時的感受或情緒，恰如其分的反映出來。輔導人員將個案所經驗的情緒如實的反映出來，目的是讓個案明白與確認自己身上正在發生的各種心情，而且不論是哪種心情，都是被輔導人員了解與尊重的。

個案內在的心情能夠被輔導人員正確的了解與回應，對個案的意義是很大的。因為，只有當內在的心情能夠被正確的了解與回應後，個案才會產生力量去肯定自己的經驗，去整合經驗所帶來的衝突，以及提升自我價值感。

參、尊重

尊重或無條件的尊重是指輔導人員能夠真正的關心個案，並且避免對個案的言行做有意或無意的評價，也不會任意的對個案的言行做出同意或不同意的表示，更不會對個案的隱私做不必要的探詢。他強調真誠的去接納個案，相信個案具有自我了解和行為改變的潛在能力。當個案發覺輔導人員對他是多麼的肯定和信任，使得個案會開始去學習自我負責，並且肯定和信任自己的能力，降低自我防衛，開放地去體驗一切經驗，發現並肯定自我的價值，達到行為改變與自我成長的治療目標。

根據個人中心理論所發展出來的親職教育方案稱為「反映式親職教育方案」（reflective parent education program）。這一類的親職教育方案是根據 Rogers（1951）個人中心治療的理論所發展出

來的課程。研習內容以增進親子溝通與親子關係為重點，家長被教導如何增進自我覺察、如何了解與接納子女、如何使用積極傾聽（active listening）等技巧。

阿德勒理論

阿德勒心理學（Adlerian psychology）又稱個體心理學（individual psychology），不僅影響諮商輔導與心理治療，而且對親職教育也有深遠的影響。阿德勒學派的代表人物主要是阿德勒（Alfred Adler）及其學生崔克斯（Rudolf Dreikurs）、莫薩克（Harold Mosak）等人。阿德勒主張社會為個人行為的因素，他認為心理輔導的目標在於教育全體民眾更趨於有效的社會生活，阿德勒是第一位將家庭諮商運用到社區教育的人，他1919年設立兒童輔導中心後，便聯合父母、教師和有關的工作人員，共同處理兒童的問題，進行發展出阿德勒親職教育研習團體（鍾思嘉，2004）。幾個影響親職教育深遠的重要概念，簡述如下。

壹、自卑與超越

阿德勒認為，人類生命的主要力量是追求優越和自我肯定，因為人類嬰兒時期確實柔弱無助，並接受父母全能的權威，因而產生自卑感，人類為了要克服這種自卑感，必須努力向上爭取權力，自卑感與社會驅力可以解釋人們的許多行為。根據阿德勒，自卑感是人類共同的經驗，由於嬰幼兒的生活經驗使然，從小兒

童便感覺到自己的自卑和無能，因為和其它年長的人比起來，他似乎什麼都不如人，因此人有自卑感是一種正常的現象。成長的過程便是不斷克服自卑的過程。

貳、生活方式

　　阿德勒認為一個人的生活方式是在家庭環境之下，個人因感到脆弱和不安全，為了抵抗自卑情結，所產生的補償方法而逐漸發展出來，這形成於生命最初的四、五年，並且長久保持。因此，家庭氣氛與價值觀、父母的教養方式、性別角色、個人的出生序、兄弟姊妹間或其它同居親屬的關係，以及鄰里和社會的影響，都是生活方式的決定因素。

　　一個人出生之後，在家庭的社會環境之下，他必須努力去適應他的社會環境。在這個過程當中，他開始了解自己的優點、缺點，以及他在家庭中的位置。根據阿德勒的理論，家庭星座（family constellation）即是兒童生活的主要社會環境，因此父母的教養方式、兄弟姊妹的相處經驗，以及與家人的人際關係，都會影響個人的生活方式和人格發展。

參、心理問題

　　阿德勒認為心理問題的產生，是因為個人驅力與社會驅力之間缺乏適當平衡的生活方式，而且心理問題是源於個體在嬰幼兒時期與父母的衝突。兒童之所以成為適應不良的兒童，是因為他經常被過度挫折的結果，兒童努力在家庭的社會環境中力求表

現，力爭上游。如果他受到很多的鼓勵，他就會發展得很好，如果他經常有挫折，他就會使用不適當的方法來獲得他想要的；崔克斯（Dreikurs, 1948）認爲，不適當行爲的目標有四：1. 引人注意；2. 獲得權力；3. 報復；4. 自我放棄。

　　幫助父母了解兒童問題行爲的目的和意義，不僅可以避免導致問題行爲的惡性循環，而且可以採取有效的管教方法來幫助孩子。阿德勒理論所提倡的有效方法包括：學習使用積極的傾聽（active listening）、我的訊息（I-message）、多使用鼓勵的方法，以及多使用自然與合乎邏輯的結果。

　　阿德勒取向的親職教育方案是根據阿德勒的理論，再由Dreikurs 與 Soltz（1964）發展出來的課程。這一類親職教育方案的目標，在於協助家長增進對子女的了解，包括：了解兒童的思考方式與行爲動機。根據阿德勒理論所發展出來的親職教育課程，包括：親職教育讀書會（study groups）和「父母效能系統訓練」（Systematic Training for Effective Parenting, STEP）（Dembo, Sweitzer, & Lauritgen, 1985）。

親職教育的原理與實務

本章小結

　　本章主要在探討親職教育的心理學理論基礎，由於親職教育多數的理論依據心理學，因此本章特別說明強調這方面的重要概念。本章內容包括五種心理學理論，分別是：心理分析理論、行為學習理論、家庭系統理論、個人中心理論，以及阿德勒理論。本章除了介紹各種理論的代表人物，並且說明了各理論的主要概念，以及這些主要概念和親職教育的關係等。

問題討論

1. 親職教育的心理學理論基礎有哪些？
2. 行為學習理論當中和親職教育有關的概念有哪些？請舉例說明。
3. 親職教育的五種心理學理論基礎當中，你比較認同哪一個學派的理論？理由是什麼？
4. 「父母效能系統訓練」所依據的心理學理論基礎為何？

第三章

行為管理的基本概念與技術

根據行為學習理論所發展的行為管理技術，是每一位親職教育工作者都應該知道的基本知識。教導父母了解和正確使用行為管理技術，可以提高父母的管教能力和信心。本章第一節將說明教養子女的基本認識；第二節介紹行為管理的基本概念；第三節探討行為管理的技術。

教養子女的基本認識

　　管教子女不只是技巧的學習而已,更重要的是要有正確的管教觀念和態度。本節主要在說明,學習管教子女只是養育子女的一部分,更重要的是如何維持良好的感情與溝通,懂得以愛而堅定的態度來使用行為管理技術,以及為人父母需要懂得照顧自己,自己不健康快樂,又要如何養育一個健康快樂的孩子呢?

壹、管教只是養育子女工作的一部分

　　教養孩子遠比生育孩子的工作來得複雜而漫長。父母生下孩子之後,接下來的工作,便是將孩子教養成一位讓父母放心、容易適應環境、能快樂生活的個人。由於人類漫長的嬰幼兒期,孩子長期對父母的依賴,註定父母成為影響孩子一生最重要的人物。父母教養孩子的責任包括:滿足孩子在生存和安全上的需要、照顧孩子的身體健康、幫助孩子發展各種生活技能、協助孩子學習獨立自主,以及懂得與人相處。

　　因此,養育子女的工作,最重要的是保護、照顧和教導,而管教只是養育子女的一部分。為人父母在幫助子女的時候,要同時兼顧到子女在安全、營養、健康、人際關係、教育,以及自尊的發展,而不只是把子女管教成聽話、不學壞、會讀書就可以了。作為親職教育工作者,也要深刻明白,親職教育不等於子女管教。學習行為管理技術只是一種幫助子女成長的方法,在運用

的時候，不要忘了其他同等重要的事情，例如：與子女培養良好的感情、學習與子女有效的溝通、建立正確的管教態度等。

貳、以愛而堅定的態度實施行為管理技術

在關懷和愛護的氣氛中，以堅定的態度實施行為管理技術，這些技術才會有效果。為人父母在考慮使用行為管理技術之前，應先反省一下，自己與子女的感情好不好，自己對子女的內心世界到底了解多少。父母要學習傾聽孩子的心聲，才有可能被孩子接納，也才有可能了解孩子的心事。

除了與子女有良好的親子關係，為人父母在實施行為管理技術的態度要能夠堅定，亦即在實施管教策略的時候，要能持之以恆，要能保持一致性。而不輕易受自己情緒或子女的影響而改變管教策略。亦即，父母要養成賞罰分明、即知即行的態度。

以具有人性的態度來實施行為管理技術，才不致於改變了子女的行為，卻失去了子女的心或是導致親子關係的緊張。

參、父母要懂得照顧自己

父母也是人，也有情緒，教養孩子是一項漫長而複雜的工作，沒有健康的身體、穩定的情緒，以及熟練的管教知能，就不易勝任為人父母的工作。父母應把自己視為家人中最重要的人物，是最優先要照顧的人。經常犧牲自己的健康和需要的父母，也不會是一位成功有效率的父母。如果連自己都照顧不好，又如何能夠去照顧別人呢？

　　父母照顧自己的方法，便是要吃有營養的食物、有充足的睡眠和休息、有適當的運動，以及有經過許多歲月鍛練而來的人生觀。這些雖然是老生常談的保健之道，但是父母很容易在忙碌的育兒過程中，把照顧自己的事情給疏忽了。在遭遇到孩子有問題或和孩子有衝突的時候，為人父母要自己問自己：為子女而操心和為子女而奔走，是否對子女和自己有幫助？如果沒有幫助的話，何不先把自己照顧好？特別在孩子不接受父母的幫助，或者排斥父母的時候，照顧自己的情緒與健康，重新思考問題的重點，便是父母最應做的事情。

　　為子女的問題而自責，為子女的不良行為而擔心，為子女的叛逆而生氣，是許多父母常有的情緒反應。但是如果情緒反應過度而傷害了自己的身心健康，就是反映出父母已有諮詢專家和學習親職教育的需要了。父母要珍惜自己的身體，懂得「留得青山在，不怕沒柴燒」的道理。父母照顧自己的方式有很多，例如：

　　1. 保留一部分時間給自己。不管是獨處，或者做自己喜歡的事，都會有益身心。培養一些生活樂趣和嗜好，作為生活忙碌的一種調劑。

　　2. 保留一部分時間給配偶。和配偶有一段子女不在而可以彼此單獨相處的時間。

　　3. 保留一部分時間給朋友。享受和朋友在一起的樂趣，從交朋友中獲得關懷和支持。

　　4. 培養健康的生活作息和生活習慣。要懂得吃好、睡好，以及運動對身心健康的重要性。

　　5. 凡事盡力就好，同時也容忍自己的不完美和犯錯，願意接受別人的幫助和支持。

6. 需要的時候，知道去請教專家。懂得利用專業人員以及社會資源來幫助自己是成熟的象徵。尋求親職教育專家的諮詢，報名參加親職教育課程，或者接受心理輔導等，都是照顧自己的適當方式。

行為管理的基本概念

本節將說明教育孩子的基本規則，父母教養孩子常犯的錯誤，以及獎勵與處罰的基本原理。雖然為人父母經常使用獎勵和處罰的方法來管教孩子，但是有的人用的有效，有的人用的沒效，本節將會澄清正確和錯誤的獎勵與處罰的方法。

壹、教育孩子的基本規則

根據行為學習理論，教育孩子的基本規則有三（Clark, 1985）：

規則一：獎勵良好的行為（獎勵要及時，而且多多益善）。

規則二：不要意外地獎勵壞行為。

規則三：處罰部分壞行為（但是不能體罰）。

期望父母去了解複雜的行為學習理論是不切實際的，克拉克（Lynn Clark）把和教育孩子有關的行為學習理論，簡化為三個基本規則是很明智的。以下將進一步說明這三個基本規則。

一、獎勵良好的行為

父母應明白，孩子表現良好行為不是理所當然的，也不是天生自然的。孩子表現良好行為是為了討好父母，也是為了某種好處。如果父母希望孩子表現良好適當的行為，便要經常獎勵孩子的良好行為。根據行為理論，良好行為因為受到增強而增加，受到消弱而減少。換句話說，要增加孩子的良好行為，便要經常給予獎勵。

獎勵良好行為的時候，重點不在於獎勵的多少，而在於「及時」的獎勵。獎勵的最好時機，是在孩子表現良好行為的那一時刻，因此若以口頭稱讚來獎勵孩子，最好的獎勵時機，便是孩子一表現良好行為的時候，就給予口頭稱讚。

獎勵的原則是獎勵要及時，而且多多益善。所謂「多多益善」是指經常給予獎勵，而不要用很大的獎勵。經常給孩子小獎勵的增強效果，通常大於偶然一、兩次的大獎勵。要培養孩子有良好行為，建立良好生活習慣，便要經常獎勵孩子的好行為。

二、不要意外地獎勵壞行為

孩子的壞行為若是不減少反而增加的時候，我們可以說孩子的壞行為之所以增加，是因為意外被獎勵的結果。在生活中，我們經常不小心地獎勵孩子的壞行為。如下列的例子：

1. 孩子哭鬧的時候，我們給他糖果吃，結果獎勵了哭鬧的行為。

2. 孩子因為洗碗沒洗乾淨，以後就不再叫他洗碗了，結果，父母意外地獎勵了不洗碗的行為。

3. 孩子說髒話罵人，父母聽了覺得孩子的模樣很可愛，不僅沒有制止，還覺得很好玩，結果意外地獎勵了孩子說髒話的行為。

三、處罰部分壞行為

要減少孩子的壞行為一定要用處罰方法，如果不用處罰的方法，不好的行為不會減少。但處罰不等於體罰，筆者反對父母或教師對兒童實施體罰，因為體罰可能涉及虐待兒童，不僅沒有長遠的管教效果，父母和教師很容易被自己的情緒誤導而出手過當，因兒童虐待和傷害罪而吃上官司。

處罰的方式很多，包括：口頭責備、不予理會、取消特權、暫停等都是比較有效而可取的方法。同時，處罰的時機要及時，處罰的大小以小處罰為原則；及時的小處罰，通常可以發揮處罰的效果，久久一次的大處罰，通常效果不好。

貳、父母常犯的四種錯誤

依照行為學習理論，父母管教孩子時常犯的錯誤有四（Clark, 1985）：

錯誤之一：父母未能獎勵好行為。

錯誤之二：父母意外地處罰好行為。

錯誤之三：父母意外地獎勵壞行為。

錯誤之四：父母未能處罰壞行為。

父母在學習運用行為管理的技術，要牢記教育孩子的基本規則，同時避免犯了上述四種錯誤。

參、獎勵與處罰的基本原理

教導父母學習運用行為管理技術之前，筆者通常使用表 3-1 來向父母講解獎勵與處罰的基本原理。

表 3-1　獎勵與處罰的方法與效果

	方法	
	給予刺激	去除刺激
增加行為	甲種獎勵 （給予正刺激） 如：1. 口頭稱讚 　　2. 擁抱 　　3. 冰淇淋 　　4. 給十塊錢	乙種獎勵 （去除負刺激） 如：1. 停止嘮叨 　　2. 改善不安的環境 　　3. 停止擺臉色 　　4. 假釋
減少行為	甲種處罰 （給予負刺激） 如：1. 口頭責備 　　2. 罰寫生字十遍 　　3. 罰站 　　4. 體罰	乙種處罰 （去除正刺激） 如：1. 不予理會 　　2. 扣零用錢十塊錢 　　3. 禁足十分鐘 　　4. 禁看電視一天

效果

從表 3-1 可知，行為的增加或減少，是根據行為被獎勵或處罰的結果。獎勵的方法有二：一是給予孩子正刺激，另一是把不好的負刺激拿走，因為這兩種方法都會令孩子覺得舒服，因此都

具有增強的效果。同樣的，處罰的方法也有兩種：一是給予孩子不好的刺激，另一是把好的刺激拿走，這兩種方法都會令孩子覺得不舒服，因此都是具有處罰的效果。

　　獎勵與處罰的效果，有時也會因人而異。對需要錢的孩子，獎金具有很好的獎勵效果，但是對於不需要錢的孩子，那麼獎金的獎勵效果便相對減少。同樣地，對於打罵都不在乎的孩子，父母用打罵的方式來處罰他，那麼打罵的處罰效果便相對減少。因此，在實施獎勵與處罰之前，父母要事先了解對個別孩子具有獎勵效果的人、事、物是哪些，具有處罰效果的又是哪些人、事、物。

　　我們可請父母使用表 3-2 來了解孩子喜歡的人、事、物、地點，以及活動。父母便可以使用這些具有增強效果的獎勵來增加孩子良好的行為。孩子喜歡的人、事、物有很多，有關的例子請參考表 3-3。

　　要教養孩子成為有自信、有自尊的人，要培養孩子具有良好的自我概念、喜歡自己，以及有覺得自己不錯的感覺，為人父母一定要經常使用獎勵作為管教孩子的主要方法。如果孩子表現不適當的行為，處罰的方法也不能避免。但是，兩者的比例，原則上獎勵要大大地多過處罰。處罰太多、獎勵太少的孩子，通常會缺乏自信，比較自卑，個性也會比較不好。

表 3-2　具有增強效果的獎勵名單

一、人物

列出你的孩子最喜歡相處的四個人：

1.＿＿＿＿＿　；2.＿＿＿＿＿　；3.＿＿＿＿＿　；4.＿＿＿＿＿　。

二、地點

列出你的孩子最喜歡去的四個地點或場所：

1.＿＿＿＿＿　；2.＿＿＿＿＿　；3.＿＿＿＿＿　；4.＿＿＿＿＿　。

三、事情

列出你的孩子最喜歡做的四件事情：

1.＿＿＿＿＿　；2.＿＿＿＿＿　；3.＿＿＿＿＿　；4.＿＿＿＿＿　。

四、食物

列出你的孩子最喜歡吃的四種食物：

1.＿＿＿＿＿　；2.＿＿＿＿＿　；3.＿＿＿＿＿　；4.＿＿＿＿＿　。

五、活動

列出你的孩子最喜歡做的四個活動：

1.＿＿＿＿＿　；2.＿＿＿＿＿　；3.＿＿＿＿＿　；4.＿＿＿＿＿　。

表 3-3　以孩子喜歡的人事物作為獎勵的例子

---

1. 孩子喜歡的人：如兄弟姊妹、父母、親戚、玩伴

2. 孩子喜歡的地方：如臥室、客廳、廚房、後院

3. 孩子喜歡的東西：如圖書、洋娃娃、玩具、三輪車

4. 孩子喜歡的食物和飲料：如優酪乳、冰淇淋、蘋果、可口奶滋餅乾

5. 孩子喜歡的活動：如畫圖、看電視、看電影、去公園

　　一篇在西方廣為流傳的育兒指南（見表 3-4），提醒為人父母要多多接納、讚美、鼓勵和容忍孩子，而不要經常批評、嘲笑、侮辱和打罵孩子。因為孩子的人格深深地受到父母管教方式的影響。

表 3-4　孩子從生活中學習

> 如果孩子生活在批評挑剔當中，他便學會了責備。
>
> 如果孩子生活在敵意當中，他便學會了打架。
>
> 如果孩子生活在嘲笑當中，他便學會了害羞。
>
> 如果孩子生活在羞辱當中，他便學會了罪惡感。
>
> 如果孩子生活在容忍當中，他便學會了忍耐。
>
> 如果孩子生活在鼓勵當中，他便學會了自信。
>
> 如果孩子生活在稱讚當中，他便學會了感謝。
>
> 如果孩子生活在公平當中，他便學會了正義。
>
> 如果孩子生活在安全感當中，他便學會了信任。
>
> 如果孩子生活在贊同當中，他便學會了自愛。
>
> 如果孩子生活在接納和友誼當中，他便會在世界上找到愛。
>
> by Dorothy Lawnolte

行為管理的技術

　　本節將介紹三種基本的行為管理技術，也是管教孩子十分有效的方法，它們是口頭稱讚（praise）、口頭責備（verbal disapproval），以及暫停（time out）。不僅解釋他們的意義，而且進一步說明實施的具體步驟。

壹、口頭稱讚

一、何時稱讚

　　在忙碌的生活中，父母需要在家裡專心的做事，或需要平靜的休息，最容易干擾父母的，便是孩子不適當的行為，例如：為選擇電視頻道而爭吵、為找不到玩具而哭鬧等。相對的，孩子的適當行為，便是安靜的玩和做自己的事，因為最不打擾父母，也最容易被父母所忽略。

　　在英文裡有一句話說："Catch him being good"。意即當孩子表現良好行為的時候，要多多注意。通常，孩子引起父母注意的時候，是當他們犯錯和表現不適當行為的時候。結果，父母總是注意到孩子的不是，並且給予責備和處罰。成為成功的父母，要先學會注意到孩子的好行為，一旦知道孩子表現好行為，我們便要給予獎勵，而不可認為是理所當然，而不予理會。獎勵孩子良好行為的方式，最方便可行且最經濟有效的方法便是口頭稱讚。

　　口頭稱讚是一種非常簡便易行的社會性獎勵。問題是，大多數的父母未有機會正確、適時地使用它。父母獎勵孩子的時機，通常是在孩子有傑出表現的時候、有得獎的時候、考試考很高分的時候。很可惜的，許多父母忘了或不習慣在日常生活中，隨時隨地用口頭稱讚的方式來獎勵孩子的良好行為，如合作的行為、幫忙做家事、與小朋友分享玩具等。為人父母通常把這些日常生活中的良好行為視為理所當然，也就不予稱讚。

　　有的父母會擔心，經常稱讚孩子的結果，會把孩子捧得高高的，會變得驕傲。因為有這種擔心，父母有時還要挫挫孩子的銳氣，故意不予理會或故意貶損孩子的良好行為。筆者認為這是不適當的管教態度，也是誤解獎勵的含義。若要培養孩子的自尊心和自信，孩子需要許多的稱讚和獎勵。

　　而且，教導孩子的時候，父母不僅要告訴孩子什麼事不可以做，什麼行為不可以有，更要告訴孩子什麼事可以做，什麼行為可以有。經常告誡孩子，這不可以做，那不可以做，孩子並未學習到什麼是可以做的。藉著口頭稱讚，我們可以告訴孩子，你這樣做是對的，你那樣做是適當的；久而久之，孩子的良好行為會愈來愈多。不要忘記，要增加孩子的良好行為，一定要獎勵，最方便的獎勵是口頭稱讚。

　　孩子表現良好的行為，如果不僅未受到獎勵，而且經常受到「忽視」的意外處罰，良好的行為久而久之會因消弱而減少。想一想，你有多少次忘記稱讚孩子的良好行為？答案恐怕是多得令人覺得不好意思。

　　忘記獎勵孩子的良好行為，是一般父母的通病。父母不須覺得罪惡感，最重要的是去學會經常使用口頭稱讚的獎勵技巧。參

加親職教育課程的時候，老師會安排父母使用角色扮演的方式來練習如何正確地口頭稱讚。想像一下，當你 7 歲的孩子，很安靜愉快地在客廳裡，看圖著色已有一、兩個小時了，這個時候如果你口頭稱讚他很安靜看圖著色的良好表現，你的口頭稱讚將會發揮很大的獎勵效果，增強孩子自己安靜玩的行為，很有可能孩子會逐漸養成自己安靜玩的良好習慣。

二、不要期望太高太快

父母教養孩子的另一個通病是對孩子期望太高，總是要等到孩子有完美表現的時候，才獎勵孩子，例如：考試得到滿分才有獎品。為什麼「期望孩子太高，有完美表現才獎勵」是不好的管教方法呢？這是因為完美的良好行為很少出現，由於很少出現，便很少得到獎勵而增強。並且，對於經常犯錯或經常表現不適當行為的孩子，我們期望他馬上變成完美的小天使，是不切實際的；要等到孩子出現完美的行為，不知道要等到何時。要記得，好行為的養成是漸進的，不可能一兩天就做到，孩子朝向好行為的任何改變，都值得稱讚，即使所表現的行為是不完美的。孩子有改善的企圖或動作，即使是很微弱，我們也應該給予肯定。中國古諺：「千里之行，始於足下」，對於孩子的任何進步和改善，要給予稱讚和獎勵；獎勵不在大小，而在於父母是否留意到孩子的進步和改善，口頭稱讚便是讓孩子知道父母有注意到他的進步和改善。為人父母對於口頭稱讚，不要太吝嗇，要給得大方，要讓孩子感受到你的關注和善意。

三、社會獎勵優於物質獎勵

父母獎勵孩子的另一個通病是經常使用物質的獎勵。大多數人想到獎勵，通常想到獎品或獎金等實質的東西。雖然我們可以使用物質，如金錢、食物、玩具等來獎勵孩子的良好行為，培養良好的生活習慣。但是有一種更簡單、不用花錢、更具有感情的獎勵方式，可以達到同樣的效果，那便是口頭稱讚。口頭稱讚所需要的便是父母的時間和關心，讓孩子知道父母是多麼地感激孩子所作所為的良好表現。透過這種親子互動，才容易培養親子感情。

使用口頭稱讚來解決複雜的親子問題，有些父母認為不可能，可是等到實際去做了，卻發現效果果然不錯；為人父母不要忘了，自己擁有極大的資源可以用來獎勵孩子，以及培養親子關係，其中便是口頭稱讚。口頭稱讚是建立良好親子關係的良方，有系統地使用口頭稱讚，可以幫助家長成為有效能的父母。

口頭稱讚為什麼比物質獎勵好，好在哪裡？

1. 口頭稱讚不花錢，物質獎勵要花錢，而物質獎勵要花時間和精力去採購。

2. 口頭稱讚隨身攜帶，隨時隨地就可以使用。特別是在良好行為出現的當下，立即給予口頭稱讚。相對地，物質獎勵通常攜帶不方便，不是隨時隨地都方便使用。

3. 口頭稱讚具有人性，是培養親子感情，表達父母愛子女的自然方式。父母愈懂得讚美孩子，愈會得到孩子的善意回報。相對的，使用物質獎勵孩子，有點像是父母花錢買孩子的良好行為。親子關係如果偏重在物質的提供，對感情的培養是有限的。

四、如何稱讚

口頭稱讚看似簡單，人人不學而會，但是事實不然。如果稱讚時，不知道把握其中的要領，便發揮不了它的效果。艾默士與阿奇森（Eimers & Aitchison, 1977）認為，口頭稱讚是一種讚美的藝術，也是管教子女的方法中，最重要的一個技術。

口頭稱讚既是一種技術，自然可以透過學習而來，艾默士與阿奇森把口頭稱讚分為七個要領，如表 3-5。

表 3-5　口頭稱讚的要領

1. 眼睛看著孩子。	5. 說出稱讚的內容。
2. 拉近孩子。	6. 稱讚行為而非孩子。
3. 面帶微笑。	7. 在行為發生五秒鐘內稱讚。
4. 動作姿勢表現讚許的樣子。	

（一）眼睛看著孩子

想要有效地稱讚孩子，父母要先眼睛看著孩子。如果別人在稱讚你的時候，眼睛在看別的地方，你會有何感覺？這表示對方不是真心誠意地想稱讚你。同樣的道理，要讓孩子感受到你的真心誠意，感受到你很認真，只針對著他稱讚，你在稱讚的時候，眼睛一定要看著孩子。眼睛看著孩子的時候，不僅臉要朝著孩子，整個身體也要面對孩子，讓孩子確實知道你特地只對他一個人說話和稱讚。

（二）拉近孩子

身體與孩子的接近，增強了稱讚的效力。遠距離的稱讚和近距離的稱讚會令人有不一樣的感受。親近的稱讚讓人窩心，讓人覺得很特別。即使是很普通的一句「謝謝你」，當我們靠近一個人說謝謝你，或者隔著房間說謝謝你，給人的感覺是很不一樣的。要有效地稱讚孩子，應時常不厭其煩地去接近孩子，或把孩子拉近自己的身體。惟有在身體拉近孩子時所做的稱讚才會有效。

（三）面帶微笑

父母在稱讚孩子的時候，一定要面帶微笑，讓言行能夠一致。微笑使人感到親切、舒服。如果我們稱讚孩子的時候，面無表情，孩子會怎麼想？也許他會覺得很困惑。所以對孩子的良好行為，表達真心誠意的讚美，便要面帶微笑。面帶微笑，加上許多的讚美，自然會增加口頭稱讚的效果。

（四）動作姿勢表現讚許的樣子

身體語言，包括我們的面部表情、身體姿勢、行為動作等，都會把我們的感情和意思傳遞給別人。有時候一個讚美的動作，勝過千言萬語。對表現良好行為的孩子來一個擁抱，或拍拍他的肩膀等，可以發揮很大的獎勵作用。為人父母要學習勇敢地向孩子表達親密和關愛的感情，不要經常道貌岸然、太威嚴而不可接近。因此，在稱讚孩子的時候，我們的動作姿勢也要言行一致，例如：給孩子一個擁抱、作出肯定的手勢、翹起大姆指，或把手臂放在孩子的肩膀上等，這些都可以大大增加獎勵的效果。

（五）說出稱讚的內容

　　稱讚即是對人說出許多好聽的話。不過，使用口頭稱讚來獎勵孩子的良好行為，我們要避免千篇一律地說謝謝你或你是好孩子。我們可用不同的話，不同的方式來稱讚孩子，而不會讓人覺得是你的口頭禪。還有，我們可以留意哪些讚美的話是最受用的，當別人稱讚我們的時候，聽到哪些受用的稱讚，可以記下來，用來稱讚孩子。為人父母可以參考表 3-6，來增加稱讚孩子的詞彙。

表 3-6　稱讚孩子的六十句話

你好棒。你真行。你真好。你很傑出。你很出色。你好厲害。你真的很特別。我知道你一定做得到。你做得乾淨俐落。你真的設想週到。我以你為榮。你的表現愈來愈好。你很漂亮。你的進步真是神速。我對你有信心。你真聰明。我要為你歡呼。你是我的最愛。你的點子很好。你很獨特。我喜歡你。你是我的寶貝。你很勇敢。你很重要。我愛你。你的表現令人驚喜。你的表現簡直完美極了。你真有創意。你很負責。你很有想像力。你很有愛心。我喜歡看到你。你學得真好。你很會聽別人說話。你很幽默。你很可愛。你真有趣。你真的長大了。你很可靠。我知道你很用功。你很關心別人。我很信任你。你是很好的朋友。你對我很重要。你讓我開心。你好有意思。你是個天才。你很機伶。你很討人喜歡。你反應很快。你很細心。你很溫柔。你很體貼。你的表達能力很好。你很了不起。你是我的得力助手。你已迎頭趕上了。你是個高手。你很懂事。你很有領導才能。

（六）稱讚行為而非孩子

稱讚孩子的時候，要稱讚孩子的行為，而非孩子本人。對於孩子本人，我們自然是要尊重和愛護的，即使孩子犯了大錯，我們對孩子的愛護和教養是不會改變的。但是在管教技術上，如果要增加孩子的良好行為，我們便要針對孩子的行為加以稱讚。稱讚的目的，是要讓孩子清楚地知道，他是因為做了某一個行為而被稱讚，因此鼓勵他繼續表現良好的行為。例如：當孩子把垃圾拿出去倒的時候，我們說：「小東，你把垃圾拿出去倒真好，幫媽媽一個大忙。」這就是稱讚行為而非孩子的例子。如果，我們說：「小東你真好，小東是個好孩子。」便是稱讚孩子而非行為。

（七）在行為發生五秒鐘內稱讚

研究指出，立即的回饋最有助於學習。同樣的，在孩子表現良好行為之後，馬上給予口頭稱讚是最有效的時機，將可以獎勵孩子繼續表現良好的行為。我們平常要多多留意孩子表現良好的行為，並且立即給予稱讚，這樣的稱讚效果最好。稱讚如果等行為發生之後一段時間再給予，通常效果會大打折扣，甚至會意外地獎勵一些不適當的行為。立即的稱讚，有助於孩子學習什麼是良好的行為。

貳、口頭責備

孩子畢竟是孩子，孩子因為是未成年，行為難免犯錯，日常

生活中總會有表現不適當行為的時候。例如：孩子要東西要不到而哭鬧、兄弟姊妹因爭吵而打架、你叫孩子們做功課，他卻不理你等，面對這些不適當行為，父母該怎麼辦呢？本節便是討論如何使用口頭責備來管教孩子。

一、訂定和執行規則

由於孩子的不適當行為，對家庭生活很容易造成不良的干擾和影響，一般父母很難不予理會，也很難有時間和耐力去和孩子耗。對孩子的不適當行為，如果任其發展下去，養成不好的行為習慣，將來要改就會很難。管教孩子的不適當行為，一定要懂得訂規則，並且按規則執行。面對孩子的不適當行為，卻束手無策的話，將會帶給父母無窮的苦惱。

教導孩子不能沒有規範，現在的問題不是管教孩子需要不需要規範，而是如何訂定規範，以及如何用愛和堅持的態度去執行規範。有愛心的父母，如果不知道如何去訂定規範，和去執行規範，將來一定會面臨管不住孩子的困境。事實上，孩子在成長過程中，需要生活規範，以便養成良好的生活習慣，能夠用愛和堅定的態度去訂定和執行規範，才是真正在幫助孩子。

二、規範與處罰

有的父母誤以為規範就是處罰，這是管教子女的一種誤解。規範可以說是生活常規和做人處事的基本規則，規範是孩子生活所必須的。有良好生活常規的孩子，生活作息有規律、遵守做人處事的規則、可以與人相處、可以約束自己等。總之，規範是教養孩子所必須的。

　　處罰的目的在於減少孩子不好或不適當的行為，也是管教孩子不可或缺的管教技術。但是，處罰經常被誤會，認為處罰即是給予痛苦，把任何帶給孩子痛苦的事情，叫做處罰，包括肉體上或心理上的痛苦。事實上，本書界定的處罰為：能夠減少行為的強度或次數的事情，就是處罰，處罰不一定要造成孩子身心上的痛苦或傷害。

　　有規則而不執行，等於沒有規則。管教孩子的時候，如果要孩子依規則行事，不免要實施獎懲。亦即，當孩子依規範行事時，給予獎勵；當孩子違背規範時，給予處罰。處罰的方式，我們建議使用「口頭責備」、「暫停」或「不予理會」等幾種溫和而有效的管教技術。處罰違規行為，切忌使用體罰等方法。體罰的實施是得不償失。如果父母能夠熟悉並有效使用非體罰的處罰方式，根本就不需要用到體罰了。

三、如何使用口頭責備

　　口頭責備是一種輕微的不贊許，也是一種最輕微的處罰，孩子犯錯時也比較能夠接受責備。為人父母如果熟練口頭責備的使用，那麼口頭責備是預防不良行為發生和惡化最有效的方法之一。因為它是一種最輕微的處罰，孩子比較願意接受，父母也比較願意實施。

　　許多父母對口頭責備的效用相當懷疑，他們認為對孩子打也打過，罵也罵過，就是沒有效，為什麼口頭責備會有效呢？這是因為不懂得正確使用口頭責備的緣故。對孩子不好的行為破口大罵，不是管教孩子的正確方法，管教孩子的正確方法是使用口頭責備。在不失去理性，也不起情緒的時候，以簡短有力、嚴肅的

口氣,指出孩子的不當行為是不被接受的,才是正確的口頭責備。管教技術的應用,不僅要有效地減少孩子不適當的行為,而且要不傷害到親子之間的感情,口頭責備便具有這兩個特點。只是一般父母沒有學習過正確的口頭責備,因此才會說口頭責備沒有效果。現在我們將進一步說明口頭責備的實施要領,如表 3-7 (Eimers & Aitchison, 1977)。

表 3-7　口頭責備的要領

1. 眼睛看著孩子。	6. 動作姿勢表現不贊同的樣子。
2. 拉近孩子。	7. 在行為發生五秒鐘內責備。
3. 臉上流露不贊同的表情。	
4. 說出不贊同的行為內容。	
5. 聲音要低沉嚴肅。	

(一) 眼睛看著孩子

　　如同稱讚孩子,要有效地責備孩子,一定要眼睛看著孩子。因為口頭責備是一種最輕微的處罰,如果使用時,父母不用眼睛看著孩子,那麼父母的責備很容易被孩子所忽視。再說,要孩子在你注視之下,還能夠繼續表現不適當的行為,恐怕還得使出很大的膽子。通常,在父母的注視下,孩子會停止所進行的不適當行為。因此,使用口頭責備來減少孩子的不適當行為的第一步,便是用眼睛看著孩子。

（二）拉近孩子

身體上的接近孩子，是使口頭責備成功的必要條件。當父母在遠距離的地方口頭責備的時候，通常不容易使孩子停止不適當的行為。當父母朝著孩子的身體走近，並且給予責備，這時候的處理效果就明顯地增加了。藉著身體上拉近孩子，可以讓孩子知道父母是認真的。隔著房間或從樓下往樓上責備，其效果通常是有限的。而且，當父母站在孩子身邊責備時，也不需要大聲就可以責備了。

（三）臉上流露不贊同的表情

要有效使用口頭責備，父母言行上的一致是必須的，父母的表情不要生氣或兇惡，但要嚴肅認真。一個嚴肅、不苟言笑的表情，通常可以令人敬畏而停止不適當的行為。父母露出不贊同的表情本身即在告訴孩子，父母並不贊同孩子的不適當行為。嚴肅不贊同的表情，比說一大堆話或教訓還有效。

（四）說出不贊同的行為內容

父母在責備孩子不適當行為的時候，切忌冗長的教訓，實施口頭責備的時候，應該簡短，直接說出孩子不適當的行為是什麼。口頭責備應該就事論事，針對孩子不適當的行為，給予指責，而不是責備孩子本人。口頭責備的時候，更不可以使用髒話罵孩子或大聲吼叫，父母以嚴肅的口氣和表情說出孩子不適當的行為，通常可以停止孩子的不適當行為。父母不需要在孩子停止不適當行為之後，再囉嗦或教訓不已。

　　實施口頭責備的時候，父母不應該使用威脅或恐嚇來對待孩子，令人心生害怕。威脅孩子卻又做不到，等於父母說話不算話。例如父母對犯錯的孩子說：「你下次再打弟弟的話，我就打斷你的手。」像這樣對孩子說出這種永遠做不到的威脅，不僅對管教孩子沒有幫助，反而成為一個言行不一致的人。

　　根據研究，親子之間的互動說話如果超過三句話，通常會變成具有獎勵效果的給予注意。因此在責備孩子時，如果使用冗長的責備或教訓，不僅沒有處罰的效果，反而有獎勵的作用。換句話說，父母使用口頭責備的時候，如果對孩子說很多話，往往會把口頭責備變成口頭稱讚，這是父母要注意的地方。使用簡短的三句話來責備孩子不適當的行為，對有些父母來說是很困難的，特別是當孩子會狡辯或抗議的時候，這時父母最好不予理會，以嚴肅的表情和口氣，說出你的指令或責備的內容。

（五）聲音要低沉嚴肅

　　使用口頭責備孩子，來停止他不適當的行為時，父母不需要提高音量，只要用平時的音量，以低沉嚴肅的口氣，說出父母所不贊同的行為即可。大聲說話對責備孩子不一定有效，小聲說話反而容易得到孩子的注意力，也有助於全家的安靜與和諧。

（六）動作姿勢表現不贊同的樣子

　　動作姿勢有加強說話內容的效果，在口頭責備的時候，我們的身體語言也要和說話內容一致，這樣子可以增加處罰的效果。想像父母眼睛看著孩子，以嚴肅的表情和口氣，再加上用食指指著自己的嘴唇，使用簡短的話來對孩子責備，那是很有威力的責

備。也許父母要多練習幾次，以便在使用時，更能夠得心應手。

（七）在行為發生五秒鐘內責備

　　使用口頭責備的時機，應該是在孩子不適當行為剛發生的時候最有效，而不是等到孩子的行為已經失去控制的時候。父母應該學習去辨認不適當行為的早期跡象，孩子的不適當行為總是從輕微的程度，逐漸惡化到嚴重的程度。例如：兩個孩子打架之前，可能是你推我，我推你，在推擠之前可能是說髒話或挑釁的話，在那之前可能是說一些意見不同的話或提高聲音等。父母要能夠盡早發現不適當行為剛開始的跡象，立即給予口頭責備，而不可任其惡化到不可收拾的地步。只要父母覺察孩子的行為轉變成不適當的時候，應在不適當行為一發生時，立即實施口頭責備。因此，口頭責備可以說是預防不適當行為惡化的良好管教技術。

四、如何訂定規則

　　管教孩子不能沒有規則，實施獎勵和處罰也要有規則可循。良好的規則有助於家人和平相處，有助於孩子建立自信、有安全感的行為。訂定規則有助於孩子學習良好的行為和生活習慣。因此，如何訂定規則是父母很重要的功課，也是父母要多練習的管教技術。

　　訂定規則的基本原則如下（Eimers & Aitchison, 1977）：

　　1. 規則應該簡短有重點，以方便孩子記得住和遵守。

　　2. 規則應該具體清楚，模糊不清楚的規則，容易被誤會，也很難執行。

3. 規則應該以「應如何做」來陳述，好的規則告訴孩子應該如何做，做什麼，而不是告訴孩子這不要做、那不要做。

4. 訂定規則，一次一個。不要一次向孩子規定很多的規則，規則一次訂得太多，不僅令人感到困惑，而且也不方便執行。

5. 請孩子協助父母訂定規則，有孩子參與訂定的規則，通常會比較公平，而且孩子也比較容易了解、記住，而比較願意遵守。

6. 規則一旦訂好，便要確實執行，容許孩子有太多的例外和藉口，往往使規則失去規範行為的效果。如果規則執行一段時間之後，發現滯礙難行或不合時宜，家人可以坐下來討論如何加以修改。

參、暫停

本小節要介紹一種糾正孩子不適當行為的行為管理技術，那就是「暫停」（time out）或譯為「暫時隔離法」。管教孩子的最大困難之一，是當孩子表現不適當行為的時候，並不理會父母的口頭告誡或指令。這個時候，如果父母沒有任何動作來做口頭告誡或指令的後盾，將會導致孩子不聽話，管不住孩子的困境。在父母用口頭要求孩子停止不適當行為無效的時候，父母必須給予不適當行為的後果，以便用後果來支持自己的指令。有的父母使用打罵作為孩子不適當行為的後果，有的父母不喜歡用打罵的方式，卻不知道該怎麼辦才好。

一、體罰的利弊

　　體罰是我們社會存在已久的一種管教子女的方法，問題是體罰的使用已經面臨愈來愈大的挑戰。有的國家，如美國，甚至明文禁止成人體罰兒童（我國《教育基本法》於 2006 年 12 月 12 日已三讀通過「禁止體罰條款」）。體罰真的有效嗎？最多只有短暫的效果，但是體罰卻有以下的缺點。

（一）實施體罰的結果，弄得父母和孩子都不高興

　　體罰容易造成親子雙方的緊張和氣憤，也很容易傷害彼此的感情。而且體罰所引起的情緒和緊張，總會持續一段時間。體罰很容易讓人認為父母在發洩脾氣，而不是在教育孩子。

（二）體罰不但沒有教會孩子好行為，反而會教會孩子壞行為

　　孩子很容易從觀察父母的言行，而學會以暴力來解決問題。父母體罰孩子的行為，無疑成為孩子學會暴力行為的模範。因此，我們可以說體罰的使用是一種錯誤行為的示範。

（三）體罰使孩子養成陽奉陰違的行為

　　當父母在的時候，孩子因為害怕體罰，因而不會表現不適當的行為。可是，當父母不在的時候，孩子的不適當行為就會通通出現。父母依賴體罰管教孩子的家庭，孩子在家裡可能會表現良好行為，可是一旦去到別人家裡或去學校，在沒有體罰的地方，他們的行為很容易就會失去控制。

（四）體罰很容易造成孩子的意外傷害

　　父母總是在盛怒的時候體罰孩子，因此很容易打傷孩子，造成遺憾。萬一造成孩子永久性的傷害，那父母就是後悔也來不及了。孩子表現不適當行為的時候，並不是不要處罰，但是不可以體罰。處罰的方式很多，「暫停」便是一種有效而不傷害孩子的行為管理技術。

二、暫停是溫和的處罰

　　有愛心的父母也會處罰孩子，只是他們會使用適當而有效的方法來處罰孩子。有效的處罰技術是教養孩子不可缺乏的技術，在一片充滿愛心和關懷的氣氛下，以合理、公平和一致的態度及方法實施處罰是成功父母的必要條件。「暫停」便是一種合理公平，而且容易實施的管教方法。

　　暫停不僅是研究證實有效的管教技術，更重要的是，它的使用不會傷害到親子關係。使用暫停通常不會造成身心上的不良後果，可以說是最文明的管教方法。

　　暫停是指把孩子所得到的一切好處暫停。暫停基本上是把表現不適當行為的孩子暫時放在一個很無聊、很無趣的地方，令孩子得不到任何獎勵或好處。事實上，許多父母在不知不覺中都使用過類似暫停的方法，例如：罰站，面壁反省等。由於父母缺乏有系統的方式使用那些類似暫停的方法，因此，其效果往往十分有限。學會有系統地實施暫停的技術，將可以大大提高為人父母的管教能力。

三、暫停的優點

暫停的優點有三：

1. 暫停可以立即停止孩子不適當的行為，避免行為的惡化。
2. 暫停可以讓孩子冷靜下來，父母和孩子可以藉著這段冷卻的時間，平穩彼此的情緒。
3. 暫停可以使孩子有時間反省自己的行為。

暫停的使用，可以有效地避免親子關係弄得很緊張，或者搞得大家情緒不好，雞犬不寧。對於孩子打架、發脾氣、摔東西的處罰方式，以暫停最為適當，可以很快地平息衝突的場面和情緒。

父母對孩子下口頭指令時，如果孩子不聽話，不肯停止不適當的行為，暫停是父母最佳的後盾，可用來支持父母的口頭指令。如此一來，父母說話算話，孩子也就比較容易管教。每當孩子違規時，父母一定要執行違規的後果，包括使用暫停。久而久之，孩子就會學會遵守規則的重要。

實施暫停的注意事項有二：一是暫停適於用來管教年齡 12 歲以下的孩子；二是暫停的方法不能夠過度使用，經常把孩子送去暫停的話，暫停便會失去效果。平時對於小小的不適當行為，可用口頭責備；孩子偶爾犯大一點的不適當行為，才使用暫停。

四、實施暫停的步驟

實施暫停的步驟可歸納為九項，請參考表 3-8 ；以下將進一步說明實施暫停的步驟和要領（林家興， 1994a ； Clark, 1985）。有關實施暫停的細節，請參考拙著《天下無不是的孩子》。

表 3-8　暫停的步驟和要領

1. 選擇一個想糾正的目標行為。
2. 計算一下目標行為多久發生一次。
3. 選定一個無聊的地方或房間實施暫停。
4. 對孩子解釋暫停的實施與目的。
5. 耐心地等候目標行為的出現。

一旦目標行為出現！

6. 以不超過兩句話、不超過 10 秒鐘的時間，立即送孩子到達暫停的地方。
7. 找出定時器，定時幾分鐘，放在孩子聽得到的距離。
8. 不理會孩子，直到鈴響為止。
9. 定時器鈴響之後，問孩子為什麼他被暫停。

（一）選擇一個想糾正的目標行為

　　也許孩子有許多的壞行為需要糾正，如果每個壞行為發生的時候，都送孩子去暫停，孩子可能整天都待在暫停的地方，那麼暫停就會失去效果。最好選擇一個，最多不超過兩個的壞行為實施。目標行為的選擇，以能計算次數，而常常發生的壞行為最為適當。

（二）計算一下目標行為多久發生一次

　　對於目標行為發生的次數或頻率有了概念，在實施暫停之後一段時間，可以了解糾正壞行為的效果如何。

　　計算壞行為的方式，可以使用牆上的週曆或月曆，當孩子表現一次目標行為（如打弟弟），就在月曆上記錄一次。

孩子的壞行為往往在記錄之後，實施暫停之前，有了明顯的改善。這是因為當孩子知道父母在觀察他的壞行為了，他自己就會收斂起來。

（三）選定一個無聊的地方或房間實施暫停

最適合實施暫停的地方，是一個最無聊、沒有玩具或任何有趣的東西、也得不到家人注意的地方，可以是一個房間或家裡的一個角落。對於 2 歲到 4 歲的孩子，可以使用一張有靠背的成人坐的木椅。

（四）對孩子解釋暫停的實施與目的

向孩子解釋暫停的時機，最好是在平常家長與孩子都是心平氣和的時候。父母最好同時在場，告訴孩子說，他的某一個行為已經變成自己或家裡的一個問題。父母很愛他，為了糾正他的壞行為，每次他表現壞行為的時候，就要送他去暫停。即使孩子想要與你辯論或反駁，也應不予理會；即使他心不在焉或記不住也沒關係，多實施幾次，他就會很快記住，並且知道父母是認真的。

（五）耐心地等候目標行為的出現

一旦目標行為出現！

（六）以不超過兩句話、不超過 10 秒鐘的時間，立即送孩子到達暫停的地方

實施暫停最重要的要領，是要很快地把孩子放在或叫他走到

暫停的地方。快速到達暫停的地方，一則可以減少孩子的抗拒，二則可以增加暫停的管教效果。如此一來，將有助於孩子看到他的壞行為和不是滋味的暫停有立即的連帶關係。

（七）找出定時器，定時幾分鐘，放在孩子聽得到的距離

暫停的時間，以孩子的年齡為準，1 歲算 1 分鐘。一個 5 歲的孩子，就暫停 5 分鐘。定時器的種類很多，一定要選用攜帶型的，不要使用固定在家庭電器上的那種。

（八）不理會孩子，直到鈴響為止

當孩子被送去暫停的時候，不要去理會孩子，並且把所有好玩、有趣的人或東西拿走，讓孩子感覺無聊，直到定時器鈴響。

（九）定時器鈴響之後，問孩子為什麼他被暫停

每一次孩子表現出目標行為，就送他去暫停。在暫停的時候，不要去和孩子說話或爭辯。等到暫停結束之後，才問孩子為什麼被暫停。如果孩子說不明白或說錯，你就幫他說一遍，然後再叫孩子複述一次。

本章小結

　　本章首先說明管教子女的正確觀念和態度，例如：要與子女培養良好的感情、要學習與子女有效的溝通、要建立正確的管教態度、要以愛而堅定的態度實施行為管理技術，以及要懂得照顧自己等。接著澄清正確和錯誤使用的獎勵和處罰的方法，等到為人父母具有正確的管教觀念和態度之後，再進一步學習有效的行為管理技術，包括：口頭稱讚、口頭責備、暫停，以及訂定規則等。閱讀本章不僅可以建立正確的管教子女的觀念和態度，而且可以學習許多具體而有效的行為管理技術。

問題討論

1. 根據行為學習理論，教育孩子的基本規則為何？
2. 何謂獎勵？何謂處罰？請舉例說明。
3. 實施體罰有哪些缺點？
4. 暫停是處罰的一種，它有何優點？
5. 請問實施暫停有何步驟和要領？

第四章

親職教育的需求評估

■ ■ ■　親職教育的實施首先要了解家長的問題與
需求，才能夠設計適合家長的課程，解決
家長的問題，以及滿足家長的需要。評估
家長需求的方式基本上包括需求評估
（need assessment）、心理測驗（psycho-
logical testing），以及家長訪談（parent
interview）等方式。本章首先說明家長需求
評估的步驟與方法，接者介紹國內外與親
職教育有關的心理測驗，最後整理家長訪
談的親職教育心得與問題。

需求評估的步驟與方法

　　本節將說明親職教育需求評估的步驟與方法，想要有效的進行需求評估，一定要講求步驟和方法。需求評估的步驟通常包括：確認需求評估的使用者及用途、描述所服務的對象及其服務環境、確認問題與解答、評估需求的優先順序，以及溝通評估結果。需求評估的方法包括：社區資源調查、社會指標分析、服務使用分析、社區問卷調查，以及團體方法等。

壹、需求評估的步驟

　　需求評估（need assessment）是幫助各種社會教育服務做決策的一種工具和方法。以親職教育為例，一個學校是否要舉辦親職教育課程、舉辦何種親職教育課程、針對哪一類的家長、如何舉辦等，皆牽涉到一系列的決策。主辦親職教育的單位，不僅要知道社區居民需要不需要親職教育，並且還想進一步知道，已提供的親職教育是否足夠，是否滿足家長的需要。

　　以親職教育為例，實施需求評估的步驟有五（McKillip,1987）：

　　1. 確認需求評估的使用者及用途：首先要弄清楚需求評估的使用者是親職教育的主辦單位，例如：是學校的輔導室或家庭教育服務中心等，這是指誰需要這份需求評估資料。需求評估的用途是為了規劃與提供親職教育給有需要的人，當然需求評估資料

的用途還包括為了經費的申請或人力的爭取等。

2. 描述所服務的對象及其服務環境：了解父母的背景及其需求，以及現有的親職服務是否滿足父母的親職需要，有助於安排適當的親職教育服務。愈能夠了解，並掌握家長的背景和需求，將愈可以設計符合家長需要的課程。

3. 確認問題與解答：就是能夠描述所服務對象的親職問題，及其可能的解決方案。家長有各式各樣的問題和需求，而社會資源有限，因此需要事先確認最重要或最需要處理的問題是什麼，以便將有限的資源，做最佳的使用，達到最大的效益。

4. 評估需求的優先順序：依據家長認為的優先順序及重要性加以描述。同時也要考慮哪些項目最符合主辦單位的服務宗旨，以及何者是主辦單位最能夠勝任提供的親職教育。主辦單位不僅要了解家長優先要解決的問題是什麼，也要了解自己的專長是什麼，盡可能根據自己單位的專長來辦理親職教育，比較可以做出成果。理想上，家長優先想解決的問題，如果剛好又是自己單位所專長的業務，這是最佳的組合，也最容易做出成果來。

5. 溝通評估結果：需求評估的結果應該提供作為決策者、使用者，以及有關人士的參考。溝通的方式包括口頭溝通與書面溝通。不論需求評估的實施是自己做還是委託他人完成，最重要的是溝通評估結果，讓親職教育的規劃者和執行者，可以根據評估結果調整或修正親職教育的課程與教學。

貳、需求評估的方法

需求評估是社會科學常用的研究方法，自然也可以應用在親

職教育需求的評估。親職教育需求評估的方法可分為五種（McKillip, 1987）。茲簡述如下：

一、社區資源調查

　　社區資源調查（resource inventory）是指，針對社區裡到底有多少親職教育課程或服務進行了解。調查的方法是以問卷方式，請目前辦理親職教育的單位和提供者，回答每個機構所提供的親職教育有哪些。這種需求評估，比較能夠回答「目前本社區有哪些親職教育服務」；比較不能夠回答「本社區需要哪些親職教育服務」。通常社區裡如果沒有人或很少人開設親職教育課程，我們會認為社區在親職教育的資源比較少，有需要增加這類課程，來彌補親職教育資源的不足。

二、社會指標分析

　　社會指標分析（social indicator analysis）是指，利用公私立機構所發行的統計資料，進行親職教育需求的分析。例如：利用人口普查資料、流行病學調查資料、青少年犯罪統計、兒童虐待與疏忽統計等，來了解目前社區父母是否需要親職教育，以及何種親職教育。這些社會指標有助於我們了解，哪些父母和孩子是屬於心理疾病與兒童虐待的高危險群人口。例如：如果想要提供新移民家庭的親職教育課程，我們可以透過人口普查資料，了解本鄉鎮社區新移民家庭的人數增減、新移民子女就學人口數的變化等，這些資料有助於了解新移民家庭的親職教育需求。

三、服務使用分析

服務使用分析（service utilization analysis）是指，根據目前父母使用親職教育服務的現況，進行分析了解。從資源使用的統計數字，例如：實際多少人參加親職教育、使用者的人口資料與社經背景是如何，以及使用現有親職教育服務的障礙是哪些等。這種評估方法特別適用於已經實施親職教育的地區，蒐集社區居民使用親職教育資源的現況，進行分析了解，作爲調整或改進親職教育服務的參考。

四、社區問卷調查

社區問卷調查（community surveys）是需求評估最常用的方法。親職教育主辦單位可以設計問卷，直接問社區居民對親職教育的需求爲何。社區問卷調查的方式包括：晤談訪問、電話訪問，以及郵寄問卷調查。小規模的問卷調查，大部分的主辦單位可以自行辦理；大規模的問卷調查，則有賴專門機構或專家的協助。例如：某國民小學可以設計一份親職教育需求的問卷，請學生家長填寫，學校再根據問卷調查結果，進一步了解本校家長在親職教育方面的需求有哪些？家長偏好的課程方式、上課時間，以及上課主題等。

五、團體方法

團體方法（structured groups）是指以一群特定的人爲對象，進行了解大家對親職教育需求的評估。常用的團體方法，包括公聽會（public hearing）、社區論壇（community forum）、焦點團體

（focus group），以及專家團體（expert panel）。主辦單位可以設計一系列的問題，召開不同型式的團體或會議，請各方人士或專家學者，表達他們對親職教育需求的意見，作為決策的參考。例如：學校輔導主任可以邀請學生家長代表，參加本校家長親職教育需求評估的座談會，請家長代表針對學校辦理親職教育課程的方式、時間、講師與主題等提供建議，作為學校辦理親職教育課程的參考。

與親子關係有關的心理測驗

　　了解父母是否有親職功能的障礙，與子女的關係是否良好，以及是否需要接受親職教育或心理輔導，可以透過客觀的心理測驗來進行。國內外有關評量親子關係和父母功能的心理測驗，一般以作為研究工具為主，比較少作為篩選父母是否參加親職教育的用途。筆者認為，利用客觀的量化心理測驗，作為篩選高危險群的父母接受親職教育與心理輔導，是值得推廣的做法。本節將分別介紹國內外有關的心理測驗。

壹、國內與親子關係有關的心理測驗

　　國內與親子關係有關的心理測驗，計有四種：父母管教態度測驗、親子關係診斷測驗、親子關係適應量表，以及親職壓力量表。分別介紹如下：

一、父母管教態度測驗

1. 修訂者：賴保禎。

2. 目的：父母管教態度測驗（賴保禎，1972）的目的是評量國中學生所知覺的，其父母雙親的管教態度。測驗結果可以幫助教師明瞭學生父母的管教態度及親子關係，作為親職教育與輔導的依據。

3. 內容：測驗內容可分六種態度，包括：拒絕、溺愛、嚴格、期待、矛盾與紛歧。每種態度類型有 10 題，測驗包括父親量表與母親量表兩部分，一共 120 題。

4. 適用年齡：國民中學學生。

5. 信度：以男生為受試，父親分量表的折半信度為.56 至.85；母親分量表為.52 至.81。以女生為受試，父親分量表的折半信度為.61 至.88；母親分量表為.54 至.80。

6. 效度：以受試學生之父母管教態度自我評定為效標，比較各種管教態度中，正反兩類型者的差異，結果發現在各種管教態度正反兩類型的得分，確有顯著差異存在，可知尚具有建構效度。

7. 計分：測驗一共 120 題，作答分為「不是」、「有時是」、「常常是」三種，受試者依其真實情況擇一作答，約需時 40 分鐘。選「不是」給 2 分，「有時是」給 1 分，「常常是」給 0 分。測驗結果可對照常模，取得各種管教態度的百分等級，並可繪製六角形的側面圖。

8. 常模：有國中男女學生父母親六種管教態度百分位數常模。

二、親子關係診斷測驗

1. 修訂者：劉焜輝。

2. 目的：協助輔導人員與心理衛生人員了解受試者親子互動之態度特性及類型，作為諮商輔導之參考。

3. 內容：分為父母對子女態度及子女對父母態度兩部分，由受試者綜合對父母的整體看法或平日相處關係而作答，每部分含親子態度特性及親子態度類型，其情境又包括日常生活方面與學習生活方面。

4. 適用年齡：國民中學學生。

5. 效度：根據家庭適應良好及家庭適應不良學生的親子關係態度特性作比較，其結果顯示本測驗具有建構效度。

6. 信度：資料缺。

7. 施測：可以團體或個別方式施測，約費時 30 分鐘。

8. 常模：標準分數。

9. 主要參考資料：

劉焜輝（1986）：親子關係診斷測驗及指導手冊。台北：天馬。

張蓓莉編（1991）：特殊學生評量工具彙編。台北：教育部社會教育司及國立台灣師範大學特殊教育中心。

三、親子關係適應量表

1. 修訂者：黃春枝。

2. 目的：在測量青年期的親子關係適應之良窳，以為生活輔導之參考。

3.內容：全問卷共有 63 題，其中 1 至 21 題爲信任、情感、友誼等三大項的同義語句，22 至 63 題爲反面詞句。

4.適用年齡：國民中學一年級至高級中學三年級學生。

5.測驗時間：無嚴格的時間限制，一般學生可在 20 至 30 分鐘內作答完畢。

6.信度：間隔四個月之重測信度爲.81 至.86 。折半信度爲.90 至.92 。

7.效度：以普通學生爲適應良好組，以輔育院少年爲適應不良組，求其二系列相關爲.42 ，並比較其平均數之差異，結果顯示有顯著差異存在，尚具有建構效度。

8.計分與常模：選答分爲「常常是」、「偶爾是」及「很少是或從來沒有」三種。 1 至 21 題，答「常常是」者得 1 分；答「偶爾是」與「很少是或從來沒有」者 0 分； 22 至 63 題爲反面計分，最高分數爲 63 分。

常模有國中一年級至高中三年級的五分等常模，依百分位數建立。

9.主要參考資料：

黃春枝（1979）：**親子關係適應量表指導手冊**。台北：正昇教育科學社。

簡茂發、何榮桂（1992）：**我國心理與教育測驗彙編**。教育部輔導工作六年計劃。

四、親職壓力量表

1.修訂者：翁毓秀。修訂自 R. R. Abidin 的親職壓力量表（Parenting Stress Index, PSI）。

2. 目的：個別診斷評估家長在扮演親職角色所面臨的壓力源，了解家長面臨最大的壓力源為何，以及作為輔導的參考、處遇前後的成效測量。

3. 內容：本量表共有 101 題，用以測量親職能力及壓力，涵蓋三個範圍，在孩子、父母及生活上的壓力來源。測驗結果分為兒童分量表和父母分量表兩部分，兒童分量表包括六個因素：過動／無法專注、子女增強父母、情緒／心情、接納性、適應性，以及強求性。父母分量表包括七個因素：親職能力、親職角色投入、親職角色限制、憂慮、夫妻關係、社會孤立，以及父母健康狀況。

4. 適用年齡：家有 12 歲以下兒童之父母親。

5. 施測方式：紙筆測驗、個別、團體施測。

6. 測驗時間： 30 至 40 分鐘。

7. 信度：內部一致係數介在.492~.913 。

8. 效度：建構效度以因素分析之主要成分分析法和轉軸法將因素負荷量小於.30 刪除。

9. 常模：常模樣本分別來自台中榮總與中山醫學院小兒科門診，遍及北、中、南托兒所、幼稚園和國小兒童之父母親共 1,362 名。

10. 主要參考資料： Abidin, R. R. (1995). *Parenting stress index professional manual* (3rd ed.). Odessa, Florida: Psychological Assessment Resources.

貳、國外與親子關係有關的心理測驗

在國外的心理測驗中，本書僅介紹美國幾種與親職教育有關的心理測驗作為參考（Corcoran & Fischer, 1987）。

一、青少年與成人管教量表（Adult-Adolescent Parenting Inventory, AAPI）

1. 作者：Stephen J. Bavolek。

2. 目的：評量青少年及成人有關育兒與子女管教的態度。

3. 內容介紹：本量表一共有 32 題，題目以簡單英文敘述。本量表用來評估父母育兒與管教子女在下列四方面的優缺點：(1)對子女的不適當期望；(2)對子女的需要缺乏同理心的了解；(3)使用體罰的信念；(4)親子角色對調的現象。

「青少年與成人管教量表」可以用來評量準父母的管教態度，接受輔導前後管教態度改變的情形，作為甄選適任寄養父母，以及評量一般人或專業人員的管教態度。本量表備有測驗手冊可供參考，包括標準化過程、施測程序，以及計分方式等。

4. 常模：常模根據 782 名施虐成人、1,239 名非施虐成人、305 名被虐青少年，以及 6,480 名非被虐青少年。常模分為白人和黑人，以及男生和女生。

5. 適用年齡：12 歲以上青少年及成人可適用。

6. 計分：使用計分板計分，可將原始分數轉化為標準分數，並可算出四種分數。

7. 信度：內在一致性是.70 到.86，再測信度（穩定度）是.39 到.89，再測相關是.76。

8. 效度：根據作者計算所得，內容效度、建構效度，以及同時效度相當良好。

9. 主要參考資料： Bavolek, S. J. (1984). *Handbook of the adult-adolescent parenting inventory*. Eau Claire, Wisconsin: Family Development Associates, Inc.

二、子女對父母的態度量表（Childs' Attitude toward Father and Mother Scales）

1. 作者： Walter W. Hudson 。

2. 目的：評量子女認為他們與父母的問題是什麼。

3. 內容介紹：這是兩個量表，一個是子女對父親的態度（Child's attitude toward father ，簡稱 CAF）；一個是子女對母親的態度（Child's attitude toward mother ，簡稱 CAM）。每一量表都是 25 題的測驗，評量親子問題的類型和嚴重性。兩種量表的題目，除了父親與母親之外，其內容是完全一樣的。這是從孩子的角度來評量親子問題的量表。兩種量表都用 30（+5）作為分界點，得分 30 以上，表示孩子與父母有顯著的親子問題；得分 30 以下，表示孩子與父母沒有顯著的親子問題。子女對父母態度量表是 Hudson 所編的 Clinical measurement package 九種量表中的兩種。

4. 常模：作者根據 7 到 12 年級， 1,072 名學生建立常模。

5. 適用年齡： 12 歲以上的青少年。

6. 計分：有的題目是顛倒計分，把所有得分加起來，得分範圍從 0 分到 100 分，分數愈高，親子問題愈嚴重。

7. 信度： CAF 的平均信度是.95 ，標準誤是 4.56 ； CAM 的平均信度是.94 ，標準誤是 4.57 。這些資料顯示 CAF 和 CAM 具

有優良的信度和內部一致性。一週再測信度是.96（CAF）和.95（CAM）。

　　8. 效度：兩種量表具有良好的鑑別效度和預測效度。

　　9. 主要參考資料： Hudson, W. W. (1982). *The clinical measurement package: A field manual.* Chicago: Dorsey Press.

三、父母管教態度指標（Index of Parental Attitude）

　　1. 作者： Walter W. Hudson 。

　　2. 目的：評量父母所認為的孩子問題。

　　3. 內容介紹：本量表一共有 25 題，從父母的角色來評量親子問題的嚴重性。孩子的年齡可以從嬰兒到成人。量表總分是 100分，分界點是 30 分，得分 30 以上表示父母有顯著的孩子問題；得分 30 分以下，表示父母沒有顯著的孩子問題。這是 Hudson 所編一套九個量表中的一個量表。

　　4. 常模：只有一個根據 93 名接受諮商的成人所建立的常模。

　　5. 計分：部分題目為顛倒計分，把所有分數加起來，得分從 0到 100 分。得分愈高，表示孩子問題愈嚴重。

　　6. 信度：平均信度是.97 ，顯示本量表的信度優良。標準誤是3.64 。缺乏再測信度。

　　7. 效度：根據作者，本量表鑑別效度和建構效度良好。

　　8. 主要參考資料： Hudson, W. W. (1982). *The clinical measurement package: A field manual.* Chicago: Dorsey Press.

四、管教滿意度量表（Parenting Satisfaction Scale）

　　1. 作者： John Guidubaldi 與 Helen K. Cleminshaw 。

2. 目的：辨識有問題的親子關係，作為親職教育與家庭輔導的參考。

3. 內容介紹：這是一份包括 45 個題目的標準化量表，用來評量父母對管教子女的態度。內容包含三個分量表：

(1)對配偶管教表現的滿意度。

(2)對與子女關係的滿意度。

(3)對自己管教表現的滿意度。

4. 適用年齡：適合任何年齡的父母。

5. 常模：提供非常模化的標準分數和百分位數作為參考。

6. 計分：這是一份自陳量表，包括三個分量表，每個分量表各 15 題。可用手計分，費時 10 分鐘。施測時間大約 20 分鐘。分數愈高，代表對管教表現愈滿意。

7. 信度：內部一致性從.82 到.96。

8. 效度：與其他測驗具有良好的同時效度。

9. 主要參考資料：Guidubaldi, J., & Cleminshaw, H. K. (1994). *Parenting satisfaction scale manual*. San Antonio, Texas: The Psychological Corporation.

 第三節

了解父母的心聲和需要

親職教育的實施，首重了解父母的心聲和需要。親職教育課程的設計和實施，要充分傾聽父母的心聲，並且以能夠滿足父母的需要為最高指導原則。父母是人，也有凡人所有的需要和問題；要幫助孩子，我們先要幫助父母。不了解父母的心聲和需

要，我們所提供的親職教育，對他們便失去意義。本節以父母訪談的方法探討爲人父母的心得與問題。

身爲一名親職教育專家，我們的言行，無一不在對父母示範如何做父母、如何對待孩子。要和父母建立良好的教學關係或助人關係，我們便要花時間，用心去傾聽父母的想法、感覺和需要。會選擇參加親職教育課程的家長，便表示他們有一些未滿足的需要，等待著我們去照顧。花時間去訪問父母，去仔細聽聽父母的牢騷和苦水，是獲得父母接納的第一步。筆者在台灣師範大學講授「親職教育」時，曾要求修課學生去訪問父母們，所得到的資料相當珍貴。本節便是根據訪問父母的資料，加以整理而成的。

接受訪問的家長一共 45 名，平均年齡 40 歲，他們的子女的平均年齡是 11.76 歲。多數家長居住在台北市的文教區和商業區，他們的職業多數是專門執業和工商業，多數受過大專及以上教育程度。雖然多數家長來自都會區，他們的心聲和需要並不足以反應小鎮和鄉村的家長，但是他們的資料將值得從事親職教育工作者的參考。

學生訪問員以下列四個問題訪問受訪的家長：

1. 您管教子女的三個主要心得是什麼？

2. 您管教子女的三個主要問題是什麼？

3. 您和子女的感情和關係可以用哪三句話來形容？

4. 您有沒有參加過親職教育課程？如有的話，三個主要收穫是什麼？如沒有的話，三個未參加的原因是什麼？

資料經過整理之後，分爲管教子女的心得，管教子女的問題，親子關係與感情，參加親職教育的收穫，以及未參加親職教

育的原因等五部分，將訪問結果說明如下。

壹、管教子女的心得

一、訪問結果

都會區中上教育程度的父母，他們在管教子女多年之後，所獲得的管教心得，可以約略歸納為：了解子女、親子關係、管教方式，以及其他等四方面。由表 4-1 可知，父母在分享他們有效管教子女的心得時，有 54.3% 的心得反應是屬於了解子女方面，認為了解子女的興趣、需要和身心發展，並給予尊重和鼓勵，有助於成功的子女管教；其次，他們也相當重視親子關係的培養和管教技巧的應用。

表 4-1　都會區父母管教子女的心得　　　　　　　（N = 116）

	N	%
1. 了解子女最重要 　如：(1)要注重孩子的興趣和需要 　　　　(2)要注重孩子的人格及身心發展 　　　　(3)要多鼓勵、尊重和肯定孩子	63	54.3
2. 親子關係最重要 　如：(1)要注重親子溝通 　　　　(2)要以朋友對待子女 　　　　(3)要與孩子一起同樂	23	19.8
3. 管教方式最重要 　如：(1)要有管教原則，該嚴就嚴 　　　　(2)身教重於言教 　　　　(3)要因材施教	23	19.8
4. 其他 　如：從教導孩子中獲得自我成長	7	6.0

說明：本項受訪者有 45 位，N = 116 是因為受訪父母的回答不只一個。

二、父母的心聲

一位 35 歲的幼稚園園長，7 歲男孩的母親說：

「用讚美、正向肯定的方式，和顏悅色地和他說話。凡事以身作則，並經常給他擁抱。指定固定的家事給他做，讓他了解這是他必須完成的事。」

一位31歲的博士班研究生，4歲孩子的母親說：

「只要孩子做的事不會傷害到他自己或別人，就隨他去做。孩子不是機器人，不能要求他規則化，可是有時候會讓做父母的沒面子，所以父母的自尊心要擺後頭。在大家庭中，父母最好能有自己的空間。」

一對31歲的公務員夫妻，10歲孩子的父母說：

「要對孩子的興趣表示有興趣，盡量抽空陪孩子玩，如果不知怎麼跟他們一起玩，最簡單的，就是問他。要常常和小孩討論與他們有關的事情，以他們的眼光來想、來討論，而不要以成人的眼光來看小孩的世界。家長可與子女一起訂生活規律，不僅孩子會更樂於遵守，同時也可培養孩子們的自由民主態度及獨立思考的能力。」

一位33歲的國小教師，兩個（12歲和5歲）孩子的母親說：

「身教重於言教，孩子的成長過程與父母息息相關。連兩歲的小孩都會在無形中模仿父母的行為，包括電視節目亦是，千萬別以為他們還小，什麼都不懂；留意孩子的自尊心，不要當眾給孩子難堪。責備孩子時需要注意要領，不要只是一味責備，而忽略孩子的感受；管教孩子要堅持原則，小孩可能以哭鬧的情緒反彈賴皮，在這種情況下，父母要堅持原則，不要因此屈服或心軟，否則以後將無所適從。」

一位 43 歲的大學教授，兩個（10 歲和 15 歲）孩子的父親說：

「我對孩子關於基本技能的培養（如語文能力、電腦、寫作）以及休閒技能與藝術興趣（如打球、游泳、鋼琴、繪畫）有一定的堅持，且到後來小孩子也體驗到這樣的益處和成就感。我們全家外食機會多，一起吃、一起散步、一起玩。說教不是全能，而是要提供多元環境去經驗，身體力行來學習。」

一位 35 歲的音樂老師，兩個（7 歲和 13 歲）孩子的母親說：

「從管教子女中，我發現自己會不斷檢討自己，究竟是不是真正為孩子著想。發現自己和丈夫因孩子的管教問題加強了溝通，關係反而比以前更好。」

貳、管教子女的問題

一、訪問結果

都會區中上教育程度的父母，他們在管教子女方面，所遭遇的問題，大致可以歸納為四類：按問題出現的頻數依次是：

1. 屬於子女方面的問題，如生活常規、學習、個性與行為問題，不易處理。

2. 屬於父母本身的問題，如缺乏管教經驗，夫妻管教態度不一等等。

3. 屬於親子關係方面的問題，如親子缺乏溝通。

4. 其他，如祖父母的干涉，家庭經濟問題等。

從表 4-2 可知，最困擾父母的管教問題，有一半是屬於子女的問題，亦即不知如何建立孩子的生活常規，孩子功課不好，不知如何處理。或者，孩子有個性、情緒，或行為上的問題，不知如何管教才好。其次，部分家長反而自我檢討，是否自己對孩子的期望太大，由於缺乏經驗，擔心自己的管教方法不適當等。

表 4-2　都會區父母管教子女的問題　　　　　　（N ＝ 131）

	N	%
1. 父母方面的問題 　如：(1)期待會造成孩子的壓力 　　　(2)沒有經驗不知如何教導孩子 　　　(3)夫妻管教不一致 　　　(4)忽略孩子	36	27.5
2. 子女方面的問題 　如：(1)生活常規問題 　　　(2)學習問題 　　　(3)個性、情緒與行為問題	71	54.2
3. 親子關係的問題 　如：缺乏溝通	18	13.7
4. 其他問題 　如：(1)上一代教導方式的干涉 　　　(2)社會風氣不好 　　　(3)家庭經濟問題	6	4.6

說明：本項受訪者是 45 位，N＝131 是因為受訪父母的回答不只
　　　一個。

二、父母的心聲

一位 35 歲的男公務員，3 歲兒子的父親說：

「在與孩子的溝通上，常常不知道用怎樣的語彙，才能
讓孩子懂我的意思。也就是說，父子之間有溝通上的困
難；或在管教孩子時，孩子不懂我的意思。」

一位 32 歲，高職畢業，正懷老二，老大 3 歲 9 個月的母親
說：

「我和先生對孩子的教育，抱著不同的態度，我先生比
較嚴格，會打孩子。我的孩子很好動，我真擔心他會發
生意外。我還擔心老二出生之後，老大的情緒反彈，及
對待老大、老二的態度是否能維持公平。」

一位 31 歲的研究生，4 歲孩子的母親說：

「我帶孩子的時候，有時還需要顧慮到祖父母的觀念。
我覺得孩子像小皇帝一樣，因為身邊會替他服務的大人
太多了。我擔心孩子上小學後會有適應上的問題。」

一對接近 40 歲的公務員夫妻，8 歲孩子的父母說：

「我們夫妻有時在管教孩子時態度不一致，而且雙方皆
不肯讓步，導致孩子不知道應該聽誰的才好。小孩今年

小學二年級，不喜歡寫生字，常常邊哭邊寫，寫得又慢又難看，把本子弄得髒兮兮的，我們都不知如何是好。還有，孩子在學校雖然功課很好，但很好動，喜歡在上課時說話，讓老師非常頭痛。雖然在家裡已警告她不可再這樣，但老師還是常打電話到家裡抱怨。」

一位44歲，小學畢業的家庭主婦，有四個孩子的母親說：

「我管教孩子的主要問題是：給孩子自由，卻怕孩子在外面受傷害；管教孩子，卻怕孩子反彈。孩子愈大愈不服從父母的管教。不知道孩子在想些什麼，溝通方面有許多的困難。」

一位46歲，高中畢業，從商，有三個青少年期女兒的父親說：

「現在大孩子讀大學，覺得和孩子很難溝通。我和太太對孩子會嘮叨，但其實是關心，可是孩子會覺得很煩。因為三個孩子都是女孩，會擔心她們的安全，會限制她們的行為，孩子會覺得很不自由。」

一位35歲的音樂老師，有兩個孩子的媽媽說：

「管教孩子實在不容易，我有時情緒會失控。有時會為了自己的面子，而要求孩子。覺得自己的優點，孩子都沒學到，實在很洩氣。」

參、親子關係與感情

一、訪問結果

受訪父母在回答親子關係或親子感情是如何的時候，大多數的父母認為他們的親子關係甚為良好，只有少部分認為自己和孩子的關係不好。

由表 4-3 可知，81% 的受訪家長認為自己和孩子的感情很好，他們以「亦師亦友」、「相互了解、尊重」和「你濃我濃」的形容詞，描述自己和孩子的親子關係。有 16% 的受訪家長表示與孩子關係疏離或緊張，或者對教養子女一事感到討厭。

表 4-3　都會區父母與子女的親子關係　　　　　　（N = 129）

	N	%
1. 良好	104	81
如：(1)亦師亦友		
(2)相互了解尊重		
(3)你濃我濃		
2. 尚可	4	3
如：(1)晴時多雲偶陣雨		
(2)尚願意溝通		
3. 不佳	21	16
如：(1)彼此起衝突		
(2)彼此疏離		
(3)討厭教養孩子		

說明：本項受訪者是 45 位，N = 129 是因為受訪父母的回答不只一個。

二、父母的心聲

一位 31 歲，有一個 4 歲兒子的媽媽說：

「兒子像我的前世情人，他比我愛他還愛我。他像我的寵物，養孩子是休閒娛樂。」

一位 45 歲的教師，有兩個青少年孩子的媽媽表示：

「我和孩子的感情可用三句話來形容，那就是：親密卻衝突，黏膩卻疏離，以及若即若離的感覺。」

一位 44 歲，有四個青少年孩子的家庭主婦說：

「孩子小的時候，很得我們的寵愛，愈長大愈討厭。愛之深，責之切。我們對孩子，真是既期待，又怕孩子受傷害。」

一位 31 歲，有一個 2 歲的孩子，神學院畢業的家庭主婦說：

「我們母女很親密，沒有分離，彼此作伴，我是她的需要，她是我的需要。」

一位 43 歲，有三個青少年子女的公務員媽媽說：

「我和孩子的關係，可以說是：保持距離，以策安全。視而不見，放牛吃草。顧此失彼。」

一位 40 歲的護士，有三個青少年子女的媽媽說：

「和老大的關係緊張，有傷害，問題存在其中。因幼年

時，雙方關係建立不夠深厚。我雖然一直付出，卻不知孩子能否體會。孩子情緒箭頭會指向我。另外，孩子雖然有事會來找我，卻認為母親為他做的一切皆是理所當然，我們兩人之間潛藏著大問題。」

一位 48 歲的工程師，有兩位 20 多歲左右女兒的父親，形容他和女兒的關係是：

「有求必應，難以拒絕；又愛又恨，漸行漸遠。」

一位 38 歲，高職畢業的工人，有兩個小學高年級兒子的父親說：

「晴時多雲偶陣雨，好的時候很好，但有時候很糟。」

一位 39 歲，擔任講師的父親說：

「自孩子年幼時，父子便常一同沐浴洗澡，討論生活上的問題，至今孩子已上國中，父子仍保持此種關係。雖為父子關係，因彼此以平等心對待，故情感親密。」

一位 48 歲的國中教師，15 歲孩子的母親表示：

「兒子對我是又愛又怕，明明很依賴媽媽，卻又害怕被責備或嘮叨。我對孩子也是又愛又害怕，不知道該如何與他相處才好，惟恐過度的關心，造成他在成長過程中的壓力。我最欣慰的莫過於，從孩子的表情反應及成長經驗中，不斷地獲得了自我覺察的機會，知道該如何調整自己的心態，這是最值得珍惜的。」

肆、參加親職教育的收穫

一、訪問結果

接受訪問的 45 位家長中，有 14 位曾參加過親職教育講習或上課，有 32 位從未參加過類似的課程。從表 4-4 可知，曾經參加過親職教育的父母，依收穫反應的頻數而言，最大的收穫是改善自己的管教方式（48%），其次是更了解自己的孩子（26%），再其次是改善親子關係（19%）。少數家長並表示，參加親職教育課程，間接幫助他們學習夫妻相處之道。

表 4-4　都會區父母參加親職教育的收穫　　　　　　　（N = 27）

	N	%
1. 更了解子女 　如：(1)吸收新知 　　　(2)了解子女	7	26
2. 改善親子關係 　如：(1)父母與孩子一起成長 　　　(2)更有同情心 　　　(3)享受親情	5	19
3. 改善管教方式 　如：了解正確的教導方式	13	48
4. 其他 　如：了解夫妻相處之道	2	7

說明：本項受訪者有 14 位，N ＝ 27 是因為受訪父母的回答不只
　　　一個。

二、父母的心聲

一位 37 歲，擔任教師，有三個小學年紀孩子的父親說：

「較有同理心對待孩子，得到更多管教子女的資訊，知
道如何與孩子同步成長。」

一位 37 歲，擔任公司主管的媽媽，曾參加過主婦聯盟成長
班，她的收穫是：

「認知提早給予子女正確的價值觀及人生觀，而非以一
般世俗的功利來引發子女的成就動機。認知接近大自然
是陶冶子女性情最好的環境。了解在學校的成績並不與
出社會的表現絕對成正比，因而改變自己對子女的期
待，不要把父母的成就直接套在子女身上。」

一位 45 歲，開店舖的媽媽，曾參加過孩子學校裡所辦的父母
成長班以及少年輔導會所開的課程，她說：

「與孩子一起成長，不要以為自己什麼都知道了，作父
母的人要不斷地再學習。」

一位 35 歲的媽媽，曾參加過父母成長班，她的主要收穫是：

「尊重孩子，站在對方立場為他著想；自己要不斷地改
進成長；從很多其他父母身上聽到很多不同的經驗，可

以作為參考。」

　　一位 35 歲，任職幼稚園的媽媽，參加過多次的親職讀書會和父母效能訓練，她的主要收穫是：

　　「要多給孩子正面的肯定、減少嘮叨的次數、用行動和
　　眼神表示，不要有太囉嗦的言語、接納孩子的好與壞、
　　不要企圖去改變孩子或要孩子符合自己的期待。」

　　一位 35 歲，擔任公務員的媽媽，曾聽過親職教育的演講，而且懷孕期間也閱讀相當多的親職教育書籍，她的主要收穫為：

　　「提供自己在初為人母時的心理準備、自其中了解零歲
　　教育的重要性、知道照顧寶寶的正確方向及陪伴孩子成
　　長的態度。」

伍、未參加親職教育的原因

一、訪問結果

　　從表 4-5 可知，都會區父母未能參加親職教育的原因，以「有其他學習管道」（33%）、「缺乏時間」（24%），以及「缺乏資訊」（19%）占多數。這可以說明中上教育程度的家長，通常可藉由閱讀自修或請教親友來學習子女管教。其次，忙碌的都市生活，也使許多家長無暇參加親職教育。至於「缺乏資訊」可能與生活忙碌有關。

表 4-5　都會區父母未參加親職教育的原因　　　　　（N ＝ 70）

	N	%
1. 缺乏時間 　　如：工作忙碌	17	24
2. 缺乏資訊	13	19
3. 有其他的學習管道 　　如：(1)由閱讀書籍獲得 　　　　(2)本身能力夠不必外求 　　　　(3)與其他父母交換經驗	23	33
4. 目前沒有需要	8	11
5. 沒有效果 　　如：懷疑親職教育的成效	6	9
6. 其他 　　如：(1)不好意思參加 　　　　(2)沒有好好溝通	3	4

說明：本項受訪者有 32 位，N ＝ 70 是因為父母的回答不只一
　　　個。

二、父母的心聲

　　一位 42 歲小學畢業的家庭主婦說，她沒有參加過親職教育課
程是因為：

　　　「孩子怎麼養就怎麼長大。沒有想過，也沒有聽過有這
　　　種課程。家裡的工作都忙不完了，哪有時間去做這些
　　　啊！」

　　另一位 44 歲，小學畢業的家庭主婦說，她的親職教育觀念來自於母親、電視，以及從教育孩子的過程中體會領悟，她沒有參加親職教育課程的原因是：

　　「1. 太麻煩；2. 不知道有什麼管道可以參加；3. 不好意思。」

　　一位 43 歲，擔任公務員的媽媽說，她沒有參加親職教育課程的原因是：

　　「沒時間、沒興趣、沒必要。」

　　一位 44 歲，擔任經銷商的媽媽說：

　　「沒有想過、居住地缺乏相關資訊、懷疑上課的成效。」

　　一位 48 歲，做小攤販生意的媽媽說：

　　「未曾聽說管教孩子要上課，沒有時間，沒有必要，鄉下人不流行這一套。」

　　一位 36 歲，任職大學講師的媽媽說：

　　「接觸的訊息不多、臨時托兒不易、演講者或課程內容不符自己需求。」

　　一位 50 歲，從事飲食業的父親說，他沒有參加過親職教育課程，因為：

「每個孩子都是不一樣的，不認為專家的理論有所幫助，教孩子需要父母自己去體驗。」

一位 47 歲，擔任公務員的父親說：

「工作太忙沒有時間，但假日仍會全家出遊。不好意思將家務事說出來；不了解親職教育活動的性質。」

以上是根據訪問都會區家長的資料，加以整理出來的說明，對於計畫在都會區實施親職教育課程的主辦單位，應該具有很高的參考價值。但對於計畫在鄉村或小鎮舉辦親職教育課程的主辦單位，最好進行實地的訪問，以便正確了解當地父母的心聲和需要，設計和提供一種能夠切實符合家長需要的課程。

親職教育的原理與實務

　　本章主要內容在說明從事親職教育之前，要先做好父母需求評估。需求評估的步驟通常包括：確認需求評估的使用者及用途、描述所服務的對象及其服務環境、確認問題與解答、評估需求的優先順序，以及溝通評估結果。需求評估的方法包括：社區資源調查、社會指標分析、服務使用分析、社區問卷調查，以及團體方法等。除了上述方法之外，本章同時介紹國內外與親職教育有關的心理測驗，這些測驗可以作為評估家長的功能與需求。本章最後以父母訪談的方法，蒐集為人父母從事子女管教的心得與問題，這些父母訪談資料可以作為辦理親職教育課程的參考。

問題討論

1. 實施親職教育需求評估的步驟有哪些？
2. 評估社區居民親職教育需求的方法有哪些？
3. 都會區中上教育程度的家長，在管教子女時常見的管教心得是什麼？
4. 都會區中上教育程度的家長，在管教子女時常見的管教問題是什麼？
5. 如何使用心理測驗來評估親職教育的需求，試舉一個測驗為例加以說明。

第五章

親職教育的實施方式與檢討

■ ■ ■ 在沒有正式的「親職教育」課程之前，一般人學習為人父母的教育過程，是很自然的，以嘗試錯誤、從做中學，以及依照上一代父母管教子女的方式蕭規曹隨。親職教育成為一門課程可以說是現代社會的產物，一方面是受到西方文化的影響，另一方面是因為今天的父母面臨管教子女上更大的挑戰。當小家庭愈來愈普遍，子女數愈來愈少，父母對子女的教養愈來愈重視的結果，自然更迫切需要接受比較正式的親職教育課程。

　　親職教育專家實施親職教育課程的方式，幾乎可以說因人而異。不過我們可把親職教育的實施方式分為四大類型，即是個案方式、團體方式、家訪方式和其他方式。本章第一節將分別說明這四種親職教育的實施方式，第二節將以台灣地區親職教育實施方式為例，進行檢討與建議。

親職教育的實施方式

　　本節將分別說明親職教育的實施方式，常見的有個案方式、團體方式、家訪方式，以及其他方式等。除了闡述這些方式的意義，也會說明這些方式的實施方法和優缺點。

壹、實施親職教育的個案方式

　　所謂個案方式（case approach），即是由一位親職教師針對一位或一對父母實施親職教育。個案方式是社會工作和心理輔導經常使用的助人方式，也是比較能深入了解個案，幫助個案的方式。有效的親職教育課程可以包括以下三種個案工作方式：個別指導、個別諮商與個案管理，這三種個案工作方式可以個別實施，也可以和團體方式合併實施。由於個案方式較為昂貴，長期、大量的實施通常不大可行，但是作為團體方式的一部分，針對高危險群家庭或特殊個案來實施個案方式的親職教育，則相當常見。

一、個別指導

　　父母在教養孩子的過程中，經常面臨知識與技能不足的困境，而需要專家或有經驗父母的指導。最明顯的例子，包括：有關幼兒發育的常識，如何餵食、如何替嬰兒洗澡、如何辨別幼兒是否生病、孩子有各種壞習慣或不適當行為，應該如何處理；青少年女孩子要求去露營或登山，要不要答應等。這些有關教養孩子的疑問，可以透過個別指導（Individual instruction）的方式來處理。

　　個別指導通常比較能夠滿足父母的個別需要，由於家家有本難念的經，每個家庭的問題和狀況都不同，親職教育若能以個別指導方式實施，自然最能切合個別父母的需要。不過，由於人力、時間與經費的限制，個別指導很少作為實施親職教育的主要方式。但是在可能的範圍內，親職教育課程應包括個別指導的時間。

二、個別諮商

　　親子問題或子女管教困難，通常涉及相當複雜的情緒和溝通問題，有的甚至涉及一些根深蒂固的性格和心理問題，這些問題必然會干擾為人父母的功能。在這個時候，屬於認知與技能層次的個別指導往往有其限制，父母所需要的協助，往往必須透過個別諮商（Individual counseling），以便有機會深入自我探索和自我了解親子問題背後的種種動力現象。

　　親職教育專家不可避免的要處理一些父母的個人問題，如果不去處理這些父母自己的問題，父母便很難從親職教育中得到學

習的益處。筆者認為一個完善的親職教育課程，最好包括個別諮商的方式；同樣的，限於人力、時間與經費，個別諮商很少作為實施親職教育的主要方式。

對於有情緒困擾或心理問題的父母，以個別諮商的方式來實施親職教育，是有其必要性。換言之，把改進為人父母的功能訂為個別諮商的目標，父母透過一對一的方式，與親職教師或心理輔導專家，進行個別輔導，不僅可以增進自我了解、解決個人的情緒與心理問題，又可以學習教養子女的態度與方法，達到改善親子關係的效果。

三、個案管理

對於問題比較複雜的個案，親職教育的實施可以透過個案管理（Case management）的方式進行。個案管理是由親職教師擔任個案的經紀人或管理員，協助個案蒐集社區服務資源，聯繫有關機構，安排各種社會福利的爭取與申請，向有關機構交涉，以爭取個案的權益，以及安排就醫、就學、就業、生活安置等事項。

哪些父母最需要個案管理的服務呢？雖然每一父母多少都需要個案管理的服務，但是下列父母更為迫切需要個案管理員的協助：

（一）因虐待或疏忽教養子女，而被轉介來參加親職教育的父母

這些父母通常因為違背《兒童及少年福利法》，而被法院或社會局要求接受親職教育輔導。他們不僅要學習如何適當地管教子女，而且還要處理有關兒童及少年福利與法律的問題。如何與社會工作和法院人員合作，通常需要親職個案管理員的協助，例

如：孩子因為嚴重被虐待或疏忽而被帶走的時候，如何配合法院和社工人員的要求，以便早日爭取孩子的監護權，早日全家團圓，便是需要個案管理的協助。

（二）特殊兒童的父母

由於管教子女備感困難而來參加親職教育的父母，非常需要個案管理的協助，因為特殊兒童的教養方式更具挑戰性。特殊兒童包括患有各種身心障礙的孩子，如盲生、聾生、自閉症兒童、智障生、注意力缺陷過動症兒童、肢體殘障生、腦性麻痺的孩子，以及患有精神疾病的孩子，如何管教這些孩子，的確是一件高難度的工作。提供這些父母相關的親職教育，必須要包括個案管理的服務。個案管理員可以協助父母利用各種社會與教育資源，例如：申請殘障手冊、尋求醫療協助與心理輔導、安排各種適合的特殊教育服務措施、學習如何照顧身心殘障的孩子等。

由於特殊兒童的照顧需要父母加倍的用心和耐性，父母長期照顧下來，往往覺得身心交瘁，因此特別需要精神上的支持，這個時候，個案管理員便可以協助父母參與有關的支持團體（support group）。要照顧好特殊兒童，父母更要懂得如何照顧自己，以便做一位有效能的父母。

（三）虞犯或犯罪青少年的父母

有些父母被法院法官、觀護人或學校老師轉介來參加親職教育課程，是因為他們的孩子嚴重違反校規或違反法律而受到處罰。為了幫助子女改過自新，父母會被要求去上課，以便學習有效管教子女的方法。青少年犯罪多少和父母的管教方式不當有

關，因此學校和法院通常會要求父母去上課。

然而，這些父母除了上課之外，他們還需要其他方面的協助，如個案管理。這些父母面對一個複雜的法院系統，可能不知如何才能與法院配合，也可能不了解相關的法律常識；個案管理員可以協助聯絡有關機構，安排父母去見有關的人士，協助父母利用各種社會資源來幫助自己和幫助孩子。

貳、實施親職教育的團體方式

團體方式的親職教育，包括：班級教學、大團體活動，以及小團體活動等。通常由一位親職教師面對一群父母，實施親職教育。團體方式的優點，在於一次可以服務很多的父母，是經濟實惠的教學方式；缺點在於不容易滿足每一父母的個別需要。

實施親職教育的團體方式，依照時間向度，可以分為單次舉行、系列式，以及持續式的團體方式。依照舉行的方式，又可以分為演講、座談會、親子互動、小團體研習、班級教學，以及互助團體等。茲分別說明如下。

一、單次舉行的團體方式

單次舉行的團體方式包括演講、座談會、親子互動，以及研習會等，這些方式基本上適合針對一般功能良好的家長實施親職教育。優點是經濟實惠，可以針對大量家長實施；缺點是難以深入個別家庭的問題，只適合初級預防，不適合次級和三級預防的親職教育。

第五章 親職教育的實施方式與檢討

（一）演講

演講的方式，通常由主辦單位邀請一位專家學者，針對一個主題，發表專題演講，除非場地的座位限制，否則專題演講對聽眾沒有人數上的限制。以演講實施親職教育，可以在一次很短的時間裡讓許多父母參加，但是，演講式的親職教育其效果究竟是有限，不適合成為實施親職教育的主要方式。

（二）座談會

座談會通常由主辦單位邀請兩、三位專家學者，一起與父母就子女管教議題進行討論。專家學者在引言之後，由父母發問，並請出席的專家給予回答。參加座談會的父母，如果人數控制得宜的話，座談的效果會不錯，也能滿足部分父母的個人需要。實施親職教育座談會的時候，如果主辦單位事先擬定座談大綱，比較可以控制座談會的內容，讓家長的問題容易有清楚的聚焦。

（三）親子互動

親子互動的方式，通常由主辦單位籌辦，比較常見的型態包括：親子園遊會、親子營等。親子互動式的親職教育方式比較適合學齡前的子女及其家長。從家長之間的互相觀摩，親子實際參與和分享，以及在親職教師的指導下，學習有效教養子女的正確方式。親子互動的教育是值得廣為利用的實施方式。

（四）研習會

研習會通常由親職教師根據一個研習主題，進行半天到兩天

的密集研習。爲了增加參與者的學習興趣和效果，主持人通常會安排一些實際操作或體驗的活動，如角色扮演、技巧訓練、示範觀摩、影片欣賞，或分組討論等。父母參加親職教育研習會通常動機比較強，學習意願比較高，因此研習會的效果會比較好。不過研習會要求長時間密集的投入，父母通常無法一起參加，因爲孩子托兒的問題，以及其他家庭與工作的責任，不容易安排參加一天以上的研習會。

二、系列式的團體方式

所謂系列式（multi-session）的團體方式，是指一個親職教育課程，以團體方式實施，而且實施的總時數通常至少 10 個小時，以每週實施一至三小時，連續進行數週，甚至十幾二十週。並且，實施親職教育的教師以同一個親職教師爲原則。以系列方式舉行的親職教育課程，包括下列幾種：

（一）小團體研習

以小團體方式實施的「父母成長團體」、「親子溝通技巧訓練」等均是屬於系列式的親職教育課程。小團體研習是非常有效的親職教育實施方式，其實施方式，請參考本書第六章。小團體研習的要點，簡單歸納如下：

1. 實施人數：每一個小團體的參加人數以 6 至 10 人爲最理想。

2. 實施時數：研習總時數以 12 至 36 小時爲適當，每週研習 2 至 3 小時，實施 6 至 12 週爲原則。

3. 教師：由一位至兩位親職教師擔任團體催化員。

4. 教材教法：小團體研習通常不使用教科書或課本，而是以參加者的生活經驗和子女管教問題爲教材，以團體討論、經驗分享，和精神支持爲教法。

5. 實施地點：以位於社區居民住所附近機構、學校爲地點，以固定的會議室、教室或團體輔導室最爲理想。

（二）班級教學

以傳統的課程教學方式實施親職教育，通常由一位課程教師擔任教學，教材以課本爲主，教法以講演式和討論式爲主，家長的參與方式比較接近傳統學生的學習方式。班級教學的實施方式，方便配合學校的排課與行事曆，比較適於針對普通學校和成人學校學生實施親職教育，作爲未來父母的準備教育。

（三）團體諮商

對於想深入自我了解，進而改善親子關係的父母，團體諮商可以提供更多的幫助。團體諮商的實施，通常由諮商師、心理師或親職教師帶領，參加的父母以 6 至 10 人爲原則，參加的時段可因個人的需要而定。團體諮商和小團體研習在運作形式上很類似，例如：參加的人數、團體聚會的時數，以及互動的方式等。比較明顯的不同是：團體諮商通常由具有執照的心理諮商專業人員擔任催化員，團體成員或多或少都有一些個人的情緒或行爲問題，團體諮商的焦點比較放在個人的情緒和行爲層面，以及人際關係的探討與學習等。

三、持續式的團體方式

　　所謂持續式（on going）的團體方式又稱開放式團體（open-end group），是指在課程的時間上，並沒有一個開始和結束，團體成員可以在適當的時機加入和退出。比較常見的持續式團體，有下列兩種：

（一）團體諮商

　　持續式團體諮商或父母團體，通常設在住宿式的療養院、感化院、收容所或特殊學校裡。凡是子女被收容的家長，會被要求去參加該機構所舉辦的團體諮商。子女被收容的時候，父母便開始參加，子女離開收容機構的時候，父母便結束團體諮商。這一類型的親職教育課程在協助有關問題青少年改善偏差行為，以及改善親子衝突是很有價值的。

（二）支持團體

　　支持團體（Support Group）是由一群父母志願參加的團體，通常是父母自行組織、自行領導、自行運作的團體，它有可能附設於某一機構或學校，由心理輔導或親職教育專家擔任其顧問。支持團體的主要功能在於資訊的提供和精神的支持。團體成員可以互相流通親職教育方面的訊息，也可以互相傾訴管教子女的辛苦，並得到同輩的安慰。

參、實施親職教育的家訪方式

實施親職教育經常遭遇到的困難是，那些最需要親職教育的父母，通常不肯或不能來上課。傳統學校或機構本位（School or agency based approach），即以學校或機構為服務據點的服務方式，無法滿足這些高危險群父母的需要。這些父母對於以家庭訪問實施親職教育的方式，則比較願意接受。

什麼是家庭本位（Home-based approach）的親職教育？家庭本位是指到家服務的親職教育，是由心理輔導人員、親職教師或個案管理員，直接將有關親職教育的服務提供到有需要的父母家裡。常見的家訪方式有：家訪指導、家訪諮商和家訪個案管理。

一、家訪指導

家訪指導（In-home instruction）通常由親職教育人員、社會工作員、心理衛生人員或醫療人員前往需要親職教育的家庭，針對父母教養子女所遭遇到的問題，提供面對面的服務。親職教育的內容相當有彈性，可以視不同家庭的需要靈活調整。主要的內容在於教導父母如何照顧新生兒，教導父母如何管教子女，如何改變親子溝通與互動方式，如何料理家事，提供父母所需要的各種資訊和教育子女的知識技能。

學校指派導師前往學生家裡，進行家庭訪視，並指導父母如何協助學生作功課等，便是一種家訪指導。家訪指導可以滿足那些無法到學校或機構來上課的家長的需要，是一種值得推廣的親職教育方式。

二、家訪諮商

　　對於那些有情緒困擾或管教子女困擾的父母，因故無法前來心理輔導中心接受諮商的家長，我們可以提供到府服務的家訪諮商（In-home counseling），由心理輔導或親職教育專家，定期前往有需要的家庭，和父母進行個別或家庭諮商，針對父母自己的問題，或親子之間的問題，給予必要的協助。

　　家訪諮商雖然是很有效的親職教育方式，但是由於人力、時間與經費的限制，往往無法長期的、普遍的提供。在經費與人力允許的情況下，由專家前往有管教子女困難的家庭進行諮商，是一項非常有效的二級預防。

三、家訪個案管理

　　通常有嚴重管教子女困難的父母，或者家庭問題重重的父母，他們所需要的親職教育要比一般人多很多。由於複雜的子女與家庭問題，他們經常要與許多政府與社會服務機構打交道，例如：因為子女犯罪而要上法院；因為嚴重不當管教子女，孩子被帶走；因為子女有身心殘障而需要求助醫療與特教機構。那些家境清寒，父母忙於討生活的家庭，他們最迫切需要的親職教育，便是家訪個案管理（In-home case management）。

　　家訪個案管理，通常由個案管理員來做，個案管理員可以由專業的專家或準專業的義工來擔任，針對個別家庭的需要，定期或不定期地前往個案的家裡，提供所需要的服務。個案管理的服務項目包括：諮詢轉介、資料提供、代為聯繫有關機構、代為安排就醫、就學、就業、就養等安置。家訪個案管理對於那些行動

不方便、溝通不良、交通困難，以及子女年幼的家長而言，是非常有幫助的親職教育方式。

肆、實施親職教育的其他方式

　　親職教育的實施方式，視家長的需要，可以有不同的形式。親職教師可以因地制宜，因材施教，靈活運用自己的專長和特色去幫助父母。根據國內實施親職教育的現況，我們可以列出實施親職教育的其他方式如下：

一、以大眾媒體實施親職教育

　　透過電影、電視、廣播、報紙、雜誌，以及錄影帶、光碟等視聽媒體的方式，來實施親職教育。編寫並出版大眾化的親職教育圖書，也可以幫助父母在這方面作自我進修。

　　單獨由父母自行透過媒體或書籍來學習子女管教的效果通常有限。比較好的方式，是將媒體與書籍視為親職教育課程的一部分，在親職教師的指導下進行學習，這樣將可以提高使用媒體和書籍增進親職教育的效果。

二、透過學校的輔導工作實施親職教育

　　由於教育當局相當重視家庭教育與親職教育，因此中小學可以由學生事務處和輔導室配合實施有關的親職教育。這一類的實施方式包括：母姐會、懇親會、家長參觀教學、義工媽媽訓練、家庭聯絡簿的使用等。這些實施方式可以說是親職教育的補充，而無法取代正式的親職教育課程。

三、以電話諮詢方式實施親職教育

　　一般親職教育的實施方式都需要由家長親自前往機構尋求協助，或者由提供者到家長住處實施親職教育，這種需要親自造訪的方式對某些人還是覺得很不方便。已經有愈來愈多的機構，如張老師基金會各縣市電話諮詢專線，以及各縣市家庭教育中心，提供電話諮詢服務，有需要的家長可以透過電話獲得親職教育方面的諮詢服務。

台灣地區實施親職教育的檢討

　　親職教育的重要性是無庸置疑的，各級政府與各類機構亦肯定它在兒童保護、青少年輔導、家庭教育，以及社會安定上的價值。例如：教育主管機關於 1991 年訂頒「加強家庭教育強化親職教育功能計畫」，作為各縣市實施家庭教育，推行親職教育的依據，並透過「家庭教育中心」在各縣市積極推展親職教育。但是各機構在實施親職教育的方式與成效上仍有許多探討的空間。本節的目的在於歸納一般親職教育的實施方式、討論其特色，以及提出一些有效實施親職教育的建議。

壹、台灣地區實施親職教育的方式

　　親職教育的實施方式，種類繁多，幾乎可以說是因人而異。不過親職教育的實施方式通常分為四大類型：個案方式、團體方

式、家訪方式,以及其他方式。如果依照父母功能障礙的程度及親職教育的專業性質,親職教育的實施方式又可以分為親職教育、親職訓練與親職治療(曾端真,1993)。如果根據子女年齡來區分,又可以分為幼稚園和國民中小學兩個階段,以下分別討論幼稚園和國民中小學實施親職教育的方式。

一、幼稚園實施親職教育的方式

親職教育的實施方式常因實施機構、現實條件,以及家長的反應等因素的影響而有所不同。不同階段的學校機構便會採用不同的實施方式。以幼稚園為例,幼稚園實施親職教育的方式主要分為兩類(許美瑞、簡淑真、盧素碧、林朝鳳、鍾志從,1991):

(一)增進幼稚園與家長的聯繫

1. 聯絡簿、通知單、生活報告單、健康檢查資料等。
2. 家庭訪問、電話聯繫、約談等。
3. 提供教學活動有關資料及餐點表。
4. 舉辦教學觀摩。
5. 舉辦各類親子活動。

(二)再教育的活動及資訊

1. 親職教育專題演講及座談會。
2. 提供親職教育刊物、相關文章與圖書等。
3. 成立媽媽成長團體、俱樂部、研究會等。

根據許美瑞等人(1991)的研究,在幼稚園辦理的父母再教育活動中,幼稚園教師常實施,也認為較有效的活動方式是家長

教師座談與親職教育演講；這兩項活動方式也正是家長常參與和較期望的活動方式。父母成長工作坊與電話諮詢服務係屬專業性工作，需有專業人才方足以勝任，故不常實施。

二、國民中小學實施親職教育的方式

根據「台北市國民中小學推展親職教育實施要點」（蕭道弘主編，1995）的歸納，學校實施親職教育得採下列方式規劃實施：

1. 演講：請學者專家蒞校講演或請校內同仁擔任講演。
2. 座談：問題討論、經驗分享。
3. 參觀：教學參觀、社會資源機構參觀。
4. 晤談：個別晤談、團體晤談。
5. 研習：親職教育課程研習。
6. 出版刊物：單張、摺頁、報紙、雜誌、專書等方式。
7. 諮詢專線：設於輔導室或導師室或提供其他諮詢專線服務。
8. 成長團體：組織成長性或矯治性團體，以提升親職教育功能。
9. 家庭訪視：電話聯繫、約談家長、家庭拜訪。
10. 親子活動：趣味競賽、親子營、親子郊遊、親子溫馨時間。
11. 幸福家庭教室：烹飪社、插花社、韻律社、合唱團、才藝研習團體。
12. 家庭聯繫：利用日記、週記及聯絡簿。
13. 提供資訊：親職教育書籍、錄音帶、光碟或雜誌、親職教育活動消息。

14. 學藝活動：配合節慶舉辦合唱比賽、詩歌朗誦比賽、卡片製作等學藝競賽活動，並邀請家長參加。

由上述實施要點得知，主管教育機關通常將親職教育作廣義的解釋，因此，實施親職教育的方式，的確是種類繁多。不過上述十四種方式，仍不出筆者所歸納的四種方式，其中又以團體方式和其他方式為多數。

貳、台灣地區實施親職教育的特色與檢討

台灣地區一般學校與社會服務機構實施親職教育的方式，其特色與檢討可以歸納如下：

一、實施方式以初級預防為主

在實施方式中，除親職教育研習課程和父母成長團體外，大部分的實施方式只適合一般親職功能正常的家庭，是實施心理衛生初級預防的適合方式。大部分的實施方式並不適合親職功能有障礙的家長。換句話說，提供給一般功能正常家長的親職教育比較多，針對有親職問題的家長所提供的二級和三級的親職教育課程則明顯很少。

二、通常是單次，一至三小時的活動

大部分親職教育活動的實施次數是單次的，一次大約一至三小時，例如：演講、座談、親子活動等。即使是多次的親職教育活動，各次活動之間通常沒有連續性，例如：一學期辦理六次親職教育專題演講的活動，各次活動的講師與主題通常是不同的，

而且沒有連續性。客觀的說，親職教育主辦機構通常重視出席人數的多寡，至於家長究竟獲得多少的幫助，也就存而不論了。

三、父母成長團體以高結構的活動為主要方式

許多學校與機構所辦理的父母成長團體是非常高結構的，從團體成員如何自我介紹、如何促進團體凝聚力、如何探討親子問題、如何增進親子溝通、如何學習管教技巧、如何結束團體說再見，每次團體聚會都使用各式各樣的活動。親職教育專家也提供相關活動設計作為參考（吳嬋娥，1998；林煌耀，1997）。以非結構或低結構帶領父母成長團體的學校和機構則比較少。

四、親職教師通常由知名的專家學者擔任

學校或輔導機構在辦理親職教育演講或座談的時候，通常會邀請具有高知名度的專家學者來擔任主講人。主辦機構的主要考量之一是為了提高家長的出席率，吸引更多的家長來參加。聘請高社會知名度的專家學者擔任親職教育講師可以保證有較高的出席率，對主辦機構是很有面子的事情。但是在盛大的演講活動之後，家長究竟獲得多少幫助，家長的親子問題是否獲得解決，坦白說沒有人知道。

五、研習時數通常不足

大部分的親職教育研習方式，不論是大型演講、小型座談，或成長團體，研習時數通常不會超過 10 小時。對一般父母功能正常的家長，每次 10 小時以下的親職教育研習或許足夠，但是對於父母功能有障礙、親子關係有衝突，或者子女有情緒和行為問題

的家長來說，大多數的研習時數是明顯不足的。

六、師生之間，家長之間通常互動不足

　　除了父母成長團體或親職教育團體之外，大部分的親職教育活動，由於出席人數偏多，親職教師與家長只有很少的接觸，家長之間也缺乏有意義的互動。家長參與的程度通常止於表面，因此，親職教育的效果自然也是有限的。當家長和老師之間互動很少，老師對家長的影響自然很有限，當家長和家長之間互動很少，彼此之間的互助和支持也不會發生，這是多數大型親職教育普遍存在的缺點。

七、研習內容以知識技能的介紹為主

　　大部分的親職教育活動，包括演講、座談或團體輔導，研習內容以親職知識、管教技巧和溝通技巧的教導為主。一般家長的學習仍停留在知識技巧的教導為主，在有關管教態度的改變與親子情感的培養等方面，似乎沒有機會成為研習的主要內容，也沒有機會在研習活動中進行實際演練。

參、親職教育實施的建議

　　針對台灣地區各級學校及各類機構實施親職教育的檢討，本小節提出改善的建議。筆者認為有效實施親職教育的方式應考慮到下列的事項。

親職教育的原理與實務

一、明確訂定親職教育的目標

親職教育的研習方式與內容，應視父母的需要與功能，以及心理衛生預防的層級而定。任何一種親職教育活動不可能解決所有孩子與父母的問題。在有限的時間和人力之下，主辦單位最好事先決定所要達到的一些特定的教育目標。

根據心理衛生三級預防的觀念，親職教育活動可以區分為三種目標（林家興，1997）：

1. 初級預防。初級預防的親職教育活動適合針對孩子問題與親子衝突尚未發生之前所做的預防工作。初級預防的目的，在於防範問題於未然。以初級預防為目標的親職教育，其教育對象是一般身心功能健康，親子關係以及家庭功能良好的父母。

2. 次級預防。次級預防的親職教育活動是針對孩子問題與親子衝突發生之後所做的努力，其目的在於早期發現早期解決，避免問題的惡化。針對子女已有行為與情緒問題的父母，以及親子關係愈來愈緊張的父母，我們應提供以次級預防為目標的親職教育。

3. 三級預防。三級預防的親職教育活動是針對有嚴重親子衝突和子女問題的家庭所作的努力，其目的在於減少身心功能的喪失。有些家庭由於嚴重的親子衝突和子女問題，導致家庭暴力、心理疾病、兒童虐待、犯罪坐牢，以及妻離子散。對於這些家長，初級與次級預防的親職教育活動已經無法有效地給予幫助，他們最需要的是以三級預防為目標的親職教育訓練與治療。

很可惜，目前大部分的親職教育是以初級預防為目標，我們需要更多以次級和三級預防為目標的親職教育活動與課程。

二、不同的相關團體可以主辦不同預防層級的親職教育

　　一般而言，學校單位以服務一般兒童青少年爲主，大部分父母功能也都還不錯，因此，學校單位適合辦理以初級和次級預防爲目標的親職教育活動。相對的，以服務特定兒童青少年爲主的政府機關或社會服務機構，例如：少年輔導委員會以輔導虞犯青少年爲主；家庭扶助中心以協助受虐兒童爲主；地方法院少年法庭以保護管束犯罪青少年爲主；特殊教育機構以服務特殊兒童青少年爲主；精神醫療院所及心理衛生中心以協助患有心理疾病的兒童青少年爲主。這些專門服務特定兒童青少年的機構，應該辦理以次級和三級預防爲目標的親職教育活動和課程。

　　很可惜，這些機構不是很少辦理親職教育，就是只辦理以初級預防爲目標的親職教育活動。這些機構未能針對那些高危險群的父母，辦理長期或密集的親職教育和親職治療，是目前青少年心理衛生工作一個很大的不足。

三、次級與三級預防親職教育的特點

　　以達到次級與三級預防爲目標的親職教育活動或課程，它應該具備下列幾個特點：

　　1. 以個別直接服務爲主要實施方式。功能愈是有障礙的家長，愈需要個別的親職訓練或治療。透過個別方式，可以提供最需要親職功能重建的家長個別的注意力和個別化的輔導計畫。

　　2. 小團體研習也是有效的實施方式。但是小團體的參與人數不宜超過 10 人，研習時數不宜少於 20 個小時，最好由同一個親職教師，以團體諮商或團體治療方式來實施。

3. 小團體研習應以成員個人的經驗或親子問題為教材。透過小團體成員在精神上互相支持回饋、經驗交流分享,以及演練更好的子女管教態度和技巧。這樣的教材教法才是有效的實施方式。惟有家長成員主動參與、感情投入的學習方式,才會發揮最大的學習效果。

4. 親職教育訓練或研習應由同一專家持續帶領實施。有效的親職教育訓練或研習,不論是個別方式或小團體方式最好由同一個親職教師來執行。大部分主辦單位安排系列式親職教育研習或演講,都是每次安排不同的專家學者來主講不同的題目,這種方式由於主講人和家長成員沒有深度的互動,無法產生輔導關係,主講人對家長成員的個人問題或親子問題也沒有深入的了解,再加上每次活動出席人數過多,主講人很難有效地幫助有功能障礙的家長。

5. 採積極主動的招生方式與追蹤輔導。大部分高危險群的父母,或是需要次級或三級預防親職教育的家長,對參加親職教育通常是抱著排斥的態度,也就是主辦單位認為那些「該來而不來」的家長。主辦單位應該以鼓勵和強制的方式,主動邀請需要親職訓練或治療的家長來參加,並且設法解決妨礙他們出席的困難。在親職訓練或治療期間,如果他們半途而廢,主辦單位也要給予關心和協助。對那些被法院責付親職教育輔導的家長,更應該明確訂定如期接受親職教育輔導的獎勵。

6. 提供多元的服務項目。由於親職功能有障礙的父母,他們通常具有許多連帶的個人或家庭問題,例如:生理疾病、心理疾病、家庭暴力、濫用酒精或毒品、青少年犯罪、經濟貧困、失業失學等。這些家長不僅需要親職教育,更需要其他社區資源的協

助，以及個案管理的服務。

　　要有效實施親職教育，來協助那些父母功能明顯障礙的家長，需要花費更多的經費，聘用更多的親職教師，採用有效的方案規劃，以及協調不同機構間的分工合作。

　　學校機構所提供的親職教育，以提供一般父母功能正常的家長為主，以初級心理衛生預防為主要目標。其他政府與社會服務機構，如少輔會、少年法庭、社會局、家扶中心、少年輔育院、精神醫療與心理衛生中心等，則以服務父母功能有明顯障礙或屬於高危險群的家長為主，應積極辦理以次級和三級心理衛生預防為主要目標的親職訓練和治療。

　　親職教育是預防青少年犯罪、兒童虐待，與青少年心理疾病最重要的方式之一，只是目前我們做的還不夠，有待改善的空間還很多。

親職教育的原理與實務

本章首先說明親職教育的實施方式有四大類型，包括：個案方式、團體方式、家訪方式，以及其它方式。個案方式包括：個別指導、個別諮商和個案管理。團體方式包括：小團體研習、班級教學和團體諮商。家訪方式包括：家訪指導、家訪諮商和家訪個案管理。其它方式包括：大眾媒體、輔導工作和電話諮詢。接著本章檢討台灣地區親職教育的實施方式，發現有下列幾個特點：實施方式以初級預防為主、通常是單次，一至三小時的活動、父母成長團體以高結構的活動為主要方式、親職教師通常由知名的專家學者擔任、研習時數通常不足、師生之間，家長之間通常互動不足，以及研習內容以知識技能的介紹為主等。最後並提出幾個改善的建議。

問題討論

1. 親職教育實施的方式有哪幾種？請分別說明其內容。
2. 何謂個案管理？哪些父母最需要個案管裡的協助？
3. 系列式成長團體可以分為封閉式和開放式，請問兩者的區別為何？
4. 台灣地區親職教育的實施方式有哪些特點？
5. 根據心理衛生三級預防的分類，試述次級和三級親職教育課程的特點為何？

第六章

親職教育課程的規劃與實施

■ ■ ■　親職教育課程的規劃與實施，涉及許多的
因素，本章將參考親職教育專家 Kerby T.
Alvy 與 Michael Popkin 等人，以及筆者的
經驗，敘述規劃與實施的要點。第一節說
明舉辦親職教育課程最重要的四件事情：
確定服務的對象、選擇或自編一個良好的
課程、積極地宣傳促銷，以及周延的工作
協調。第二節以父母成長團體為例，說明
規劃與辦理的要領。

親職教育課程的規劃

本節針對一般親職教育課程的規劃和辦理提供建議,包括在選擇服務對象時,要考慮父母與兒童的特點,在選擇或自編教材時所需要考慮的事項,在籌備親職教育課程的細節要注意哪些事情等。閱讀本節有助於親職教育課程的有效規劃。

壹、確定服務的對象

辦理親職教育的時候,我們要同時考慮到父母的特點和兒童的特點。茲說明如下。

一、家長的特點

親職教育的對象,是一群異質性非常高的父母們,他們由於不同的人口背景、社經地位、使用語言,以及特殊處境,對親職教育便有不同的需要和期待。一個課程要同時滿足所有的父母,是不切實際的。

因此,在規劃親職教育課程的時候,我們心中起碼要先想一想,我們所服務的父母對象是哪些人,具有什麼特色,課程的教育對象是屬於一般的父母還是特定的父母等。對父母的特點愈了解,愈能掌握他們的需要,所規劃的課程,也愈能達到其教學目標。

在規劃親職教育課程時,我們要考慮下列父母的特點:

1. 人口背景：是指父母是都會區的父母還是鄉村的父母，以及父母的職業類型、宗教背景、教育程度、經濟情形等因素，不同人口背景的家長對於親職教育會有不同的需要和期待。

2. 使用語言：是指父母是否識字、閱讀能力如何、使用方言還是普通話、接受外來語的程度如何。

3. 特殊背景：是指父母是否屬於高危險群，包括：未婚媽媽、未成年父母、兒童虐待的施虐者、單親父母，或是本身患有身心疾病的父母等。

4. 所屬團體：是指父母是否參加某些社團組織，考慮與該社團組織合辦親職教育，通常可以方便這些父母的參加，包括：宗教組織、學校、同鄉會，或者同一企業單位等。

二、兒童的特點

不同年齡的兒童，有其不同的發展需要和表現的問題，不同問題的兒童，有其不同的管教方式和期望，這些都是規劃親職教育課程時要考慮的因素。

（一）兒童的年齡

有些父母的孩子仍在嬰幼兒階段，有些父母的孩子已在青少年階段，針對不同年齡層兒童的父母而設計課程，是很重要的考量。理想上，主辦親職教育的單位，應該提供適合不同年齡層兒童父母的親職教育需要。

（二）兒童的特殊需要

親職教育課程除了要考慮兒童的年齡，還要考慮他們的特殊

背景和問題類型。經常給父母帶來挑戰性的管教問題，便是具有特殊需要或問題的兒童，包括：有行為問題、學習問題、智能障礙、肢體殘障，或者患有心理疾病者。還有那些被虐待、被疏忽、被遺棄，以及被收容的兒童，他們的父母和監護人通常有特別的管教問題和需要。

貳、選用現成的課程或自編課程

親職教育主辦單位可以視自己的情況和需要，選用已出版的課程或自行編製課程。有些美國知名的課程，已有中文版問世，給主辦單位帶來許多的方便。不過由於國情不同與親職教師個人的偏好不同，國內許多親職教育課程通常是靠專家自己編製而成的。

一、如何選用現成的親職教育課程

使用現成的課程自然比自編要容易許多，課程的選擇最好選比較知名的，或自己曾參加過的課程；最好曾參加過該課程的師資訓練，或選擇已有中文版的現成課程，方便直接採用。親職教育界比較知名的現成課程有湯瑪斯高登（Dr. Thomas Gordon）所提倡的「父母效能訓練」（Parent Effective Training, PET），以及鄧克麥爾和麥凱等人（Dinkmeyer & Mckay, 1976）所提倡的「父母效能系統訓練」（Systematic Training for Effective Parenting, STEP）。這兩個課程都有現成的教材，也有一定的實施方式，親職教育講師可以根據自己的評估，選擇是否採用。

二、如何自編親職教育課程

　　自編親職教育課程，如同編製其他課程，應考慮到下列要素：

　　1. 撰寫教學計畫：教學計畫的內容通常包括下列項目：課程名稱、講師名稱、上課時間和地點、教學目標、教學進度、指定參考書、指定作業、評量方式，以及參考文獻等。

　　2. 選擇可依據的親職教育理論：常見的親職教育理論包括：心理分析理論、阿德勒理論、個人中心理論、行為學習理論，以及家庭系統理論等。親職教師可以根據自己的專長和興趣選擇使用。

　　3. 確定上課方式：根據課程與父母的需要，可以選擇週末密集的工作坊方式，或者選擇每週上課一次，每次 2 小時的學期制。上課的方式又可分為大團體教學、小團體討論、視聽教學、角色扮演或行為訓練，以及家庭作業等。若能視需要靈活運用，最為理想。

　　4. 確定上課時數：原則上有效的親職教育的時數應不少於 10 小時，愈多愈好，但不宜超過 30 小時，以免使有興趣的家長因為時間太長，望而怯步。

　　5. 確定招生對象：有的只招收某一類的父母，有的則開放給任何人。有的同時開設「兒童社交技巧訓練班」，鼓勵父母與子女一起上課，同時也解決了托兒問題。理想的招生方式，應鼓勵父母兩人一起參加。有時也歡迎那些代為照顧孩子的祖父母來上課。

　　6. 編寫教材、講義，並製作教具：在課程實施前，應事先準

備所需要的教材和講義。為了提高教學效果，主辦單位可以製作各種教具與視聽教材。

7. 教學方式應兼顧認知、情緒，與技能的學習內容：有效的課程，通常會使用小團體討論的方式實施教學，一方面提高學習興趣，一方面增加父母之間的社會互動和感情支持，又能夠幫助父母改善實際的親子管教問題。

參、籌備親職教育課程的要領

在確定服務對象，並且也選好或編好親職教育課程之後，如何舉辦親職教育是一件複雜的過程，多次舉辦類似課程的經驗，通常有助於成功地舉辦親職教育。本節根據 M. Popkin（1990）實施「積極管教青少年課程」的經驗，說明親職教育的籌備過程。

一、籌備親職教育的要領

1. 組成一個籌備小組：由二至三人組成一個籌備小組，籌備小組負責整個課程的舉辦、宣傳、公關，以及招生等事宜。

2. 物色一個合辦或協辦單位：如果主辦單位並不是一個知名或較具規模的團體，或者主辦單位只是一個個人的專家學者，最好物色一個知名機構或社團合辦或協辦，例如：學校、教會、寺廟、教師會、家長會、社會服務機構等，都是適當的合作對象。最好的合作對象，是那些有助於招生的機關團體。

3. 活動時間、日期與地點的選擇：筆者建議主辦單位採用每週上課一次，每次 2 小時的方式。週次的決定可視需要訂為 8 週到 16 週。上課時間以週二、週三，或週四晚上為最適宜，週末時

間也不錯。活動地點以方便父母前往的社區機構或學校最為理想。

4. 師資的選擇：適於擔任親職教育課程的師資，以具備親職教育、諮商輔導，或小團體訓練的人選最為理想。可以聘請心理輔導專家或親職教育專家任教，也可以聘請有經驗的，曾上過課受過訓的父母來擔任教師。教師的人數可以是一位或兩位。

5. 決定收費標準：收費標準由主辦單位決定，費用的收入通常用來支付教材講義、教師鐘點費、場地費、茶水費，以及行政費用等。為鼓勵夫妻一起來上課，對夫妻同時報名，可以斟酌給予折扣優待。

6. 寄發開課文宣：由主辦單位的主管具名撰寫一封信，連同有關的招生啟事或傳單，寄給有關的學校機構、社團或家長。如果有招生說明會，亦應將招生說明會的詳細時間、日期和地點，一併告知。招生啟事等文宣品應包括上課詳細的時間、日期、地點、收費標準、服務電話、聯絡人等。為方便父母報名，也應附寄一張報名表。

7. 使用海報或媒體：親職教育的對象通常是社區裡的父母，主辦單位可以在社區醒目的地點，張貼開課海報，或者透過家庭聯絡簿、社區通訊、社團通訊、地方報紙等廣為宣傳，使更多的人知道親職教育開課的消息。

8. 舉辦招生說明會：主辦單位可以自行舉辦招生說明會，也可以向有關的合辦或協辦機構借時間，利用他們開會的時間或會員聚會的場合，舉辦招生說明會。為提高說明會的成功率，主辦單位可以製作簡短的簡報或錄影光碟，簡報時間以 10 分鐘為原則，應留充分的時間作為發問和報名時間。主辦單位可以在現場

散發報名表,由父母當場填寫,完成報名。

9. 訂購或印製父母手冊、教材和講義:在確定報名人數之後,主辦單位即可按報名人數加額外幾份,準備上課所需要的父母手冊、教材和講義。

10. 寄發上課通知或電話提醒:為了提高父母的上課出席率,避免父母因生活忙碌而忘記,主辦單位可以在第一次上課前一、兩週,寄發上課通知,一方面確認父母已報名並被錄取來上課,另一方面提醒父母不要忘記來上課。如果時間來不及寄發書面上課通知,主辦單位可以在上課前幾天,用電話來通知父母有關確認與提醒上課的事情。確認與提醒可以再次告知父母,有關上課的時間、日期、地點、費用,以及交通路線等,避免因變更上課時間或地點發生誤會。

二、如何舉行親職教育說明會

最有效的招生方式,是對父母團體舉行親職教育說明會,然後在現場傳遞一張報名表。如果合辦或協辦單位有他們例行的父母聚會時間,可以請他們在例行聚會之前或結束的時候,安排一次親職教育說明會。舉行親職教育說明會的步驟如下:

1. 自我介紹:介紹自己,自己所代表的機構,以及自己和機構有什麼可以幫助父母的特別專長。

2. 談談為什麼父母需要親職教育:在現代社會,要勝任於管教孩子不是一件很容易的事,父母也不是天生就會管教孩子的。管教孩子需要特別的知識技能,如同任何知識技能,可以透過學習和練習而熟練。

3. 談談你所選用或編製的課程有哪些優點和特色:把你所要

使用的課程作一個簡單的說明。如果有錄影或簡報，可以以視聽媒體的方式，向與會的家長作一簡報，以加深他們對課程的印象，並引起想報名的興趣。

4. 強調父母上課可以獲得哪些好處和學習：包括生動有趣的上課方式，可以交到許多朋友，可以學到許多教養孩子的知識技能，可以改善親子關係等。如果有曾參加該課程的父母來現身說法，強調課程的優點和好處，自然使課程更具信用和吸引力。若無父母現身說法，也可以宣讀一些曾上過課的父母的感謝函或有關機構的推薦信等，都會有助於招生。

5. 分發課程簡介：將書面的親職教育課程簡介，分發給在場的父母。同時告知父母，有關於該課程或機構聯絡的人和電話，以方便會後，父母有問題時，仍可以打電話詢問。

6. 分發招生簡章：一方面分發招生簡章，另一方面口頭補充說明有關上課的時間、日期、地點、收費標準，以及報名方式。不要忘記提醒父母可以在現場報名的方式。有的父母會比較希望回家想想再決定是否報名，提供他們書面資料，以方便會後報名。

7. 問題發問時間：給在場的聽眾一點時間發問，並準備回答有關的問題。對於重要的上課資訊，不妨重複告知聽眾。

8. 在現場傳遞一張報名表，並鼓勵大家現場登記報名。

9. 結束說明會之前，向聽眾表示感謝：並且留下主持人的聯絡電話，以及宣布報名之後的後續發展是什麼等，讓已報名和未報名的父母知道，如何配合主辦單位的招生與開課事宜。

三、如何透過媒體幫助招生

　　與媒體建立良好的公共關係，在親職教育招生的時候，可以獲得極大的宣傳效果。為了一個特定組織的家長，例如：某一學校、企業或宗教團體的家長，舉行親職教育課程，主辦單位可以透過組織內的宣傳管道，如通訊、海報、簡章、寄信、開會宣布、打電話，以及口耳相傳等方式，來讓家長知道親職教育招生的事情。

　　如果親職教育的招生對象，不限於一個機構或組織，而是社區裡的父母，那麼主辦單位可以藉著媒體與公共關係，來宣傳親職教育的開課與招生訊息。使用大眾傳播媒體，包括：報紙、雜誌、電視、廣播電台等，我們可以透過社區活動告示板，主題報導，公共服務宣布，讀者投書，圖文報導以及接受電台電話的訪問等方式來宣布親職教育的開課訊息。

　　文宣工作可以由主辦單位自己做，也可以請合辦或協辦單位來協助，也可以爭取專業文宣公司擔任我們的義工，協助我們做文宣工作。了解大眾傳播的作業方式，以及認識有關的媒體業者，可以幫助親職教育的文宣工作。以下將簡介七種常用的文宣方式：

　　1. 社區活動告示板（Calendar listings）：將親職教育的開課日期、地點、費用，以及聯絡人、聯絡電話等基本資料，提早告知媒體。大部分的媒體均設有社區活動告示板，會定期向社區宣布有關的社區活動。

　　2. 主題報導（Feature articles）：做主題報導時，有些媒體採用現成的文宣，或根據現成的文宣加以編輯使用。對親職教育有

興趣做主題報導的媒體，我們可以主動提供有關的背景資料及招生簡章等，若能提供圖片資料，更容易獲得媒體的採納。

3. 公共服務宣布（Public service announcements）：提供公共服務宣布的媒體，以電視和廣播電台為主。按規定，電視台和廣播電台有義務將時段劃分一部分，作為社區服務以及宣布公共服務訊息之用。把親職教育開課通知，提早寄給電視台與廣播電台，通常可以獲得免費的宣布。

4. 讀者投書（Letter to the editor）：針對社會熱門議題或時事，提出評論與建言。當社會上發生青少年問題或親子衝突事件時，主辦單位可以以讀者投書的方式，教育社區父母有關親職教育的重要性。

5. 圖文報導（Photos & Captions）：各種媒體對於引人注目的照片和圖表，會有使用的興趣。把一些會說故事的照片和圖表，寄給媒體，並附加簡單的文字說明，也容易獲得媒體的青睞。

6. 上電台電視接受訪問（Radio/TV interviews）：地方電台電視對於地方的事情最有興趣，我們可以以親職教育專家的身分接受訪問，討論有關親職教育的話題，並鼓勵父母參加親職教育。我們也可以鼓勵願意分享上課經驗的父母，一起接受訪問。

7. 電子郵件群組（e-mail groups）：愈來愈多的家庭使用電子郵件和網際網路，因此親職教師可以考慮使用這種便捷而不需費用的文宣方式，也可以請親職教育相關的社團、組織或網站等代為轉寄親職教育課程招生啟事，以及將招生啟事登錄在他們的網頁上。

父母成長團體的設計與實施

　　本節將說明父母成長團體的設計與實施方式，內容包括：澄清父母成長團體的目標、如何招募團體成員、如何安排團體輔導員、說明帶領成長團體的方式，以及如何安排成長團體的時間和地點等。

壹、父母成長團體的目標

　　若以小團體方式實施親職教育，父母成長團體是一種非常值得推廣的教育方式。在有經驗的團體輔導員的帶領之下，參加的父母成員通常可以得到多層次的學習收穫和滿足。具體而言，父母成長團體的目標如下。

一、增進自我了解，自我成長

　　成長團體的功能，在於提供一個安全、溫暖，且相互支持的環境，鼓勵成長和勇於嘗試新經驗，包括：自我坦露、自我探索、給予他人真心善意的回饋等。在這樣的過程中，團體成員可以有機會從自我的探索和團體的回饋，增進自我了解。從勇於嘗試，對新經驗開放並透過與團體互動和練習新行為，達到自我成長。

二、增進親子溝通與家庭關係

　　成長團體基本上是一種人際關係建立與培養的訓練方法。參加成長團體的父母，可以在團體中學習如何傾聽、如何同理他人、如何信任他人、如何有效溝通，以及如何培養良好的感情。父母學習這些有效的人際技巧，都可以應用在增進家庭關係，改善親子溝通上。

三、學習有效管教子女的方法

　　參加成長團體的家長，來自背景不同的家庭，有著年齡不同與問題各異的孩子。每個人帶著許多管教子女的寶貴經驗來參加團體，父母在團體中可以切磋管教子女的知識和技巧。由於大家的集思廣益，每一位參加團體的父母，無形中就成了另一位父母的老師，大家交換教養孩子的心得，同時也可以學習各種有效管教子女的方法。

四、獲得社會支持與互助聯誼

　　由於參加成長團體的父母，在坦誠分享彼此的困難和煩惱之後，會感覺家家有本難念的經以及父母的難為。因此，更會彼此相互支持、鼓勵，共度管教子女的難關。父母在遇到挫折的時候，往往由於團體成員的精神支持，而可以再接再勵地去努力學習有效的方法來幫助子女；並且，透過團體的情感分享和支持，父母可以適度地滿足自己歸屬團體的需要。參加成長團體無形中可以減輕許多教養孩子的壓力和挫敗感。

貳、父母成長團體的成員與輔導員

一、團體成員

　　根據筆者的經驗，父母要從成長團體中，獲得最大的益處，最好能夠符合下列幾個條件：

（一）參加團體是自願的

　　通常被迫參加團體的家長成員其學習效果比較差，因為成員比較有戒心，自我防衛很強，不願意在團體中彼此坦誠分享、情感交流，主辦單位在選擇團體成員的時候，務必要考慮成員參加的動機是否適當，是否出於自願，並且是否願意遵守團體的規則，這樣的考慮將可以發揮成長團體的訓練效果。

（二）團體成員的人數以六至十人為原則

　　團體成員太少的時候，比如 3、4 位，比較沒有互動，如果有部分成員缺席或流失，往往影響團體進行的氣氛，甚至導致團體的瓦解。團體人數太少的時候，容易被少數成員所左右。由於缺乏多元的觀點和經驗，團體所提供的學習也將十分有限。

　　團體成員太多的時候，比如超過 15 位，往往會影響成員的參與感，由於時間的限制，每一個人講不到幾句話，團體時間就要結束，如此自然影響成員的坦誠分享。團體人數太多的時候，人多嘴雜，很難進行有效的溝通和分享。如果團體成員之間的問題沒有處理好，很容易在大團體中出現小圈圈。這些都會限制成長團體的學習效果。

　　在只有一位團體輔導員帶領的成長團體，理想的團體人數是 6 到 8 人。如果有兩位團體輔導員的時間，成長團體的人數可以酌增到 12 人。人數再多一點的時候，不妨分開另組一個團體。主辦單位由於成本的考量，一個父母成長團體超過 15 人，並只聘請一位團體輔導員來帶領也是很常見的事。

　　理想的團體人數，有時要視成員的年齡、教育程度、親子問題的嚴重性，以及成員投入的動機等因素而定，很難有一個絕對的標準。一般而言，理想的團體人數有助於成員的溝通和分享，在不同的人格、社經變項，和人生經驗有適當的平衡。個別成員參加團體的時候，感覺很容易可以加入討論和作經驗分享。在很短的時間裡，團體可以產生「我們是一個團體」的感覺。

（三）團體成員的背景可以是同質或異質

　　團體成員的組合，筆者認為最好以子女的年齡和問題作為分組的參考。在許多父母都想參加成長團體的時候，我們可以按子女的年齡分為：學齡前子女的家長組、小學生的家長組、中學生的家長組；或者，可以根據子女問題的性質分為：身心殘障子女的家長組、受虐兒的家長組、虞犯青少年的家長組。然後，再由父母自行選擇參加組別。

　　為了增加成員的學習效果，能夠從不同背景的家長那邊獲得學習，把完全同質的父母安排在同一個團體，反而限制了成員的相互學習。如果把完全異質的家長安排在一起，也不是好辦法。如果家長之間缺乏共同的生活經驗，那麼，也會影響家長繼續參與的動機。

　　理想上，團體成員的背景有適當的同質和異質，比較容易發

揮相互學習的效果。成長團體的主辦單位或團體輔導員要特別留意那些落單的成員。例如：在一個多數成員都是青少年子女的家長所參加的團體裡，如果有一、兩位家長的孩子是學齡前的兒童，這個時候，把他們安排在青少年子女的父母團體是不適當的。最好的做法是，改變親職教育的方式，包括：另組一個學齡前子女的父母團體，或者改為個別方式實施親職教育。

（四）夫妻可以一起或者單獨參加成長團體

理想上，夫妻能夠一起參加父母成長團體，共同學習子女管教的知識技能，這是最好的選擇。可是在實際生活中，很少父母能夠一起參加，通常是因為托兒問題、工作問題，以及其他因素，而無法一起參加成長團體。

夫妻若不能一起參加，退而求其次，夫妻之一能夠參加團體也應給予鼓勵。有些夫妻會要求輪流來參加成長團體，筆者認為成長團體應有其連續性，不宜由夫妻輪流參加。如果雙方決定由太太單獨參加，那麼太太應從頭參加到團體結束。即使中間有事缺席，也不宜請先生代為參加。這是因為成長團體不同於一般知識性教學的上課，成長團體是一種情緒和感情的學習，是無法由他人代勞的。

子女的祖父母、伯叔阿姨，或者哥哥姊姊，如果要求來參加父母成長團體，我們究竟同意還是不同意。基本上，這些人的身分與父母成長團體成員角色的異質性太大，筆者建議原則上不要同意讓他們參加，除非有很好的理由，否則還是避免讓非父母的親屬來參加父母成長團體。

二、團體輔導員

父母成長團體是否能夠發揮其親職教育的功能，團體輔導員的素質和經驗是一個很重要的因素。團體輔導員的資格是什麼，是否需要協同輔導員（co-leader），以及輔導員的功能等，分別說明如下：

（一）團體輔導員的資格

一個能夠勝任地帶領父母成長團體的輔導員，通常具備下列的訓練和經驗：曾接受過團體輔導方面的訓練，包括；實際參與小團體的經驗，以及受過團體輔導員的訓練；在成為團體輔導員的過程，應接受相當時數的臨床督導；有參加過成長團體以及有主持過成長團體的經驗，非常有助於主持父母成長團體。

1. 曾擔任過學校教師，帶過班級教學。曾經擔任過班級教學的輔導員，有助於擔任父母成長團體。班級教學可以說是廣義的團體輔導，這種帶過大團體的經驗，自然有助於帶領小團體的親職教育。

2. 曾受過心理輔導與親職教育的基本訓練。父母成長團體的輔導員，應熟悉兒童發展的理論、諮商理論與技術、團體動力、親職教育、人格發展，以及變態心理學等課程。這些基礎訓練有助於輔導員了解父母的問題，以及以適當的方式提供協助。

（二）是否需要協同輔導員

一個有經驗的團體輔導員通常可以勝任主持一個父母成長團體。在下列情形下，則需要另一位輔導員的協助帶領：

1. 團體輔導員經驗不足的時候，可以搭配一位協同輔導員，以保障父母的權益，並達到團體訓練的目標。通常為了訓練新手團體輔導員，資深輔導員在帶領成長團體時，可以安排一位資淺輔導員作為助手，同時達到訓練新手的目的。

2. 團體人數超過 12 人以上的時候，為了全面照顧到每一位參加團體的成員，兩位輔導員可以適當地分工合作，互相支援。例如：當一位輔導員在主持團體活動的時候，另一位可以做觀察；當一位輔導員在處理個別成員的危機時，另一位輔導員可以照顧到團體的需要。

3. 團體成員有比較嚴重的情緒問題時，這個時候一位輔導員往往有招架不住的感覺。一個由子女問題比較嚴重或家庭背景比較複雜的父母所組成的成長團體，需要兩位有經驗的輔導員一起主持，以便可以勝任地帶領父母成長團體。

（三）團體輔導員的功能

視成長團體的需要，一位團體輔導員可能在主持成長團體的時候，在不同的時機，要能夠發揮下列三方面的功能：

1. 教導的功能：輔導員適當地提供資訊，包括：管教子女的相關資訊、親職教育的原理原則；回答父母管教子女的問題，提供社會資源，教導父母有效管教子女的技巧等。

2. 諮商的功能：輔導員在面對父母有情緒或心理上的困擾時，能夠適當地提供諮商的協助，幫助父母增進自我了解和自我反省的能力。

3. 催化的功能：成長團體的運作主要依賴團體成員的參與和互動，輔導員的工作大部分在於協助團體成員以適當有效的方式

進行溝通、分享、提供回饋，以及透過團體的力量，幫助成員獲得精神支持和自我成長。

參、帶領成長團體的方式

關於如何帶領成長團體，這是一個很複雜的話題，這一小節，將簡單地加以說明，有興趣的讀者可參考有關成長團體的專書，以便獲得比較完整的概念。

一、結構還是非結構的成長團體？

成長團體是否採用結構式的課程設計，主要視父母的需要、時間的多少，以及課程的目標而定，很難一概而論哪一種比較好。對於語言能力比較弱、有時間壓力限制的父母，以及目標設定在技巧演練的團體等，使用有結構式的課程設計比較適當。

團體活動的安排，要避免為活動而活動，活動的安排要自然流暢，避免讓成員覺得做作不自然，活動的安排不宜太多太緊湊。結構式團體（structured group），其學習重點不在於體驗活動本身而已，最重要的是活動之後，有關體驗的分享。在活動之後的分享時間裡，可以從經驗的交流、坦誠的回饋、精神的支持，以及感情的表達，達到自我成長的效果。

在使用結構方式的成長團體時，親職教師常常需要藉助一些活動來進行，這方面讀者可以參考吳嫦娥（1998）編著的《親職教育活動設計與實務手冊》，該書收錄許多親職教育活動實施方案，包括：增進團體成員認識、促進團體凝聚力、探討親子問題、增進親子溝通及互動、增進親職管教能力、促進父母自我探

索，以及加強父母生活規劃能力的活動設計。參考這些活動設計可以節省親職教師許多的時間，有助於結構團體的帶領。

　　若是有經驗的團體輔導員、成員的語言表達能力強、有充裕的時間，以及團體以情感與關係的學習為目標時，使用非結構式團體（non-structured group）設計比較適當。非結構式的團體可以留給成員許多學習和表達的空間，而不必受限於固定的結構式活動。非結構式的團體，在團體剛形成的過程中，往往有比較沉悶和無形壓力的感覺。團體一旦形成之後，成員知道如何參與、如何表達自己、如何互動，也就比較容易從團體中獲得益處。

　　其實，一個成長團體不一定要用黑白兩分法，分為結構式與非結構式的團體。事實上，兩者可以混合靈活運用。比較可行，而且頗值得推廣的團體方式，是以結構式開始，隨著團體的形成和成員的熟識，再逐漸改為非結構式，這樣子便可以降低結構式團體的做作不自然，又可以減少非結構式團體的沉悶和壓迫感。

　　筆者常用低結構的方式來帶領父母成長團體，所謂低結構團體（low-structured group）是指使用語言、指令等方式來結構團體。例如：在團體一開始的時候，筆者會先介紹課程進行的方式，以及請成員進行自我介紹，然後說明團體規則等。從第二次聚會開始，筆者會以語言方式將團體時間結構為三部分：一週來的心情故事分享、問題討論時間，以及團體分享時間。在每次團體聚會開始後的前半小時，筆者會請團員一一分享一週來的心情點滴，每人使用的時間很短，通常一兩分鐘即可。筆者一邊聽成員的心情故事，一邊評估誰的問題適合本次的團體討論，筆者也會詢問有誰想要使用本次的團體時間來討論自己以及家庭問題。每次聚會大約可以處理一到兩位成員的問題，如果問題比較簡單

的話，可以多處理幾個問題；如果問題比較複雜，有時候一個也處理不完，需要使用到下次聚會的時間。團體第三部分的時間是團體分享時間，筆者會邀請成員分享參與本次團體討論的感覺和想法，特別鼓勵成員提供給本次提問題的成員更多的支持和回饋。

二、團體探討的內容以父母或子女為主？

父母成長團體的進行方面，和傳統的班級教學非常不一樣。成長團體是沒有教科書或課本的團體學習方式的，團體輔導員不應以教師的角色，對成員說教或上課。成長團體探討的內容主要是環繞著成員自己的生活經驗、家庭關係，或親子問題。任何與成員自身有意義的話題，包括所想的、所感受的、所經驗的問題和事件，都可以拿出來在團體中與成員一起探討和分享。

團體輔導員的工作，不在於告訴大家應該如何，而是以催化員的身分，維持一個安全、互信、可靠、支持的團體環境，鼓勵成員的參與投入，坦誠分享自己的經驗，提供回饋，並且提供精神支持。輔導員鼓勵成員互相回饋、互相幫助，並且協助解決各種發生在團體裡面的人際問題和衝突。輔導員藉著團體中發生的種種實例，告訴成員如何從中學習，並獲得益處。

成長團體主要探討的內容，應以父母自身的問題為主。成員如果總是在團體中討論配偶或子女的問題，那麼對自我了解和成長的收穫將會受到限制。成員應在團體中面對自己的各種問題，包括：情緒問題、親子問題、婚姻問題，或者缺乏自信等問題，並且學習去探索問題的來龍去脈，透過團體成員的鼓勵和回饋，從中進行自我反省和改善。只有坦誠面對自己問題的父母，才比

較能夠突破自己的限制，而達到成長。

父母成長團體畢竟是以家長自身的成長爲主，而不是以配偶或子女的成長爲主，因此對於那些經常以配偶和子女爲談話主題的成員，輔導員可以提供回饋，鼓勵他們盡量學習在團體中以自己爲討論的焦點，以關心自己的成長爲努力方向。這些成員在輔導員和成員的協助之下，將會逐漸學會在團體中進行自我探索和自我了解，最終達到自我成長的目標。

三、成員需要問題的建議，技巧的練習，還是精神的支持？

成長團體提供給成員的益處，包括：問題的建議、技巧的練習，以及精神的支持。不過，團體輔導員應該深刻明白，參加成長團體的父母，他們最需要的畢竟是精神上的支持。由於管教子女上的困難重重，或者處理家庭問題的挫折不斷，他們聽到無以數計的忠告和建議，他們厭煩了別人的忠告和建議，他們最希望有人能夠傾聽他們的心聲，能夠了解他們的辛酸苦楚，並且給予他們最大的精神鼓勵和情感支持，幫助他們可以勇敢地面對自己的問題，提起精神去處理家庭和親子關係。在團體中，他們感覺自己不是孤獨的，大家有著類似的問題，互相扶持和鼓勵，以便勇敢去面對生活，成長自己。

起初家長報名參加父母成長團體的時候，總是抱著想要多多學習親職教育的知識，以及管教子女的技術等，這是可以理解的，也是成長團體的目標之一。但是親職教師不要忘記了團體方法的偉大之處在於提供坦誠的回饋和情感的支持。親職教育的知識和技巧的學習多少可以透過閱讀，但是情感的交流和精神的支

持卻是閱讀無法取代的。父母成長團體在實施的過程中，如何提升團體成員的情感連結和支持，如何鼓勵彼此真情而坦誠的回饋，如何幫助成員感受到充分被理解、被接納，以及被同理，才是團體最重要的功能。

四、團體過程包括暖身、行動和分享三階段

每一次的團體聚會，整個過程可以大略分為暖身、行動和分享三階段。每一階段的時間分配可以因團體成員的需要而彈性調整。原則上，分享時間所占的比例不應該太少，以占三分之一的時間為原則。

團體聚會的暖身階段，包括：大家回顧前一次的經驗、一週來的生活大事、彼此問候關懷、宣布一些消息、計畫本週的活動等。暖身階段的時間適可而止，不宜變成太多社交性的閒聊，或離團體主題太遠的話題討論。

行動階段以問題的解決和技巧的學習為主。團體成員可以提出自己在管教子女上的困難，和大家一起討論，有類似經驗的家長可以坦誠分享，然後大家再集思廣益，尋求解決問題和改善關係的最佳策略和技巧。有時，成員可以在團體中，以角色扮演的方式，進行人際溝通技巧的訓練，培養問題解決的能力。

分享階段可以讓成員訴說參加團體的感覺，進行活動的體驗，提供或接受回饋，以及表達成員彼此之間的關懷和鼓勵。分享無疑是成長團體中最具影響力的因素。愈能分享的團體，成員的收穫也愈大。經驗分享可以說是使成長團體不同於傳統團體活動或班級教學最關鍵的地方。

在團體過程中，輔導員或親職教師應該避免提供太多的知識

性教材，也不適宜在團體中進行類似上課的講解，如果成員需要某些親職教育的知識與技巧的學習，輔導員可以簡短的加以補充說明。輔導員如果使用團體多數的時間進行上課講解，將會影響爾後團體的進行，成員會逐漸養成依賴輔導員上課講解的期待，或者養成依賴輔導員提供問題解決的期待，這些都是帶領父母成長團體需要避免的地方。

肆、成長團體的時間和地點

在設計成長團體的時候，我們要事先決定團體聚會的方式、時間和地點。團體聚會的方式、時間和地點的選擇多少會影響團體的運作和成效，因此需要加以說明。

一、參加成長團體的方式

有興趣想參加成長團體的父母，應該依照一定的報名程序，除了以電話或親自報名外，最好填寫一份報名表，繳清研習費用，簽名同意參加成長團體的基本規則。填寫報名表的目的，在於蒐集團體成員的基本資料，包括：成員的姓名、性別、年齡、電話、住址、家庭人口、學歷、職業、婚姻狀況，及參加成長團體的介紹人和期望等。這些資料有助於針對成員的需要和背景而安排適當的成長團體。

父母成長團體大部分是收費的，因為所需的人力、時間和成本比較多，期望成員分擔費用是很合理的。研習費用的多少以成員能付得起，但又不會虧本為原則。在報名時，繳清報名費的作用，在於確定參加團體的人數，並且減少成員中途流失的機率。

　　參加成長團體的基本規則，通常包括下列幾點：

1. 參加團體是出於自願的。

2. 願意分享自己的經驗，並給予其他成員坦誠的回饋。

3. 對於涉及成員隱私的事情願意加以保密。

4. 在團體裡發生的事，要在團體裡處理，不會背著團體私下解決。

5. 在團體過程中不可抽菸、喝酒，或使用食物、刺激性飲料。

6. 在團體中不可以有傷害他人或破壞公物的行為。

　　團體輔導員可視需要修改上述的團體規則，除了在報名時，請家長閱讀書面的團體規則，並簽名同意之外，團體輔導員在團體第一次聚會時，要再一次給予充分的口頭說明。唯有在大家充分了解，並願意遵守團體規則時，團體的運作才會順利，並能減少許多不必要的困擾和傷害。請父母在參加成長團體之前，簽名同意團體規則，日後對父母成員比較有約束力。

二、成長團體的時間

　　成長團體的聚會時間應事先決定，而且每次聚會時間應固定。一般而言，團體每次聚會時間訂在 90 分鐘到 120 分鐘最為適當。時間太短，成員在暖身和行動階段之後，往往沒有時間進行分享，這是非常可惜的。時間太長，成員容易疲勞而減少團體的效果，並且，每次聚會時間太長，往往會影響父母的家庭生活。

　　一個成長團體的聚會次數應該多久才適當呢？這要視成員的需要、問題的性質，以及主辦單位的行政考量；一般而言，成長團體的聚會次數訂在 8 至 16 週，每週聚會一次是很適當的。如果

每週聚會兩次，那麼週次可以減少。

　　大部分的成長團體都訂有聚會次數的限制，屬於封閉式團體（closed group），少部分的成長團體則沒有聚會次數的限制，是屬於持續性的開放式團體（open-end group）。亦即團體成員每週聚會一次，只要有需要，就可以繼續參加。為了保持團體的功能，通常持續性團體會有參加人數的限制，例如最多 10 人。想參加的父母可以報名登記，等到有空缺時就可以參加。

　　成長團體的聚會次數不宜太少，聚會次數太少的團體，通常不容易發揮成長團體的效果。以每週聚會兩小時的成長團體為例，最好能把聚會次數訂在八週以上。同樣的，團體聚會應每週最少聚會一次，以使團體過程的連續性不被中斷。每月聚會一次或兩次的團體，通常其親職教育或自我成長的訓練效果要被大打折扣。團體成員太久才聚會一次，很難凝聚團體意識，也使團體的力量變得脆弱。處理得不好，團體會不了了之。

三、成長團體的地點

　　舉行成長團體的地點，不宜遠離團體成員所居住的社區。最好在交通方便，環境安靜的地方。一般而言，學校、政府機構，以及社會服務機構的教室或會議室是很適當的場所。如果有成長團體專用的團體輔導室，那是最理想的活動場地。一般教室、會議室或活動室也可以充分利用，作為團體聚會的地方。成長團體最需要的是一個安全、安靜、舒服的地方，任何能夠提供這樣條件的空間便是適合成長團體聚會的場所。成長團體不一定需要在地毯上席地而坐，坐椅的安排應順應當地居民的生活習慣，只要坐得舒適即可。圍繞著餐桌或會議桌而坐，也照樣可以進行成長

團體。

　　但是，對於採用結構式活動較多的成長團體，應該考慮到成員活動的方便，這個時候，在一個空間大而沒有桌子的場地，大家圍成圓圈而坐，反而比較適當。結構式成長團體由於需要帶活動，包括：分組討論、角色扮演，或者行為演練等，這些活動的進行需要寬敞的空間，如果可以使用團體輔導室是最理想的。團體輔導室通常會有地板或地毯，沒有固定的桌椅，比較適合各種活動的進行。為了讓成員可以舒適的坐著，可以選購有靠背的和式椅，圍成圓圈坐下。需要進行活動時，椅子可以方便收起來或移動。

　　舉辦成長團體的地點，不應經常變更，最好每週固定在同一個地點。成員不應花太多時間在適應新環境，而應花更多時間，做內心問題的探討。成長團體的實施不僅要固定時間，而且也要固定地點，固定時間和固定地點可以讓成員很容易進行團體聚會；經常更改時間和地點，會對於成長團體的運作產生不好的影響。

親職教育的原理與實務

　　本章第一節說明一般親職教育課程的規劃與實施，包括：闡述服務對象的考慮、課程的選用或自編、籌備親職教育課程的要領、如何舉行親職教育說明會，以及如何透過媒體幫助招生等。第二節則以父母成長團體為例說明具體的團體設計和實施方式，包括：澄清父母成長團體的目標、如何安排和考慮團體成員和輔導員、如何正確的帶領成長團體，以及如何選擇成長團體的方式、時間和地點等。

問題討論

1. 在規劃親職教育課程時，對於家長及其子女有哪些需要考慮的特點？

2. 試述在實施親職教育時，究竟選用現成的教材好？還是自編教材好？

3. 在規劃親職教育課程的時候，有哪些籌備要領需要注意呢？

4. 試述父母成長團體的目標為何？

5. 父母成長團體的過程分為哪三階段？試述其內容。

第七章

高危險群父母與新移民家庭的親職教育

■ ■ ■　主辦過親職教育活動的機構，通常都會同意一個事實：那些最需要接受親職教育的家長都不來參加親職教育。如何把最需要親職教育的家長找來，並且順利地提供他們有關的親職教育，便是本章要討論的主題。本章分為兩節：高危險父母的親職教育和新移民家庭的親職教育。

高危險群父母的親職教育

親職教育如果要普遍實施通常會有其困難,如果能夠篩選高危險群父母,提供必要的親職教育協助,可以將有限的社會資源用在最需要的民眾上面。本節首先界定誰是所謂的高危險群父母、探討阻礙父母參加親職教育的原因、說明如何去除父母參加親職教育的障礙、說明招收高危險群父母參加親職教育的策略,以及探討減少父母中途退出的策略。

壹、誰是高危險群的父母

所謂「高危險群」(high-risk group),是指具有某些特徵的父母,由於本身的問題或環境的不利因素,導致他們無法善盡為人父母的工作,以致於影響子女的健康和人格發展。兒童與青少年的種種身心問題,和父母是否身心健康有著密切的關連。身心不健康,人格有問題,再加上生活環境的不利因素,往往會嚴重地影響其對子女的教養和照顧。如果我們能夠早期辨識這些高危險群的父母,給予他們需要的協助,包括:社會福利、心理衛生,以及親職教育,就可以預防許多兒童虐待、青少年犯罪、濫用藥物,以及各種家庭問題的發生和惡化。

Kumpfer(1991)指出,屬於高危險群的父母包括:未成年父母、流動勞工、上癮的父母、特殊兒童的父母、領養父母、寄養父母,以及孤兒院的保母等。由於他們的特殊身分和處境,通常

不知道或不願意參加親職教育。

　　Forward（1989）以「有毒的父母」（Toxic parents）來形容高危險群的父母。所謂有毒的父母，是指父母在不知不覺中傷害了自己的子女，包括：

　　1. 無法勝任教養子女的父母，經常只顧自己的問題，把子女當成小大人，反而要求子女來照顧他們。

　　2. 主宰慾強的父母，使用罪惡感來控制子女，甚至過度地照顧子女的生活，讓子女沒有自己的生活。

　　3. 酗酒的父母，把大部分時間精力用在否認自己的問題，否認家裡的問題，置子女的生活與成長於不顧。

　　4. 精神虐待者，經常嘲笑、批評、挑剔、諷刺、數落、吼叫、謾罵或侮辱子女、打擊子女的自尊心。

　　5. 身體虐待者，動不動就發脾氣，責罵子女、體罰子女，用體罰來控制子女的行為。

　　6. 性虐待者，對子女毛手毛腳，玩弄子女的性器官，和自己的子女亂倫。

　　根據中華兒童福利基金會（1994）各地家庭扶助中心「兒童保護專線」的資料，台灣地區虐待與嚴重疏忽兒童的高危險群父母有四類：婚姻失調的父母、酗酒或吸毒的父母、缺乏親職知識與技巧的父母，以及兒童有偏差行為的父母。

　　了解誰是高危險群父母，有助於善用有限的親職教育資源，以從事早期預防兒童虐待、青少年犯罪、家庭暴力與藥物濫用的發生和惡化。從上述文獻的探討我們可以知道，高危險群的父母通常具備以下幾個特徵：

　　1. 父母本身的身心發展不成熟，如未成年父母，自己都還需

要別人來照顧的時候，卻要負起教養子女的責任。未成年父母通常經濟情況不佳，親職知能不足，若無充分的環境支持與足夠的親職教育，很容易成為虐待兒童或疏忽兒童的高危險群。

2. 父母本身有明顯的身心健康上的問題，如父母酗酒、吸毒、患有心理疾病、有嚴重的婚姻失調，以及患有嚴重疾病；由於這些身心問題，導致其父母功能的障礙，無法勝任教養子女的責任，最容易成為導致家庭與子女問題的高危險群。

3. 有行為偏差或特殊需要兒童的父母，例如：患有智障、自閉症、過動症、叛逆症、行為障礙症、濫用藥物、心理症、精神分裂症或生理有缺陷的孩子之父母，將面臨更具挑戰的工作，去教養特殊困擾和特殊障礙的子女。由於長期的管教挫敗和親職壓力，往往導致父母功能的損耗。這些父母若沒有得到環境的支持和充分的親職教育，很容易就成為虐待兒童、疏忽兒童的高危險群。

4. 處境或身分特殊的父母，例如：經常流動的農民工和勞工父母、專門照顧孤兒的保母、單親或準單親父母。準單親的父母是指因工作和職業關係，父母一方長期不在家的父母。由於父母職業的關係，這些父母不容易經常履行父母的責任，因此在管教子女的時候，面臨很大的困難。另一方面，專門照顧孤兒或特殊處境的孩子，包括：保母或養父母，也容易因為子女不易管教而成為虐待子女或疏忽子女的高危險群。

貳、父母參加親職教育的障礙

父母參加親職教育的障礙，根據 Kumpfer（1991）的歸納，

包括：費用太高、交通困難、托兒問題、沒有時間、缺乏興趣，以及主辦單位與家長之間的文化差異。

Kumpfer 進一步分析，高危險群父母參加親職教育的障礙主要是害怕、無知和沒空參加。這些父母害怕與社政機構的人或陌生人接觸，他們不想與外人討論他們的私人問題，擔心被人標籤為「壞父母」。

有些父母認為管教孩子是私人的事情，不需要政府或別人來告訴他們怎麼做；有些父母不認為親職教育有什麼幫助，也不認為自己的管教方式和子女的行為有密切的關聯；有些高危險群的父母，甚至否認他們有管教子女方面的問題。對親職教育無知的父母，自然不知道有需要或有必要去參加親職教育。

高危險群父母參加親職教育的主要障礙是沒有時間。這些父母通常為生活忙碌，而仍然無法滿足基本生活的需要，例如：沒有足夠的錢去付房租、買食物及看病。這些父母都沒有足夠的時間去解決基本生活的問題，自然更沒有時間去參加親職教育。要以這些高危險群的父母為招生對象的親職教育課程，必須要先協助他們解決民生問題，再談親職教育。

參、如何排除父母參加親職教育的障礙

以高危險群的父母為招生對象的親職教育課程，必須要使用獎勵的措施來吸引父母。一個好的親職教育，如果沒有足夠的學員，特別是那些最迫切需要親職教育的父母，仍然不算是一個成功的課程。排除父母參加親職教育的障礙之方法如下：

親職教育的原理與實務

一、費用問題

　　親職教育課程或活動是否應該收費是個見仁見智的問題。酌情收費有助於一般中產階級的父母增加上課的動機，但是收費卻降低了低收入家庭父母的出席率。當免費的方式仍然無法吸引高危險群父母的參加時，我們不妨考慮用獎勵的方式來鼓勵他們。獎勵父母出席親職教育的方式，包括：提供出席費、發給禮券、提供免費午餐、當父母結業後退還保證金或學費或發給獎學金等。這些以金錢或物質來獎勵的方式，可以有效提高這些父母的出席率。

二、交通問題

　　交通問題是許多高危險群父母無法參加親職教育的原因之一，針對這個原因，親職教育主辦單位可以考慮以「到府服務」的家訪方式來提供親職教育。由親職教師或個案管理員定期到有需要的家庭進行親職教育。對於缺少交通工具或不便出門的家庭，到府服務的親職教育是排除他們參加親職教育障礙的最佳方式。

　　如果到府服務的方式無法普遍實施，主辦單位可以前往高危險群父母住家附近的學校、社區活動中心、托兒所、醫院或衛生所等機構舉辦親職教育，讓這些父母可以就近參加。由主辦單位提供交通車接送或免費車票也可以提高父母的出席率。安排義工接送這些父母去上課，也是可行的方式。

三、托兒問題

高危險群的父母，有些是單親父母，有些是孩子年紀很小，有些是生活孤獨、缺乏社會支持。因為托兒的必要，使他們極少參與家庭以外的社區活動，更談不上參加親職教育。以這些父母為招生對象，主辦單位必須先要解決他們有關托兒的問題。

解決托兒的問題，可以由主辦單位安排義工代為托兒，或者由家長輪流托兒，也可以委託托兒中心代辦托兒。最好解決托兒的方式，是由主辦單位在父母上課的同時，安排兒童社交技巧訓練班。也就是在同一個時間，父母上親職教育，子女上社交技巧訓練班；在課程中還可以安排父母與子女一起參與的活動，這是最理想的親職教育方式。

為父母安排托兒，通常牽涉到人手和場地的問題，尤其是托兒人員的訓練與督導。若要請兒童保育人員來幫忙帶孩子，往往負擔不起費用；若要請義工、家長或實習生來帶，又怕經驗不足，托兒托出問題。若能在兒童保育人員的訓練和督導之下，讓義工、家長或實習生來做托兒的工作；或在心理輔導專家的訓練和督導之下，讓這些人來帶領兒童社交技巧訓練，也是可行的解決方式。

四、缺乏時間

許多高危險群的父母，整天為了生活而忙碌，幾乎沒有多餘的時間可以參加親職教育。解決沒有時間上課的方式有以下幾種：

1. 將親職教育課程與父母例行參加的活動安排在一起。例如：每個星期天要上教堂做禮拜，或去廟裡拜拜的父母，可以透

過教堂和寺廟，將親職教育安排在做禮拜之前。對於例行要去衛生所或醫院的父母，我們可以透過衛生所和醫院，將親職教育安排在看病之前。

2. 透過雇主或機構首長，將親職教育安排在這些父母上班的場所，例如利用午休時間上課。

3. 利用各種排隊等候的時間提供親職教育，例如：到政府機構洽公等待的時候、等候看醫生或拿藥的時候、長途坐車或等車的時候等。但這一類的親職教育課程通常缺乏系統的深度。

4. 對於沒有時間來上課的父母，我們可以提供親職教育的錄影帶、光碟，或透過電視、電台、實施空中或遠距教學。這一方式，對於學習動機很強，但是沒有時間上課的父母，是一種可行的替代辦法。

五、缺乏興趣

父母對親職教育缺乏興趣，通常是因為他們對親職教育的好處缺乏了解。興趣是可以培養的，主辦單位可以透過下列方式，來幫助父母培養參加親職教育的興趣：

1. 邀請父母填寫一份兒童行為困擾問卷，由父母自己來評量孩子發生行為困擾的機率，然後再向父母解說，參加親職教育有助於降低子女發生行為困擾的機率。主辦單位可以設計類似「我是否需要參加親職教育？」的問卷，請父母誠實作答，根據問卷計分結果，來決定父母是否需要去上課。這類自我評量的問卷可以在各種親子園遊會、母姐會、家長參觀日、社區活動會場等場合，請父母來參加作答，並邀請有需要的父母現場報名。

2. 請曾參加親職教育課程的家長，來說明親職教育的好處。

由上過課的家長現身說法，較具有說服力。主辦單位可以舉辦親職教育班招生說明會，邀請曾上過課的家長到現場來協助招生，並可以解答父母對參加親職教育班的各種疑慮。這些曾上過課的家長也可以邀請那些需要上課的父母來參加說明會，並報名上課。

3. 透過社會工作員、學校教師、醫師、心理師、諮商師等專業人士的轉介，請他們轉介那些有需要親職教育的個案來上課，同時給予充分的說明，告知親職教育的好處，以提高他們上課的興趣。父母個案通常會遵循他們的醫師、心理師和教師的忠告，前來參加親職教育。因此，主辦單位應經常將有關親職教育開課的消息，通知上述專業人員。

其他經常與高危險群父母及其子女工作的人士，包括：導師、校長、警察、法官、觀護人、社工師等，可以用說服或命令的方式鼓勵父母去接受親職教育。對於那些虐待兒童、嚴重疏忽子女、子女有違法行為，以及子女有濫用藥物的父母，有關當局可以用比較強制的方式，來提高父母參加親職教育的動機和意願。只要親職教育課程的設計能夠滿足父母的需要，即使是在強迫的方式下接受親職教育，並不會影響親職教育的效果。

4. 另外一種增加參與親職教育興趣的方法是將父母納入主辦單位，亦即安排父母參與親職教育課程的規劃、籌備和實施。讓父母參與辦理親職教育，有助於提高他們上課的興趣。參與的方式包括：擔任「父母諮詢委員會」（Parent Advisory Committee）的成員，擔任職員或義工，參與課程內容的規劃，協助有關招生或家長聯誼的事務，或者協助有關托兒或家長接送的事情。一旦父母有機會參與親職教育的規劃和實施，他們比較會了解和珍惜親

職教育的服務和好處。

肆、特殊人口的招生策略

　　針對特殊人口或高危險群父母的招生策略，必然不同於傳統的招生方式。而且，不同的特殊人口，其招生策略也不一樣。以未成年父母、流動性勞工、上癮父母及特殊兒童父母為例，說明如下。

一、未成年父母

　　未成年的父母往往不願意和成年的父母一起上親職教育。因此，在招生編班時，應該讓未成年的父母單獨組成一個小組上課。招生的途徑可透過未成年父母就讀的學校。對於接受社會福利補助的未成年父母，我們可以透過社會福利機構來招生。有關針對未成年父母開設的親職教育課程，可以製作成傳單或海報，在未成年父母出入的地方，如學校、小兒科診所、社會福利機構等張貼。衛生所的護士可以針對這些未成年父母，提供家訪方式的親職教育。未成年人一旦生了孩子成為父母，除了年紀較輕之外，他們還有許多親職教育以外的需要，例如：就學和就業問題的解決、如何與原生家庭相處的問題，以及自己的婚姻和經濟問題等；這些問題和養育子女的問題一併發生的時候，就會變得十分複雜。未成年父母的親職教育需要明顯和一般成年父母不同，因此在招生和課程的規劃上會有不同的考慮。

二、流動性勞工或在外地上班的父母

　　由於經濟和工作的理由，愈來愈多的父母需要長期到外地工作，例如：企業派外人員、大陸農民工等，由於父母和留守子女長期分居兩地，這些父母有其特別的親子問題和親職教育需求。由於工作的關係，有些家長經常不在家，要提供親職教育給他們相當不容易。這些家長常年不在家，在面臨子女管教問題時，往往遇到很大的困擾而需要親職教育的協助。針對流動性勞工或長期在外地上班的父母，可以透過雇主或機關首長，在工作現場實施親職教育。親職教育可以列為員工協助方案（Employee Assistance Programs）的一部分，或者利用午休或下班時間實施。在工作現場實施親職教育的成效，與是否獲得雇主和機構首長的支持有很大的關係。

三、上癮的父母

　　有酗酒、吸毒或賭博等上癮症的父母，通常非常排斥親職教育。以這些父母為對象的招生策略是，當他們正在接受煙毒勒戒和住院治療的時候，在住院期間要求他們接受親職教育。這些父母如果還在接受門診治療，在醫師和心理治療師的鼓勵之下，他們比較會去參加親職教育。一旦離開治療以後，他們參加親職教育的動機便會大為降低。

　　不可諱言的，有藥酒癮的人基本上多少都有一些人格和家庭上的問題，他們的問題相對的比較複雜，他們的求助意願也很低，是屬於典型的心理衛生的高危險群。但是要針對他們實施親職教育或提供心理衛生服務，需要特別的策略和方法。一般說來

機構處遇（institutional interventions）會比社區處遇（community interventions）更適合這些家長的需要，常見的機構處遇包括：少年感化院、精神病院、煙毒戒治所，以及特殊兒童收容機構等。但是機構處遇的成本相對的比社區處遇要高很多，這方面非常需要政府的補助和支持才容易長期運作。

四、特殊兒童的父母

　　特殊兒童父母的招生途徑，通常透過特殊學校或特殊班的老師。若是有接受心理輔導的子女，我們可以透過孩子的心理治療師來招生。因為這些特殊兒童，有情緒、行為、心理或其他身心的障礙，在管教他們的時候非常不容易，其父母參加親職教育的動機通常很強烈。

　　特殊兒童父母的招生還可以透過各種家長協會，例如：智障者家長協會、自閉症兒童家長協會、過動症兒童家長協會等，家長協會也會經常性的舉辦親職教育課程。親職教師可以蒐集這方面的社會資源，以方便提供需要的家長參考。

伍、減少父母中途退出親職教育的策略

　　一般而言，親職教育的時數與效果是成正比的，但是如何鼓勵父母有始有終地出席親職教育，並獲得實際的幫助，便是本小節要討論的課題。父母報名參加親職教育課程之後，假使他們在課程最初的兩次上課有出席，通常比較能夠繼續上課。但是他們也經常因為生病、家人重病、坐牢、搬家、住院等因素而退出親職教育。高危險群的家庭，發生意外事件的比例相當高，十位參

加親職教育的父母中，如果有一、兩位父母中途退出，是很平常的事情。茲將高危險群父母退出親職教育的原因及其應變說明如下。

一、有不可預期的危機事故發生

當父母因為家裡發生事故不能上課的時候，如果是屬於短期的危機，親職教育主辦單位應該容許父母補課，也就是說親職課程要有足夠的彈性，容許因故缺席的父母有補課的機會，以便能繼續上完全部課程。通常，親職課程主持人應鼓勵父母，萬一有事不能來上課，應該通知主持人。如果是屬於長期的危機，課程主持人仍然可以鼓勵父母在危機解除之後，來參加下一梯次的親職教育課程。

二、忘記上課時間

高危險群父母由於生活忙碌，難免容易忘記上課時間，以致退出親職課程，電話提醒不失為一個好辦法來解決父母健忘的問題。電話可以由主持人、行政助理或其他家長來打。對於沒有電話的父母，我們可以郵寄明信片來提醒他們。有的機構可以使用「親職教育通訊」之類的方式，來提醒父母上課的時間和上課討論的主題。當父母缺席的時候，主持人應盡早，最好在父母缺席兩天之內，以電話聯絡缺席的父母，告訴他大家很想念他，並且提醒他下次上課的時間。主持人若能與父母培養良好和關懷的關係，通常可以很有效地鼓勵父母繼續參加親職教育。

三、親職教育課程無法滿足父母的需要

　　導致父母不想繼續上課的原因之一，是課程的內容不能反映父母的觀點和需要。例如：教材未考慮父母的閱讀能力、上課方式令父母不習慣、主持人對父母的生活經驗缺乏了解等。

　　親職教育的存在應以滿足父母的需要為前提，如果主持人教的，和父母想學的東西沒有交集，那麼父母很快就會退出親職課程。課程主持人應該在課前、課中和課後，隨時調查父母的需要，邀請父母提供回饋。定期地請上完課程的父母填寫上課滿意度問卷，或者以晤談方式，請上完課的父母，提出興革的建議，作為改進下梯次親職教育的參考。

四、害怕團體討論和自我坦述

　　有些高危險群的父母，很不習慣面對陌生人討論自己的問題，也不習慣和別人建立親密的關係；這個時候，主持人要能了解並敏感地處理這些父母不自在的感覺。有些父母擔心在團體中出糗，或因為缺乏社交技巧而不知如何與團體互動，主持人應適度地給予支持和關懷，協助他們適度地表達自己和參與團體活動。

五、親職教育班缺乏團體認同和感情的聯繫

　　如果參加親職教育課程的父母，彼此喜歡，互相精神支持，對團體有認同感的時候，就比較不會中途退出課程。因此，主持人應該盡早協助父母發展團體意識和認同感，讓彼此喜歡並產生良好的感情。由於彼此的喜歡和有感情的聯繫，父母繼續上課的

興趣自然增加很多。許多父母後來繼續上課的原因，是因爲對團體有感情，不想讓其他成員失望。

六、親職教育課程主持人缺乏有效的教學方式

　　親職教育課程的主持人，如果無法引起父母上課的興趣，使得上課變得無聊沉悶，那麼父母自然而然就不會來上課了。爲了吸引父母繼續上課，主持人應儘量訓練自己成爲一名風趣、眞心誠意，而又關懷父母的教師，並且能夠運用各種生動有趣的教材教法來上課，使得上課成爲一種美好而有收穫的經驗。有經驗而勝任的親職教師，通常可以減少父母退出課程的機率。

新移民家庭的親職教育

　　台灣社會最近 20 年的變遷相當大，其中人口的變遷尤其明顯，包括：人口老化、少子化、晚婚，以及新移民的增加。新移民當中，又以因結婚而移入者爲多數。隨著外籍與大陸配偶的日漸增加，這些新移民家庭所生育的小孩也逐漸長大，外籍與大陸配偶將會面臨多重的生活挑戰，包括：如何適應台灣社會、語言問題、家庭問題，以及子女的管教問題等等。作爲親職教育工作者，對於新移民家庭的現況和問題，有進一步加以認識的必要。本節將分四部分說明新移民家庭的概況與特性、常見的親職與家庭問題、如何針對新移民家庭實施親職教育，以及親職教育案例說明等。

壹、新移民家庭的概況與特性

自 1987 年 1 月至 2006 年 1 月底止，外籍與大陸（含港澳）配偶申請入境人數合計 336,916 人，其中外籍配偶人數為 132,018 人，占 35.98%；大陸（含港澳）配偶人數為 224,387 人，占 61.15%（內政部戶政司，2006）。有關外籍與大陸配偶人數與百分比整理如表 7-1。外籍與大陸配偶在國內的分布，多數集中在台北縣（18.4%）、台北市（11.2%），以及桃園縣（10%）。外籍配偶之國籍以越南（19.22%）、印尼（7.77%），以及泰國（2.6%）居多。

表 7-1　外籍與大陸配偶人數統計

項目	合計人數（%）	男性人數（%）	女性人數（%）
外籍配偶	132,018（35.98）	9,514（2.59）	122,504（33.39）
大陸配偶	224,387（61.15）	10,290（2.80）	214,097（58.35）
港澳配偶	10,511（2.87）	5,083（1.39）	5,428（1.48）
總計	366,916（100）	24,887（6.78）	342,029（93.22）

資料來源：內政部戶政司（2006），總計人數為 1987 年 1 月至 2006 年 1 月的資料。

曾雪娥根據內政部 2003 年的資料，統計當年共有 173,000 對新人結婚，其中台灣籍新娘占 72.03%，外籍與大陸地區者占 27.97%。外籍與大陸新娘中，以來自大陸地區者 31,353 人，占 64.78% 最多；東南亞地區者 16,600 人，占 34.30% 居次；其他地區者僅 447 人，占 0.92%。就外籍與大陸新娘的生育率而言，一

一般都高過於本地婦女。在生育總數上，1998 年外籍與大陸新娘所生嬰兒數占台閩地區嬰兒出生數的比例為 5.12%，到 2002 年已經提升為 12.46%。也就是說，2002 年在台灣出生的 100 個嬰兒當中，有 12.46 個是外籍與大陸新娘所生，其中 8 個為外籍新娘子女，4 個為大陸新娘子女（曾雪娥，2005）。

這些外籍與大陸新娘所生的新台灣之子，逐漸長大之後都會進入學校，接受學前教育和國民教育。各級學校老師以及親職教育人員，如何幫助這些兒童順利成長，以及幫助這些新移民家長做好親職工作，是值得大家關心的一件事。

政府對於新移民家庭向來極為重視，內政主管機關於 1999 年訂頒「外籍配偶生活適應輔導實施計畫」，主要的目的在於落實外籍與大陸配偶照顧輔導措施，提升其在台生活適應力，使其能順利適應台灣生活環境，共創多元文化社會，與台灣本地人組成美滿家庭，避免因適應不良所衍生各種家庭與社會問題。

為使「外籍與大陸配偶照顧輔導措施」更為完善，內政主管機關（余政憲，2003）將原來的六大重點工作，於 2003 年增加為八大重點工作，內容包括：生活適應輔導、醫療優生保健、保障就業權益、提升教育文化、協助子女教養、人身安全保護、健全法令制度，以及落實觀念宣導等。這些重點工作分別由政府相關部會，以及地方縣市政府相關機關辦理。

親職教育對於這些新移民家庭將顯得愈來愈重要，而且親職與家庭教育的實施，更需要提前未雨綢繆，從結婚移民開始、新台灣之子出生、幼兒教育，以及基礎的國民教育，每個階段都會遭遇到不同的挑戰，親職教育的實施也要隨之而彈性調整。

新移民家庭的特性，根據學者專家的研究（周美珍，2001；

陳柏霖， 2006 ：劉金山， 2004），歸納如下：

　　1. 個別女性的移入：新移民女性多於男性，大陸來台配偶中九成以上為女性，外籍配偶當中有 86.23% 為女性（內政部統計處， 2003）。早期移入台灣的移民，通常以男性為主，或者是家族、族群遷移的方式，從 1980 年代開始，有一批新移民開始進入台灣，她們是默默潛身台灣家庭的個別女性，在台灣深根發展，結婚生子，並隨之產生新台灣之子的教養與輔導問題。這些年輕而來自不同文化的女性，大部分透過短期的婚姻媒介即進入婚姻關係，必須在遠離家園後馬上扮演媳婦、妻子及母親的繁重角色（陳柏霖， 2006）。

　　2. 老夫少妻的現象：台灣配偶的年齡普遍高於外籍和大陸配偶，根據周美珍（2001） 對於新竹縣外籍新娘生育狀況的研究顯示，一般台灣本地人婚配年齡差距約在零至六歲之間，而外籍新娘與先生的年齡差距超過十歲者，占 61.6% ：其中超過 10 至 15 歲者占 28.9% ，超過 15 至 19 歲者占 22.0% 。

　　3. 台灣男性的社經地位偏低：跨國婚姻者中，台灣男性大部分屬於中、低學歷，以及中低收入狀況，外籍配偶的學歷偏低，但是有女高於男的現象。

　　4. 外籍配偶原居住地以東南亞地區為多數：根據內政部統計處（2003）的資料顯示，外籍配偶原居住地以越南和印尼最多。

　　5. 外籍配偶子女似乎較容易有學習障礙，但是到了小學後則問題不再那麼明顯，因此學前教育是一大因素，父母的身教言教及親子互動，影響子女的成長很大（王瑞壎， 2004）。根據王筱雲（2006）的觀察，新台灣之子普遍會隱藏母親的國籍，沒有特別詢問，通常不會主動告知。如果新台灣之子在校適應良好，課業表

現沒有特別差，同儕之間的接受度與本籍學生沒有差異。如果學業成就不如人，會比本籍其他學童容易受到排擠，而受到捉弄或欺侮，小小的心靈，隱藏一顆易碎的心。

貳、新移民家庭常見的問題

新移民家庭，特別是外籍新娘，在台灣生活期間主要的適應議題，包括：家庭婚姻問題、勞動力問題、社會與文化適應問題，以及親子教育問題（曾雪娥，2005）。家庭婚姻問題主要涉及結婚的動機多基於經濟考量，比較缺乏深厚的感情基礎，年齡的差異太大時，也常是發生婚姻變故的原因之一。勞動力問題主要是因為外籍新娘要負擔起生育、照顧先生、侍候公婆，以及照料全家的工作。跨國婚姻家庭所面臨的社會與文化適應問題，主要涉及文化適應所帶來的問題，包括：風俗習慣、生活價值觀、語言與溝通障礙，以及弱勢族群常見的教育程度低落與文化資源不足的現象。親子教育問題主要和東南亞新娘普遍教育水準差和語言能力不足有關，這些新移民家庭限於低社經地位或身心障礙，在教養子女時，容易產生困難，特別值得親職教育專家的協助。

根據王筱雲（2006）的研究，外籍配偶在子女教養上容易出現下列的問題：

1. 因缺乏懷孕及嬰幼兒健康照顧知識而產生的兒童發展遲緩，外偶（外籍配偶）在衛生醫療需求上，比較缺乏的是有關育嬰、育兒知識，以及幼兒健康檢查資訊等。

2. 語言溝通障礙，導致學齡前子女學習發展受限。事實上，外偶子女在幼兒階段的語言發展，並不是發展遲緩，而是因為母

親使用中文能力的限制，以及學習資源與輔導不足所導致的學習緩慢。

　　3. 文化認同問題，因為母親的身分問題，導致進入國小的外偶子女無法自我認同、看清自己。新台灣之子就學後，其語言表達能力不佳，人際關係待加強，甚至出現貶抑其母親之偏差行為（林淑玲，2003）。

　　4. 外籍媽媽維持傳統教養觀念，不注重孩子在成長過程中的心理發展，更不知道親職教育的重要性，教養態度維持傳統的打罵教育，加上溝通能力不足，不知道如何尋求資源，錯失孩子教育的黃金時段。

　　5. 外籍媽媽由於語言溝通不佳、中文識字能力不足，因無法指導孩子的功課而感到不安。加上社會對外籍配偶帶著歧視的眼光，更讓她們缺乏自信，產生自卑，以致於害怕與老師溝通，導致孩子產生偏差行為時，無法和老師溝通的困擾。

參、新移民家庭親職教育的實施

　　親職教師在實施新移民家庭的親職教育時，可以參考下列的建議，以增進實施的效果。

一、利用政府所提供的教育與輔導資源

　　照顧新移民家庭是政府的既定政策，政府每年撥很多經費從事新移民家庭的生活適應與教育輔導服務，親職教師從事新移民家庭親職教育時，可以多多利用政府所提供的各種資源。這些資源包括：給新移民家庭參考的生活適應手冊、給助人工作者參考

的輔導手冊，以及新移民家庭所需要的各種教育輔導和福利措施。親職教師可以視新移民的需要，轉介他們去參加生活適應輔導班、中文識字班、幼兒早期療育服務，以及親職教育成長班等，這些資源和服務大部分是免費的。

二、透過幼兒機構實施親職教育

根據翁麗芳（2004）的研究，以托兒所和幼稚園為主的幼兒機構，往往是外籍配偶進入台灣社會的主要窗口，各種政令宣導、資訊提供，以及親職教育，透過幼兒機構將可以發揮充分傳達的效果。有些比較保守和保護的家庭，不願意外籍配偶與外界接觸，等到孩子進入托兒所以後，幼兒機構往往成為外籍配偶的主要諮詢對象。曾經有一位外籍配偶從國字讀寫唸，到銀行開戶等生活上的大小事情，都會藉著每日送托子女的時間央求保育員協助。

三、小規模的幼兒機構比較適合新移民家庭

根據翁麗芳（2004）針對八個幼兒機構進行田野調查發現，機構規模愈大，其與家庭的關係有愈疏遠的現象。機構與家庭關係的維持主要以聯絡簿、接送幼兒時的親師對話，以及必要的電話聯繫等三種方式。如果機構規模愈大，園家的溝通會比較不足，如果是 60 人以下的幼兒機構，由於幼兒人數少，容易產生濃密的人際關係，幼托人員比較可以從事積極的親師溝通。

四、親職教育的實施可以配合各種課程實施

親職教師可以利用「中文識字班」、「國民中小學補習學

校」，以及「生活適應輔導班」來實施親職教育。筆者認為為新移民家庭單獨開設親職教育班可能有招生的困難。根據政府的調查，外籍媽媽最希望獲得的服務是國民補習教育與中文識字教育，如果配合外籍媽媽最願意參加的課程，親職教育的實施也容易水到渠成。

肆、新移民家庭親職教育案例

由於新移民家庭的親職教育是一項新興的教育與輔導議題，有些學者專家從事新移民家庭的親職教育工作，成效卓著，值得給一般親職教師借鏡。筆者從文獻上找到幾個親職教育案例，介紹給讀者參考。

一、案例一：親子共讀

為培養新台灣之子從小養成閱讀習慣，縮短他們與其他孩子之間的語言與文化差距，並增進親子感情，國泰慈善基金會與天主教善牧基金會合作辦理「台灣新住民關懷計畫」，針對來台定居之外籍配偶及其第二代子女，提供多項服務，除安排親子共讀課程之外，還舉辦親子成長營、第二代課後輔導，以及新住民法律服務等。其中與親職教育關係最直接的服務項目，並且成效卓著的活動就是親子共讀。

實踐大學生活應用科學系鄧蔭萍副教授透過長期觀察，發現這些新移民媽媽所生養的新台灣之子，普遍都有語言發展遲緩、學習進度落後的現象。為幫助外籍媽媽盡快融入社會環境，提升她們學習聽、說、讀的能力，於是開始研究「台灣新住民親子共

讀計畫」，目的在提供外籍媽媽配偶一把增進親子關係、溝通與學習的金鑰匙（國泰人壽，2006）。根據國泰基金會錢復董事長的規劃，「台灣新住民親子共讀計畫」第一階段先在台北縣新莊、高雄縣鳳山兩地開辦課程，讓媽媽們可以藉由研習，學到如何教育孩子、陪孩子閱讀的方法。第二階段則計劃將研習課程推廣到台灣各地，讓更多媽媽可以學習受惠。他表示，這項計畫將持續辦下去，希望透過企業力量，以實際行動來疼惜這群飄洋過海的「台灣媳婦」（羅芝華，2005）。

　　根據鄧蔭萍副教授的規劃，親子共讀是一個十堂課的課程，由老師教導新移民媽媽如何閱讀、如何說故事給孩子聽，以及如何使用圖書館與社區資源。這樣的課程最適合學齡前兒童的媽媽參加，因此在新移民家庭鄰近的幼稚園舉辦親子共讀是非常適宜的。以下引用幾則學員的心得，來說明親子共讀的效果。

　　「參加親子共讀的課程之後，不但國語進步了，和小孩、老公和公婆之間的感情也變得更好了！現在我可以自己教小朋友寫功課，可以去圖書館借書給小孩看，而且還能用說故事來吸引孩子做家事哦！」（鄭妹，引自國泰人壽，2006）

　　「媽媽，妳今天要講什麼故事給我聽？」「媽媽，我好喜歡跟妳一起去上課！那裡有好多老師和小朋友陪我哦！」「爸爸我跟你說，老師今天跟我說白雪公主的故事，還教我和媽媽唱小魔鏡的歌哦！」來台11年，擁有三個寶貝的印尼新娘王麗霞說，上完「親子共讀」的課之後，孩子變得更喜歡黏在她身邊，吵著要媽媽講故

事。「看到他們充滿期待的小臉，我覺得好有成就感！」
（國泰人壽，2006）。

親子共讀之所以成功，可以歸納以下幾個特色：1. 親子共讀最重要的是媽媽與小朋友一起學習，由爸爸媽媽共同建立家庭共讀環境，帶孩子上圖書館學習善用社區資源，用正確方法與孩子一起進步；2. 以企業力量結合學者專家及相關社會團體機制，協助社會上極需被關懷的新移民及新台灣之子；3. 透過專業教授的指導，以互動學習方式，讓媽媽們學習如何與學齡前子女分享故事、增進親子互動與關係。

二、案例二：親職教育成長班

各縣市的圖書館可以發揮社會教育的功能，包括提供親職教育課程等。筆者從文獻中看到一個不錯的案例，向讀者作一個簡單的介紹。台北市立圖書館萬興分館曾經在 2005 年 9 月辦理一個梯次的新移民家庭「好好愛孩子」學習成長班。根據課程講師（周亮君，2005）的課程介紹，課程的目標與理念在於協助新移民女性建立健康良性的家庭溝通，進而提升經營家庭的能力與技巧。

課程設計的特色如下：1. 專門招收大陸與東南亞新移民；2. 上課時間每週一次，每次 2 小時，一共 12 週；3. 上課時間安排在晚上七點至九點；4. 上課地點在圖書館的視聽室；5. 招生人數 15 人；6. 參加者不需要任何費用；7. 教學方式相當多元，包括：講演授課、團體活動設計、團體討論、多媒體教學、故事繪本，以及角色扮演等，以及 8. 參加者每場可以獲得終身學習認證 2 小

時。

每週的課程主題名稱如下：

1. 相見歡
2. 有溝沒有通
3～4. 我該怎麼對孩子說
5～6. 怎樣溝通才有效
7～8. 家庭溝通舞曲
9. 停看聽，孩子怎麼說
10～11. 如何親密溝通
12. 回顧

從課程主題看來，周亮君老師所帶領的親職教育成長班，比較偏重親子溝通。由於缺少相關的回饋資料和評估報告，因此有關學員對於參加這樣的成長班的學習效果究竟是如何，則有待進一步的研究。

三、案例三：外籍媽媽親職教育課程

婦女新知基金會體認到親職教育是協助外籍新娘及其子女最直接的方式，因此於 2003 年開始在文山社區大學辦理「外籍媽媽親職教育研習培訓課程」（以下簡稱外籍媽媽親職教育課程），每梯次為期八週，招收學員 20 人（婦女新知基金會，2003）。

外籍媽媽親職教育課程的特色歸納如下：1. 由民間機構（婦女新知基金會和文山社區大學）合作辦理；2. 在開課之前，先舉辦親職教育種子教師培訓，聘請世新大學社會發展研究所夏曉鵑副教授主講，以及永和社區大學識字班教師群的從旁協助；3. 課程設計由學員的生活經驗出發，上課環境是友善而輕鬆的。

親職教育的原理與實務

外籍媽媽親職教育課程的內容，包括四個主題（婦女新知基金會，2003）：

1. 提供醫療及育兒的資訊：學習如何與醫生溝通，藉由基礎對話練習，學習看醫生時需要的相關用語等，使外籍新娘與子女在求診時沒有障礙。

2. 子女管教與溝通：學習照顧孩子的方法，認識兒童的身心發展，以及親職教養技巧。

3. 多元文化與文化適應：了解台灣的學制與九年一貫課程，和孩子一起學習。

4. 家庭暴力的預防：提供學員有關婦女與社區資源的認識與使用。

根據婦女新知基金會（2003）的自我評估，歸納外籍媽媽親職教育課程的優點有：1. 以學員為主體的上課方式；2. 志工老師們對學員學習與生活的關心；3. 志工老師們也獲得自我成長的效益。在有待改進的部分有：1. 宣傳時間不足，初期學員人數較少；2. 經費預算不足，無法提供相關進階課程；3. 志工老師們需要定期的接受相關的培訓。

第七章 高危險群父母與新移民家庭的親職教育

本章小結

　　本章內容主要在探討高危險群父母和新移民家庭的親職教育問題，在討論高危險群父母時，說明誰是高危險群父母、他們參加親職教育的障礙其及排除，以及特殊人口的招生策略等。在新移民家庭的親職教育問題方面，本章分別說明新移民家庭的概況與特性、常見的親職與家庭問題、如何針對新移民家庭實施親職教育，以及親職教育案例說明等。隨著社會的多元化發展，社會上的弱勢家庭和高危險群父母，以及新移民家庭將成為親職教育實施的主要對象，值得親職教師多多加以關注。

問題討論

1. 高危險群父母是指哪些人？請舉例說明。
2. 父母不參加親職教育的原因為何？改善之道為何？
3. 減少父母中途退出親職教育課程的策略有哪些？請說明其內容。
4. 在親職教育方面，台灣新移民家庭常見的問題有哪些？
5. 針對新移民家庭規劃親職教育課程時，有哪些需要特別考慮的事項？

第八章

強制親職教育團體的實施

■ ■ ■ 　根據《兒童及少年福利法》和《少年事件
處理法》，家長因為嚴重疏忽或虐待兒童，
或者管教子女不當，導致青少年違犯法律
的時候，法院或兒童少年保護機構會強制
家長接受親職教育。有關如何實施強制親
職教育（mandatory parent education），
坊間相關文獻十分缺乏。本章將根據筆者
參與司法院強制親職教育課程規劃的相關
經驗，說明犯罪少年與家長的相關處遇、
強制親職教育的基本概念、實施的模式，
以及有效實施的建議。

少年犯罪與家長強制親職教育

本節以文獻探討的方式，廣泛了解少年犯罪的相關處遇、犯罪少年家長的親職教育研究、台灣地區強制親職教育輔導執行情形，以及強制親職教育的基本概念等。對於少年犯罪與強制親職教育的基本認識，這些背景知識可以作爲實施強制親職教育團體的參考。

壹、少年犯罪的相關處遇

許多學者（周震歐，1997；林家興，1997；曹光文，2000；許春金、黃富源，1995；許春金等人，1996）不斷爲文強調影響少年非行與親職問題的關係，認爲親職教育是防治少年非行的重要方式。國外的學者（Abidin & Carter, 1980; Fraser, Hawkins, & Howard, 1988）也認知，親職教育是改善兒童青少年問題的重要方法。家長經常被認爲是兒童青少年問題的主要原因，卻很少人認知家長是改善兒童青少年問題的主要人物。親職教育的主要目的在於提升家長的自我尊重與作爲父母的能力。Fraser、Hawkins 與 Howard（1988）探討有關親職教育與犯罪防治的研究文獻之後，得到結論如下：家庭環境，如不當依附與缺乏家庭常規等，直接與間接影響子女的犯罪行爲。家長如果有效的使用適當的子女管教技巧，將可以增進家庭依附與凝聚力，並且減少子女不適當或違法行爲。部分研究（Loeber & Stouthamer-

Loeber, 1986）證實，這些管教技巧可以透過親職訓練成功地教給家長，親職訓練具有預防少年非行的良好潛力。

要改善非行少年的行為，先要改善非行少年家長的行為。親職教育的目標通常包括以下五點：1. 增加家長更多的自我覺察；2. 幫助家長學習使用有效的子女管教的方法；3. 幫助家長改善親子之間的溝通；4. 教導家長提供一個更令人滿意的家庭生活；5. 提供家長有用的兒童青少年發展資料（Fine, 1980）。親職教育通常採用小團體的方式實施，教育與輔導方法包括：概念講解、指定閱讀、問題討論、技巧示範、角色扮演，以及家庭作業等。親職教育的內容包括：建立正確的知識、管教技巧的培養、使用後果管理（contingence management）、口頭與書面的契約，以及獎勵與處罰等。

根據蔡德輝與楊士隆（1998）的觀察，少年法庭觀護人因為個案量過多、工作負擔過重、專業人員偏低，以及觀護人轉業率高等，使得保護管束與假日生活輔導的品質大打折扣。詹志禹等人（1996）綜合分析台灣過去 20 年來有關青少年犯罪處遇的研究文獻，獲得結論如下：

1. 一般機構處遇不但不具矯治功能，反而有反效果。三個相關研究（陳石定，1994；黃敦瑋，1986；蔡德輝，1990）的結果指出，機構處遇不僅沒有正向的矯治功能，且在犯罪少年的順從性、社會適應上有負向的影響；相對於此，社區處遇不僅較具經濟效益，且在人格特質的改變上也較具助益。

2. 結構性的小團體活動具有部分正面功效。在多個以小團體為主的結構性團體輔導中，發現其對犯罪少年的自我概念、人際關係、親子關係上均有改善，然而只有部分變項達到顯著差異。

這種情形可能是因為實驗規模太小，也可能是實驗操弄時間太短。

3. 矯治計畫之執行有賴親職教育的支持。在處遇計畫和實驗研究中，許多研究都指出犯罪少年的更生保護、社區處遇，都必須要有父母親的支持。然而，犯罪少年多來自破碎家庭，父母親可能無力對犯罪少年的矯治有所幫助。因此，親職教育在此該如何實施並發揮其正常功能，就值得我們深思了。

從前述詹志禹等人（1996）的研究可知，對於非行少年的處遇仍有待進一步的研究發展，一方面要發展包括親職教育的社區處遇的工作模式，一方面要加強非行少年及其家長相關處遇的實證研究。

貳、非行少年家長親職教育相關研究

父母是家庭的靈魂人物，父母對於子女諸多人格特質與行為模式的發展深具影響力。因此，透過訓練方案來協助家長善盡親職責任的親職教育便備受重視。Cedar 與 Levant（1990）針對親職教育成效的研究文獻進行後設分析（meta-analysis），結果發現如下：1. 親職教育的整體效應值（effect size）為 0.38 ；2. 立即性評估的效應值比追蹤評估的效應值大；3. 方案內容豐富及研究方法良好者，其效應值較大；4. 團體領導者具有專業資格者，則效應值較大；5. 研究對象同質性愈高，則其效應值較大。部分親職教育方案被證實對於反社會行為、叛逆行為，以及攻擊行為的兒童具有良好的效果（Kazdin, 1985, 1987, 1997; Ruma, Burke, & Thompson, 1996）。

　　針對非行少年家長的親職教育，其實施方式通常分為個別方式與團體方式。採用個別方式實施的親職教育雖然有研究證實它的成效（Bank, Marlowe, Reid, Patterson, & Weinrott, 1991; Dishion, Patterson, & Kavanagh, 1992），但是這些研究也同時指出針對非行少年家庭個別方式實施親職教育的困難如下：1. 可行性較低；2. 工作人員容易枯竭（burn out）；3. 最終的研究結果並沒有更好（Bank, et al., 1991）。因此，以小團體方式實施親職教育則是一種較為經濟可行的方式。

　　Dembo、Sweitzer 與 Lauritgen（1985）評論五個比較不同理論取向的親職教育團體方案的成效研究，結果發現：不同理論取向的親職教育團體的成效不分軒輊，不同學派的團體有不同的目標，其成效因不同家長與子女的需要而異。在概念與方法上，如何統整不同的理論取向，來設計與實施親職教育團體是未來研究的趨勢。Barber（1992）也研究發現親職教育團體的實施方式在形式上或許不同，但是在成效上差別不大。採用整合式親職教育團體來協助非行少年家長是十分可行的做法。

　　親職教育團體的成效，根據研究（Bank, et al., 1991; Dishion, Patterson, & Kavanagh, 1992; Ruma, Burke, & Thompson, 1996），對於兒童家長比青少年家長來的有效。Patterson（1986）發現針對年齡在 3 至 13 歲的兒童家長的親職教育，其效果比對青少年家長要好。也就是說，如果子女的年齡愈小，親職教育的效果也會愈好。青少年家長的親職教育課程效果不佳的理由可以歸納如下：1. 青少年比兒童發展出更強烈的自我認同與獨立性增加；2. 同儕對青少年的影響增加；3. 青少年與父母相處的時間減少；4. 青少年行為問題反映出較長期的，父母過去未能處理的問題；5. 青少

年問題通常比兒童行為問題嚴重。

　　以非行少年家長為對象的親職教育團體，並不是一件很容易實施的事情，Fraser、Hawkins 與 Howard（1988）歸納針對非行少年家長實施親職教育的困難如下：1. 參加親職教育的家長以白人為主，少數族裔的家長參加較少；2. 參加親職教育的家長容易流失，流失率大約 45%；3. 訓練時間與成本的問題；4. 訓練成效類化的問題，親職教育的效果是否可以類化到非行少年的非目標行為，以及非行少年的兄弟姊妹；成效是否可以持續長久的問題等。

　　Fraser、Hawkins 與 Howard（1988）檢討親職教育成員流失的原因包括：對研習課程的知覺、講師的特質與期待、個案的特質與期待、情境或人口因素、個案的社會經濟因素，如貧窮、家庭衝突、破落的住家，或偏差的社區環境等。他們也提供改善個案流失的策略，主要是提供社會或實質的誘因，包括：家長上課時，提供托兒服務、提供免費教材、培養團體凝聚力、提供出席獎勵金、正向的團體經驗，以及課外聯絡等，均有助於提高出席率。

參、強制親職教育輔導執行情形的探討

　　在強制親職教育輔導之裁定方面，台灣少年法院很少依據《少年事件處理法》第 84 條，對交付保護處分少年之家長裁定應接受親職教育輔導。根據司法院所提供的統計資料（司法院統計處，2002），台灣少年法院裁定少年家長接受強制親職教育輔導的案量每年平均不到兩百件，如表 8-1。相對的，少年法院裁定少

年「訓誡並予假日生活輔導」及「保護管束」的案量則明顯很多，如表 8-2 。台灣少年法院裁定「訓誡並予假日生活輔導」及「保護管束」的案量每年平均在一萬件左右。於此可知，少年法院對於親職教育輔導的裁定有嚴重不足的問題。台灣 21 個地方法院中，甚至有 9 個地方法院至 2002 年都還沒有裁定過一個非行少年的家長去接受親職教育輔導（司法院統計處， 2002）。

表 8-1　台灣各地方（少年）法院親職教育輔導執行收結情形

	1998 年	1999 年 1～6 月	2000 年	2001 年	平均
新收	67	28	358	296	187.25
終結	-	-	131	274	-

資料來源：司法院統計處（2002）

表 8-2　台灣各地方（少年）法院交付保護處分終結情形

年別	訓誡	訓誡並予假日生活輔導	保護管束	感化教育	安置輔導
1995	1,933	14,377	11,231	963	-
1996	1,721	12,307	10,949	956	-
1997	1,307	10,080	9,712	1,092	-
1998	1,477	7,898	8,000	1,229	105
1999	1,398	7,292	7,430	943	142
平均	1,567.20	10,390.80	9,464.40	1,036.60	123.50

資料來源：張惠敏（2000）

親職教育的原理與實務

　　為何少年法院很少對於非行少年的家長作出應接受親職教育輔導的裁定呢？這是一個值得探討的問題。根據筆者的了解，主要的原因有三：1.地方法院由於親職教育人力與經費不足，無法在有限的觀護人力與經費中，撥出人力與經費辦理親職教育課程；2.坊間雖然有一些親職教育輔導相關機構，如各縣市家庭教育中心、各縣市家庭扶助中心、各級學校學生輔導中心、各縣市張老師中心，以及各縣市少年輔導機構，但是他們所提供的親職教育課程並非針對非行少年家長的需求而開設，而且又不是經常性的全年開課，難以符合地方法院接受強制親職教育家長的需要；3.強制親職教育輔導是地方法院的一項新增業務，並非多數觀護人的專長，因無前例可循，而有礙難辦理的苦惱。

　　已實施強制親職教育輔導裁定的法院，各地執行親職教育裁定的情形又是如何呢？根據司法院少年及家事廳（2002）所提供的調查資料顯示，許多法院將親職教育執行的困難歸諸於家長的問題，例如：家長因工作無法參加或無故不到及未用心參與，致出席率低效果不佳、家長本身意願不高甚至拒絕參加，導致上課時間無法有效配合、家長行蹤不明、長期臥病、出國規避上課、難以執行、家長不滿情緒難以安撫，造成執行人員執行上困擾，以及家長本身即為常習犯或行為偏差者，態度難以改變。如此將親職教育執行的困難歸因於家長，似乎有欠公允。根據部分法院的執行經驗（司法院少年及家事廳，2002），可以歸納出強制親職教育執行的困難有三個：

　　1. 缺乏一種適合不同裁定時數的親職教育課程，以致於發生部分家長所需親職教育輔導的時數已完成，而親職教育課程卻未結束，或者保護處分案件已結案，而親職教育處分未結案的困擾。

2. 親職教育課程的實施涉及心理諮商之專業，非觀護人之專長，而且觀護人力有限，又無適當的場地，因此難以落實。

3. 親職教育輔導之執行有賴充足之親職教育師資與鐘點費，礙於目前師資難求，經費受限，以致於成效不彰。

在部分曾辦理強制親職教育輔導的地方法院中，曹光文（2000）曾與同事於 1998 年 7 月在板橋地方法院試辦強制親職教育輔導課程，採用團體方式實施，選定 15 位非行少年家長給予正式公函通知，邀請其參加連續性的四場團體互動式親職教育輔導課程，隔週實施一次，每次 3 小時。實施結果歸納如下：1. 觀護人是否在場，影響家長對少年負面行為的分享；2. 家長之出席率多少與期望因出席而攸關於少年免除有關；3. 部分家長反映，希望能有夫妻共同參加或親子共同參加的支持性成長團體；4. 針對家長本身或與少年間之親職問題，家長期望安排多樣化之課程；5. 部分家長基於少年之利益前來接受輔導，但在課程中並未積極參與；6. 授課輔導老師認為部分家長需要轉介心理諮商或精神治療；7. 家長需要少年福利與少年犯罪等相關法律課程；8. 部分家長受困於家庭經濟力量不足，皆已投入經濟生產為重，影響子女管教力量強度。曹光文（2000）的試辦計畫由於缺乏嚴謹的研究控制，因此很難評估其成效。

肆、強制親職教育的基本概念

強制親職教育是指針對受虐兒童家長與犯罪少年家長所實施的親職教育。台灣在強制親職教育輔導之立法，首見於 1993 年 2 月 8 日修正公布的《兒童福利法》第 48 條，增列對失職父母的強

制性親職教育輔導。其次，則爲 1997 年 10 月 29 日修正公布的
《少年事件處理法》第 84 條，所增列對非行少年家長的親職教育
輔導。

具體而言，所謂的強制親職教育輔導是指《少年事件處理法》
第 84 條所規範的親職教育輔導。根據該條文，少年之法定代理人
或監護人，因忽視教養，致少年有觸犯刑罰法律之行爲，或有第 3
條第 2 款觸犯刑罰法律之虞之行爲，而受保護處分或刑之宣告，
少年法院得裁定命其接受 8 小時以上 50 小時以下之親職教育輔
導。

有鑑於《少年事件處理法》第 84 條並無「強制親職教育」的
名稱，而且在親職教育實務工作也沒有講師或學員會使用「強制」
一詞，因此，筆者在規劃這類的課程時一律稱爲「親職教育課程」
或「親職教育團體」。使用這樣的名稱，不僅被法官裁定應受親職
教育輔導的家長可以參加，被觀護人轉介的受保護處分少年的家
長，以及家中有問題行爲少年的一般社區家長也可以參加。

在實務運作時，筆者通常避免使用「強制親職教育」一詞，
即使家長被法院或社會局裁定要接受親職教育，從親職教育主辦
單位的立場，以及親職教師的立場，我們還是希望家長可以從被
動參加，逐漸因爲了解親職教育的好處，而願意調整爲自願的參
加親職教育。換句話說，對法院和社會局而言，家長參加親職教
育是被規定的，沒有選擇的餘地。但是，對親職教師和主辦親職
教育的機構而言，家長的出席仍然是自願的，是有選擇的。

針對受虐兒童和犯罪少年家長而規劃的親職教育，在台灣地
區仍然屬於摸索的階段，只有很少數的政府與民間機構提供親職
教育給受虐兒童與犯罪少年的家長。有鑑於強制親職教育課程並

不普遍，導致法院觀護人和社會局社工員很少建議法官裁定家長去接受親職教育輔導。

　　法院觀護人和社會局社工員對於什麼樣的家長需要親職教育，通常抱持比較寬容的態度，比較不輕易轉介家長去接受親職教育。可能的原因除了坊間親職教育課程不普及，還有就是轉介親職教育畢竟會增加工作量。因為有關親職教育的執行通常由觀護人和社工員負責，如果家長遲遲不去接受親職教育課程，觀護人和社工員便要額外花時間去說服和督促家長去完成法院和社會局的裁定。

　　由於犯罪少年的特殊背景和惡化的親子關係，要實施親職教育其實是相當困難的。對於犯罪少年家長的親職教育方式，筆者認為最好是使用個別或小團體方式來實施。一般專題演講、座談會，或親子假日活動等很難發揮親職教育的效果。司法院於 2002 年委託筆者進行強制親職教育相關研究，根據實際協助四個地方法院辦理 11 個親職教育團體的實務經驗，接下來將由筆者分享實施強制親職教育團體的四種模式（林家興、黃詩殷、洪美鈴，2003）。

強制親職教育團體的實施模式

　　從各地區辦理強制親職教育團體的經驗中，大致可以歸納出四種實施模式：第一類為由地方法院自辦親職教育團體，外聘輔導教師為團體帶領者；第二類為地方法院自辦親職教育團體，由觀護人擔任團體帶領者；第三類為地方法院委辦或與社區機構合

辦親職教育團體，法院提供經費，並轉介家長；第四類為社區機構自辦親職教育團體，由法院轉介家長。以下針對這四種辦理模式，說明其招生情形、家長出缺席、團體辦理情形、團體效益，以及承辦人員的建議。

壹、法院自辦親職教育團體，並外聘輔導教師為團體帶領者

一、招生情形

在法院自辦但外聘輔導教師的親職教育團體中，觀護人提到招生轉介過程的辛苦與技巧，因為家長本身的學習意願有限，往往觀護人不是只靠一張通知單，就能夠成功邀請家長參加團體。觀護人一方面針對家長的需要或特性給予說明和鼓勵，一方面讓家長了解什麼是團體，在團體中會做什麼事，目的在說服家長，引發家長動機，使其參與團體，過程其實相當費力也耗時。

二、家長出缺席

在法院自辦但外聘輔導教師的親職教育團體實施過程中，團體初期，觀護人需要透過打電話來提醒家長前來參加。上課一段時間之後，提醒家長出席的工作就可以交給團體帶領者，經由團體規範或團體動力的支持，讓家長信任團體，也能夠自行前來參加，並且維持穩定的出席率。

三、辦理情形

在法院自辦但外聘輔導教師的親職教育團體模式中，觀護人與輔導教師都提到此模式的主要重點在於，以各自的專業角色進行專長分工與團隊合作。經過整體考量團體的目標與人數之後，有一個地方法院選擇在法院內辦理親職教育團體。在此一模式中，以輔導教師為團體帶領者，以觀護人為個案管理員與個案觀察員。角色分工的基礎是觀護人具有法院獎懲與調查的角色，希望藉由法院外的輔導教師帶領團體，才能使家長較為開放的談話，團體的信任感比較容易建立。

四、效益評估

此一模式的效益主要是對參與的家長較有幫助，包括：在團體中得到接納與支持、藉由團體增加家長自我覺察的能力、學會運用社會資源、學習新的教養概念與方式、開始反省跟孩子的互動等方面，當然每位家長的學習效果各有其偏重與不足之處，也都需要有更多的練習。在孩子的部分，帶領者與觀護人認為主要是孩子的偏差行為由來已久，親職教育對孩子是否有效，在短期之內仍然難以評估。但是根據觀護人的經驗，認為家長對孩子的影響很大，基本上家長處理方式改變，孩子的行為也會不同，因此親職教育在這部分的影響力應有其間接效果。

五、未來的建議

法院自辦但外聘輔導教師的親職教育團體的後續工作方面，因為觀護人在團體現場，知道團體與成員的狀況，可以藉由個別

輔導，延續團體進行的內容，持續追蹤輔導家長。使用此一模式的工作人員認為此模式基於專業分工，有較高的持續性，建議依此模式繼續辦理，特別是肯定觀護人因為有機會對團體的實施有較為深入的觀察，因而能夠在轉介家長，與提升家長參與意願等方面發揮很好的功能。

貳、法院自辦親職教育團體，由觀護人擔任團體帶領者

一、招生情形

模式二的親職教育團體招生情形大致還順利，但是家長的來源主要是來自承辦親職教育的觀護人自己負責的個案，並無地方法院其他同仁轉介的家長。招生時，觀護人會考量家長與孩子的狀況，針對他們的需要加以說明，提升家長的參與意願，家長也會因為法官的裁定或觀護人的角色而有意願參與。

二、家長出缺席

模式二的親職教育團體的家長出席率大致良好，觀護人認為主要與團體前和家長充分溝通有關，另外因為家長本身也有強制親職教育時數需要完成，因此大致上出席情況比預期的還好。

三、辦理情形

法院自辦且由觀護人擔任帶領者的親職教育團體模式，在辦理時，觀護人身兼雙重角色，亦即原來在地方法院的觀護人角

色，再加上親職教育團體的輔導教師角色。觀護人帶領團體時為避免雙重角色的衝突，在團體中儘量以資訊提供或是分享經驗的方式定位自己。雖然在雙重角色下，觀護人對家長的了解較為深入，也可以有恩威並施的效果，但是觀護人確實無法避免雙重角色所帶來的壓力與衝突，包括以下幾點：

1. 法治上評鑑仲裁的立場與諮商輔導開放支持的立場相衝突。

2. 家長會因為觀護人的法治角色而保護自己，難以真誠對話。

3. 家長會因觀護人法治角色而減低開放度，說得很少。

4. 觀護人的法治角色干擾團體成效的歸因。

5. 觀護人承受兼顧提升輔導專業知能與完成工作負荷量的雙重壓力。

四、效益評估

此一模式在成效方面，主要也是對參與的家長較有直接的幫助，包括：在團體中得到接納與支持、藉由團體增加自我的覺察能力、發現孩子的優點或個別差異、改變與孩子的談話內容、學習新的教養概念與方式等。此模式的特殊效益在於觀護人能夠直接在團體中澄清家長對審判的疑慮，讓家長對審判有較清楚的認識。當然每位家長的學習效果各有不同，也都需要有更多的練習。在少年的部分，因為許多少年仍在感化教育當中，而且其偏差行為由來已久，親職教育對少年是否有效，在短期之內仍然難以評估，需要將來的後續追蹤。根據觀護人的回饋，認為家長的情緒穩定對孩子的影響很大，也可幫助孩子較為平靜，因此親職

教育在這部分的影響力應有其間接效果。

五、未來的建議

　　法院自辦且由觀護人擔任帶領者的親職教育團體模式在未來的延續性上，觀護人主要因為雙重角色的困擾，希望司法院與地方法院的長官不要以觀護人最了解家長，或觀護人親自實施親職教育能夠節省經費為第一考量。參與親職教育團體帶領工作的觀護人希望將來辦理親職教育時，能夠不要由觀護人來親自帶領團體，建議外聘專業輔導人員擔任講師，但若仍須如此進行，則希望專組承辦，並且適度減少其業務。此外，行政與經費方面也需要配合，將講師費、督導費或加班費等統一制度化，並且讓觀護人在團體中有足夠時間與家長建立關係，才能夠真正對家長有幫助。

參、法院委辦或與社區機構合辦親職教育團體

一、招生情形

　　在法院委辦或與社區機構合辦的親職教育團體模式中，親職教育的經費與家長主要是來自地方法院。此一模式在招生方面，觀護人與輔導教師都提到招生轉介過程的困難，以及這一部分對觀護人的倚重。因為家長本身學習意願有限，對親職教育的概念太薄弱，往往觀護人需要投入許多心力，與家長對話溝通，一方面針對家長的需要或特性加以討論，一方面讓家長了解什麼是團

體，在團體中會做什麼事，運用一些談話的技巧，也運用與家長平常建立的關係，來說服家長，引發家長動機，使其參與團體。過程其實相當費力也耗時，但也可以從招生人數上明顯看見觀護人在轉介工作的投入程度，對家長參與意願有很大的影響。

二、家長出缺席

　　模式三的親職教育團體進行過程中，家長的出席率相當穩定，觀護人認為一方面與團體前和家長充分溝通有關，另一方面則是透過觀護人親自打電話給家長，協助家長排除其生活中阻礙上課的因素，並且經常提醒家長前來參加。輔導教師也肯定觀護人的投入與家長的出席率有密切的關係，此外，輔導教師認為經由團體規範與團體動力的支持，讓家長信任團體，逐漸能夠自行前來參加，並且維持穩定的出席率。

三、辦理情形

　　在模式三的親職教育團體的辦理情形方面，觀護人與輔導教師都提到此模式的主要優點在於發揮地方法院與社區機構的不同特性，透過專業分工與團隊合作來實施親職教育，觀護人與輔導教師均認為模式三是一種很好的辦理模式。地方法院具有強制性，觀護人可以由法治的角色，以及對家長的了解，轉介家長參與親職教育團體。相對的，社區機構則提供較為柔軟、沒有標籤的態度與環境，以及安排具有親職教育輔導專長的輔導教師來帶領親職教育課程。此一模式的辦理，雙方可以分擔辦理經費，或是由法院提供經費委託社區機構辦理，雙方可以在行政資源與專業特性上進行分工合作。基本上在此模式的團體辦理過程中，地

方法院與社區機構的意願都很高，雙方在分工合作與各司其職的情況下，親職教育團體進行的相當順利。參與模式三的工作人員，根據各自的專長進行分工，輔導教師為團體帶領者，觀護人為個案管理者或觀察員。此一模式的優點在於將實施親職教育的場地安排在地方法院外的社區機構，使家長比較願意開放而安心的分享各自的問題與困擾，團體的信任感比較容易建立，並且可以有效的避免模式二所面臨的雙重角色問題。

四、效益評估

在此一模式的成效方面，主要是對參與的家長較有直接的幫助，包括：家長在團體中可以得到情緒發洩、壓力紓解、同儕的接納與支持。在團體中家長也較能放鬆，並且藉由團體的回饋增加家長的自我覺察能力，提升自信心與能量，也看到自己怎麼對待孩子，之後開始反省跟孩子的互動，學習新的教養態度與方式，也能夠學會運用社會資源等。當然每位家長的學習效果各有不同，也都需要有更多的練習。在少年的部分，帶領者與觀護人認為主要是少年的偏差行為由來已久，家長的親職教育對少年是否有直接效果，在短期之內仍然難以評估。但是團體對參與者與配偶的關係則有間接的幫助，主要是家長可以教育配偶，或者是參與家長情緒較為穩定放鬆之後，與配偶的關係較好。

此一模式的優點在於去標籤與去污名的效應，基本上家長會認為到法院上課感覺較有壓力，或者較為羞愧，也不敢告訴別人，但是到社區機構上課，機構的環境與工作人員讓家長感覺較為安心舒服之外，機構的名稱也讓家長減少被標籤的壓力，較有自信，對於家長參加團體的動力也有所提升。

五、未來的建議

　　法院委辦或與社區機構合辦的親職教育團體模式在後續工作方面，基於此模式的實施成效良好，地方法院觀護人在考量其團體輔導經驗、上班時間、工作業務量與經費等因素之後，比較願意轉介家長到委辦親職教育團體的社區機構，而社區機構也樂意在發揮親職教育專業功能的前提下承辦，雙方皆有繼續合作的意願，並且也已著手進行規劃長程性的課程實施計畫，包括：將法院轉介家長與一般家長融在一個團體中一起上課、長期開辦團體等。觀護人與輔導教師對於未來辦理親職教育的建議歸納如下：

　　1. 此模式基於專業分工，有較高的持續性與專業性，建議以此模式繼續辦理親職教育，並且逐步形成委外或合作辦理的制度。

　　2. 不同社區機構各有其專長與特色，可以提供符合不同家長需求的多元化課程。

　　3. 社區機構可以凝聚心理諮商與親職教育輔導的專業力量，常態性在社區開辦親職教育團體。

　　4. 地方法院可以建立社區委辦親職教育的資料庫，方便轉介工作的進行。

　　5. 地方法院觀護人應以較為柔性的方式勸導與轉介家長參與團體。

　　6. 地方法院可以提供較為精緻的親職教育介紹，提供家長選擇的機會。

肆、社區機構自辦親職教育團體，法院轉介家長

一、招生情形

在社區機構自辦親職教育團體中，輔導教師提到招生過程遭遇許多的阻礙與困難，特別是缺少地方法院觀護人轉介的家長。因為受保護處分少年的家長本身學習親職教育的意願有限，對親職教育的概念十分薄弱，沒有經過地方法院觀護人的轉介，往往不易參與親職教育。在社區機構開辦親職教育團體的輔導教師，試圖與當地地方法院觀護人聯繫，希望觀護人能夠轉介家長參與團體，觀護人礙於缺乏法令依據和長官的指示，轉介情形不佳，因此社區機構團體所招生的家長以社區一般家長為多數，僅有少數地方法院轉介的家長融入其中。另外社區機構也提到為因應招生困難，需要針對家長特性在親職教育團體安排上做部分調整，例如：減少團體上課的次數、簡化招生簡章、延長招生時間，以及改為和社政單位合作等。此模式經過試辦之後，更體認到招生階段中需要地方法院觀護人轉介家長的重要性。

二、家長出缺席

社區機構自行辦理親職教育團體的過程中，部分團體家長有較多缺席的狀況，探討其原因，發現一方面是家長在團體進行中有其他生活事務的干擾，另一方面主要是社區一般家長沒有迫切需求，或極待解決的問題，因此在出席狀況上較不穩定。若是親子問題比較嚴重、對於親職教育有強烈需求的家長，即使是 10 次

的團體輔導，也會每次出席。

三、辦理情形

在社區機構自行辦理親職教育團體的過程中，發現有部分地方法院的觀護人相當有意願與社區機構合作，但因為社區機構尚未取得當地地方法院的認可，因而無法與社區機構充分合作，進行家長的轉介，因此感覺到十分的遺憾。參加模式四親職教育團體的家長，以一般社區或學校的家長占多數。輔導教師提到在學校或社區機構辦理親職教育團體的時候，其招生對象可以包括一般社區家長與受保護處分少年的家長，將兩類家長融合上課，事實上有其優點與益處。

四、效益評估

在社區機構自辦親職教育團體的成效方面，主要是對參與的家長較有直接的幫助，在團體過程中，家長可從輔導教師身上獲得知識上的學習，也可從同儕家長身上獲得觀察學習，看見自己與別人的異同。此外，家長在團體中可以得到情緒的發洩、生活壓力的紓解、獲得同儕家長的接納與支持，在團體中家長也較能放鬆。家長也看到自己怎麼對待孩子，之後開始反省跟孩子的互動，學習新的教養態度與方式，輔導教師也可以針對有需要進一步個別諮商的家長做轉介處理。每位家長的學習效果各有不同，也都需要有更多的練習。家長自己的親職教育對少年或親子關係是否有長期的幫助，在短期之內仍難以評估，但是至少因為家長態度的改變，可以影響親子關係，進而間接改善孩子的行為。

五、未來的建議

　　社區機構自辦親職教育團體在後續工作方面，基於團體進行的初步成效，部分社區機構表示有意願持續辦理，也會邀請輔導教師繼續帶領親職教育團體。但是如果要以受保護處分少年的家長為招生對象的話，社區機構非常需要得到地方法院觀護人的合作，以及轉介適當的家長來上課。地方法院觀護人在執行少年保護處分時，考慮到其輔導專業與時間的限制，以及龐大的工作負荷量等因素，在長官的支持之下，會有意願轉介家長到社區機構，接受親職教育課程。地方法院也需要建立社區親職教育團體的資料庫，以方便觀護人進行家長的轉介。

有效實施強制親職教育團體的建議

　　綜合上述強制親職教育四種辦理模式，以及筆者多年參與親職教育團體實務與研究的經驗，本節將說明辦理強制親職教育團體常見的困難，以及針對非行少年家長進行親職教育團體的建議。

壹、小團體輔導比個別晤談和大團體演講更為有效而可行

　　實施親職教育的方式包括：個別晤談、大團體演講與小團體輔導等，其中以小團體輔導的方式最為有效，比較適合作為實施

親職教育的主要方式。觀護人實施親職教育的方式，由於工作時間的限制，無法經常實施個別晤談。即使實施，在個別晤談中也往往流於忠告或建議，甚至以形式上的報到取代親職教育的時數。而大團體演講的方式雖符合經濟效益，能夠提供一般性知識性資訊，但是往往不夠深入，也無法適切滿足家長個別的需求。大型演講會實施時，家長之間、講師與家長之間難以產生有意義的互動。有些家長可能遲到或宿醉的情況很多，只是為了滿足時數前來，或只是表面上一聽再聽，卻沒有在內心裡與行動上產生深入的改變，對家長的影響很小。以小團體輔導的方式實施親職教育，比較可以兼顧到經濟上的效益以及對家長實質的幫助。在小團體中，家長可以深入的討論個別的需要和困難，也可以針對特殊的管教方法進行演練。而且，家長們在團體之中可以相互支持，藉由互動對話與支持來幫助彼此成長，因此家長對於親職教育團體的反應相當不錯。

貳、家長的面談與篩選

不可否認的，犯罪少年的家長有很高的比例會抗拒參加親職教育課程，即使在法院裁定家長必須參加親職教育輔導的情形下，有些家長還是不願意參加。如果強迫他們參加，在執行法院的裁定和命令時，親職教師和觀護人便得大費周章和口舌，去督促這些不情願，甚至滿腹牢騷的家長出席親職教育課程。由於親職教育團體的名額有限，事實上也無法容納所有需要親職教育的家長。因此，筆者建議親職講師最好對於自行報名或法院轉介來的家長先進行面談和篩選。

在開始實施團體輔導之前，親職教師應該對家長進行面談與篩選，這樣做對爾後親職教育團體的進行幫助很大。透過上課前的面談，親職教師與觀護人可以提高家長參與親職教育團體的意願，以及增進家長對於團體輔導的了解。亦即，一方面透過面談可以幫助家長增加團體的概念，另一方面也可以了解家長的需要，篩選出適合團體工作的家長，也較能提升親職教育團體的效益。整體來說面談可視為團體輔導的暖身工作，有助於團體的形成。

參、了解家長的特性與需要

由於犯罪少年家長的人格特性和環境背景彼此差異很大，親職教師所擬定的團體目標和計畫，在實際執行之後，往往要視需要而調整。親職教師應以家長的需要，而不是以完成自己所訂定的團體計畫為主要考慮的因素。親職教師在團體進行的過程中，了解非行少年家長的特性與需要是非常重要的事情。根據筆者訪談強制親職教育團體講師的結果（林家興、黃詩殷、洪美鈴，2003），親職教師描述非行少年家長的特性如下：

1. 有些家長屬於低社經的背景，平常忙於基本生活需求的掙扎，很難再有時間或精力顧及子女的管教或自己的親職教育。

2. 地方法院轉介的家長參與親職教育團體輔導時，大多數並非主動或自願的家長，他們生活中本來就面對許多的困難，包括時間與工作的限制，以及經濟的壓力等，往往很難穩定的出席親職教育課程。

3. 有些家長因為家庭的失功能，以及自身情緒狀態不穩定，

往往成為影響孩子的行為與親子關係的主要因素。

4. 有些家長由於不適當疼愛與保護自己的子女，對子女的非行行為往往過度寬容，而若認知團體對子女有利，也會在團體分享時或與法官談話時，幫子女講話。

5. 有些家長在親職教育團體分享中，比較傾向於多談孩子，而很少談及自己。

6. 有些家長對子女的非行行為感覺十分挫折與無力，因而形成自我貶抑的現象，認為自己為人父母卻一無是處。

7. 由社會工作員轉介的家長，其社經背景多為單親或低社經，另外也有少數家長是精神疾病患者，或是其子女罹患智障或過動症。

8. 有一部分自動報名參加親職教育團體的社區家長，雖然是高社經或高教育程度，有很豐富的生命經驗，但是也一樣有一些教養子女的困擾或親子問題。

9. 主動參與團體的一般家長學習意願較高，但是也會因為沒有迫切的親子問題，在團體的出席率較為不穩定。

就教育程度與職業而言，非行少年家長有較高的比例是屬於低社經地位，因此對於分享自己和團體討論比較陌生，對於父母功能的自我覺察也比較缺乏。對於需要閱讀的講義和書籍容易有排斥的心理。親職教師在帶領強制親職教育團體時，需要了解家長的人格特質、社經地位、環境背景、家庭狀況，以及親職需求，以便能夠針對家長的需要提供親職教育。

肆、團體的結構性

有些親職教師在帶領家長團體的時候，喜歡採用高結構的課程設計，但是筆者建議親職教師應該有足夠的彈性視需要調整團體的結構性。帶領者需要根據家長與團體的特性，設定團體的目標與結構性。親職教育團體基本上多為半結構性的團體，即使原來設計為結構性團體，每一次都有預定的主題或活動，也會因應家長的狀況或需求，適度的調整團體目標與結構性。另外，在半結構團體中，帶領者只需扮演催化的工作，催化團體討論，增加團體的凝聚力，成員會自動拋出其切身的問題到團體中討論。

筆者認為低結構的團體比較適合親職教育，因為低結構的團體容許家長有較多的時間去討論自己以及家庭的問題。每位非行少年的家長一定有許多的管教困擾和家庭問題，渴望有機會可以在團體中提出來討論，並且獲得幫助。然而親職教師需要有很多的自信和臨床經驗，以便可以隨時面對家長的挑戰，並且也願意倚賴團體的動力來處理家長的問題。

伍、開辦持續性的親職教育團體

為方便被法院裁定強制親職教育輔導的家長能夠隨時有親職教育團體可以參加，筆者建議法院或親職教育機構可以開辦持續性團體，或稱開放式團體。團體一旦開辦之後，就不會結束。家長參加團體並且完成規定的時數之後離開團體，新的家長就可以加入。持續性的親職教育團體通常採用低結構的方式進行，親職教育的內容主要由成員提供個人的問題，請親職教師和團體給予

協助。因為低結構的團體並不依賴教材，因此不會有教材重複的問題，只要家長有需要，便可以長時間的參加親職教育。為了讓親職教育團體能夠持續進行，可以由幾個輔導教師輪流帶領團體，讓有需要的家長隨時可以有親職教育團體可以參加。

對於有困難開辦持續性親職教育團體的機構，親職教師可以考量各地區家長的特性，團體時間安排在晚上或週末進行較為適當，團體可以分梯次連續進行，每梯次進行次數不宜太多，5 次也可以。團體有個正式的開始與結束，家長可以在參加一個梯次的團體之後，因為對於團體有了實際參加的經驗，可以根據自己實際的需要與意願，選擇繼續參加下一梯次的團體。筆者建議的開課時間如下：每梯次辦理 10 週，休息 2 週，如此每 3 個月辦理一個梯次，一年可以辦理 4 個梯次。

陸、親職教師與觀護人需要密切配合

強制親職教育輔導要能夠順利進行，親職教師與觀護人的分工合作是非常重要的一件事。藉由雙方的互動，了解彼此的專長與工作性質，培養有效的合作模式，包括：親職教師可以感受到觀護人的工作負荷沉重，體認到觀護人在轉介家長的重要性，以及在專業背景與工作量的為難與辛苦等。

有些地方法院會希望由觀護人來帶領親職教育團體，筆者認為這是吃力不討好的想法。一方面觀護人在參與辦理親職教育團體的過程中，會因為是否為承辦人，以及是否可以支領加班費等，而影響投入的動機。另一方面，觀護人的工作量相當沉重，團體帶領的專業能力也不足，其司法人員的身分與團體輔導者的

角色衝突，帶領親職教育團體容易產生許多困擾，增加很大的壓力。

　　觀護人與親職教師對於親職教育的實施，普遍認爲未來可以走向資源整合與專業分工的模式。有鑑於目前教育、社政與司法體系各自獨立作業，分別辦理親職教育的情形是一種資源的耗損，因此認爲相互之間需要協調與統整，接續彼此在親職教育的工作，最終希望能夠成立一個完整的親職教育服務系統。基於司法人員與輔導人員在專業角色上的明顯不同，各有各的優點和限制，在實施親職教育課程時，不應只考慮節省經費或是行政作業上的方便，而要求觀護人直接去實施辦理親職教育團體的所有工作。筆者認爲親職教育的實施應採專業分工的模式，觀護人可以專責家長的個案管理與轉介工作，輔導教師可以專責團體輔導的實際帶領工作。觀護人與輔導教師彼此相互支援與配合，以地方法院受保護處分少年家長的需求爲最佳考量，並且提供他們所迫切需要的親職教育專業服務。

柒、親職教師的資格

　　由於親職教育實務界與學界對於強制親職教育講師的資格，並無清楚的界定，筆者認爲講師資格可以分爲兩部分，包括：主要條件與相關條件。主要條件是關於講師的學經歷與專業背景的條件，相關條件則是關於講師資格的補充規範，通常是比較抽象而難以量化或具體呈現的人格特質與人生經驗。二者分別說明如下。

一、主要條件

1. 具備親職教育輔導相關的學經歷，例如：心理輔導相關科系畢業。

2. 具備專業證照資格，例如：輔導教師證書、諮商心理師執照、社會工作師執照等。

3. 具有親職教育輔導實務工作經驗，例如：從事親職教育輔導工作或心理諮商專業工作至少三年。

4. 具備團體輔導工作經驗，例如：帶領團體經驗達到一定的時數。

二、相關條件

1. 良好的人格特質，例如：親和力、開朗與溫暖等。

2. 婚姻經驗，可以有利於了解家長的生命經驗。

3. 子女教養經驗，對理解家長在親子問題方面會有所幫助。

4. 接觸法院少年或家長的經驗，擁有法院親職教育相關研習證明等。

捌、親職教師的訓練方式

有鑑於強制親職教育是一項艱鉅的工作，從事這項工作的親職教師需要經過適當的培訓。筆者認為強制親職教師的培訓內容與方式包括：職前研習、團體實作與專業督導等三部分。這三部分都是很重要的培訓方式與內容，缺一不可。

親職教育的原理與實務

一、職前研習

　　對於輔導教師而言，因為本身已有心理輔導相關的學經歷背景，因此，對於職前研習的內容感覺已經足夠。但是對於心理輔導專業不熟悉的觀護人來說，普遍認為職前研習，不論是研習內容或時數，皆有所不足。親職教師期望在職前研習的內容上，可以增加熟練團體輔導，以及增加對於受保護處分少年家長特性的了解等。在研習方式上，則希望可以增加講述說明、看影片或工作坊等方式來進行研習。

二、團體實作

　　要能夠勝任親職教育團體的帶領，親職教師的培訓課程必須包括在督導之下，親自帶領家長團體的實作。觀護人在帶領家長團體的經驗通常明顯不足，因此特別需要包括團體實作的培訓。特別是針對經驗不足或對團體認識不夠清楚的情況下，需要透過較長的參與訓練才能有較大的彌補，不可否認的團體實作是培訓方案的重要內容。

　　團體實作的訓練通常包括：撰寫團體輔導計畫、擔任協同或主要團體領導者，以及每週接受一次的督導。撰寫團體輔導計畫主要在訓練親職教師設計一個適合家長需求的團體方案，內容包括：團體目標、聚會時間、地點、親職講師、實施方式、團體規則，以及效果評估等。

三、專業督導

　　親職教師普遍認為專業督導是培訓方案中對其幫助最大的部

分，督導花費許多時間，協助親職教師辦理或帶領團體，幫助的內容包括：提供親職教師情緒的支持、複習團體輔導專業知能、協助看見團體帶領過程中的盲點、討論團體方案的設計、討論如何處理家長參與的困難，以及協助解決團體進行過程中所遭遇的問題等。督導在親職教育輔導服務的體系中，不論對觀護人或輔導教師都是很重要的支援。筆者建議法院和親職教育機構能夠提撥督導經費，建立長期的專業督導制度，聘請心理諮商督導來協助觀護人與親職教師辦理親職教育輔導課程。此外，專業督導也可以在其他方面協助地方法院，例如：提供地方法院有關親職教育輔導的諮詢，以及參與少年保護事件的陪審等。

親職教育的原理與實務

本章小結

　　本章專門討論強制親職教育的實施，特別是針對犯罪少年的家長辦理親職教育團體的探討。本章首先說明少年犯罪與家長強制親職教育的相關文獻，了解犯罪少年的相關處遇、少年家長的親職教育相關研究，並且說明台灣地區強制親職教育輔導執行的概況。接著筆者分享實際從事法院強制親職教育的研究成果，說明辦理強制親職教育團體的四種模式：法院自辦但是外聘親職講師、法院自辦並由觀護人擔任親職講師、法院與社區機構合辦，以及社區機構自辦並接受法院轉介家長。最後，綜合實務與研究經驗，針對強制親職教育的實施提出建議。

問題討論

1. 以犯罪少年的家長為對象實施親職教育為何特別困難？原因何在？

2. 何謂強制親職教育？法院為何要強制某些家長參加親職教育？

3. 強制親職教育的辦理模式有哪四種？並比較其優缺點？

4. 地方法院想要實施強制親職教育並向你諮詢，你會給法院什麼樣的建議？

5. 親職教師的培訓應該包括哪些內容或項目？

第九章

親職教育團體實施成效的個案研究

■ ■ ■ 親職教育團體是一種常見的成人教育方法，但是相關的實證研究並不多，本章將以兩個親職教育團體為例，進行實施成效的實證研究。本章內容包括緒論、文獻探討、研究方法、研究結果，以及討論與建議等。

緒論

親職教育是成人教育的一部分，以父母為對象，以增進父母管教子女的知識能力，和改善親子關係為目標，由正式或非正式之學校的親職教育專家所辦理的終身學習活動（林家興，1998）。許多專家學者（Alvy, 1994; Zigler & Black, 1989）均肯定親職教育在健全兒童人格發展與家庭功能上，具有核心的地位。

不僅子女有特殊困難或問題的家長需要親職教育，一般兒童的家長也需要。張春興等人（1986）以半結構式訪問法（semi-structured interview），訪問國中二、三年級及國小五、六年級品學最優與最劣學生，以及觀護中在學少年及他們的父母。研究結果發現，不僅壞學生的家長需要親職教育，一般學生的家長也需要親職教育。根據國外的調查（Yankelovich, Skelly, & White, 1977），受訪的兒童家長有 70% 表示，需要親職教育來幫助他們學習如何管教子女。

以前的家庭需要親職教育，處於變遷社會中的現代父母更需要親職教育。許多學者（王麗容，1994；Bigner, 1979; Clark-Stewart, 1978）均認為親職教育在未來將會愈來愈需要。因為家庭人口減少，父母因工作的關係與兒童相處的時間減少，再加上職業婦女與單親家庭增加，使親職教育更加需要。從父母那裡學來的管教方法已經不足以應付現代子女的問題，使現代父母對親職教育的需求大為增加。

親職教育的有效實施與推廣，是預防青少年犯罪、兒童虐待

與疏忽、青少年藥物濫用、中途輟學，以及心理困擾最重要的方式之一（林家興，1997）。Alvy（1994）認為，家庭崩潰及親子衝突是社會問題的起源，他深信親職教育是未來家庭和諧與社會安定所必須的一環，媒體、宗教、學校、企業，以及政府應該共同合作來提供家長所需要的親職教育。

親職教育雖然如此的重要，可是在親職教育的實施與研究上，仍有許多的問題等待解決。台灣實施親職教育的方式，可說種類繁多，比較常見的實施方式有：演講、座談、參觀、晤談、研習、出版刊物、諮詢專線、成長團體、家庭訪視、親子活動、幸福家庭教室、家庭聯繫、提供資訊、學藝活動等（蕭道弘主編，1995）。這些實施親職教育的方式，由於研習時數不足，師生互動不足，家長之間的支持不足，研習內容以知識技能介紹為主，缺乏技巧演練與情感分享，因此，其實施效果並不好（林家興，1998）。

周震歐（1986）認為，親職教育一直效果不彰的原因有三：第一，親職教育內容停滯在觀念層次普通知識階段，未能深入至專業知識階段及問題解決階段層次；第二，親職教育的實施方式，仍是集會式演講，聚集百人，濟濟一堂，從不注意參與者的需要，亦不問主題之適用，僅僅講求辦活動之次數、參與的人數，忽視效果更缺乏雙向溝通，失去小團體經驗分享、觀念溝通、討論激盪之過程；第三，親職教育未能針對特殊地區、特殊問題，以及特殊個案提供適切的課題，形成「供」「需」之間不協調，親子問題無法解決。

為克服上述實施親職教育的缺點與問題，筆者乃參考有關親職教育團體的文獻，運用小團體方法來實施親職教育，選擇適當

的機構作為個案研究的對象。本文將根據筆者親自實施兩個親職教育團體的經驗作為基礎，討論有效親職教育團體的實施方式。

文獻探討

　　國外有關親職教育團體的實證研究比較豐富，而台灣相關的實證研究則相對的顯得不足。本節將先就國外文獻分別從理論取向、實施對象與適用問題、實施成效等幾方面進行文獻探討，以了解國外過去 20 多年來對親職教育團體的研究情形，最後再來評述台灣親職教育團體的相關研究文獻。

壹、理論取向

　　親職教育團體的理論取向，基本上可以區分為三大學派：行為學派（behavioral approach）、個人中心學派（person-centered approach）及阿德勒學派（Adlerian approach）（Cheng & Balter, 1997; Dembo, Sweitzer, & Lauritgen, 1985; Todres & Bunston, 1993）。例如：Dembo 等人（1985）分析 48 篇以親職教育團體為主題的實證研究，其中屬於行為取向的研究有 15 篇，個人中心取向或反映式（reflective）的研究有 18 篇，阿德勒取向的研究有 10 篇，合併不同學派的研究有 5 篇。

貳、實施對象與適用問題

親職教育團體已經被廣泛應用在各種不同背景的家長，從文獻探討中可知，親職教育團體曾使用在智障兒童的家長（Hur, 1997）、受虐兒童的家長（Gaudin & Kurtz, 1985）、特殊兒童的家長（Cunningham, 1985），以及行為障礙青少年的家長（Kazdin, 1987, 1997）等。

親職教育團體依據實施對象可以分為四類：1. 以一般父母為對象；2. 以某一類特殊父母為對象，如單親父母、受刑中的父母；3. 以某一類特殊兒童父母為對象，如慢性病兒童父母、智障兒童父母；4. 以具有某一特殊親職問題的父母為對象，如想幫助孩子免於吸毒的父母等（Cheng & Balter, 1997）。

參、實施成效

親職教育團體的實施成效（outcomes），已累積許多的研究。根據相關文獻的探討（Dembo, et al., 1985; Ruma, Burke, & Thompson, 1996），整體而言，親職教育團體的成效是值得肯定的。亦即，親職教育團體有助於改善父母的某些管教態度，和某些兒童的行為問題。不同理論取向的親職教育團體的實施成效之間，並沒有顯著的差異（Barber, 1992; Dembo, et al., 1985）。Dembo 等人（1985）在評論五個比較不同理論取向的親職教育團體成效的研究之後，得到一個結論是：針對不同理論取向的親職教育團體，進行比較性的研究，然後企圖證實某一學派的方案最具成效的努力，將會是徒勞無功的。因為不同學派的親職教育團

體方案有不同的目標，其成效因不同的家長與兒童的需要而異。Tavormina（1980）認為，整合個人中心取向與行為取向的優點來設計親職教育團體是可行的。因為父母不僅需要學習管教子女的技巧，也需要有人可以分享他們的心情，例如，整合式（integrated）的親職教育團體方案在聚會時，父母可以在團體中分享與處理他們自己和孩子的心情，又可以學習解決管教子女問題的特定技巧與策略；然而這方面的實證研究十分欠缺。如何在概念與方法上，統整不同理論取向，來設計與實施親職教育團體方案，是未來研究者可以努力的方向。

肆、台灣親職教育團體研究評述

台灣有關親職教育團體的實證研究並不少，有的是團體方案的設計（王以仁、林本喬、鄭翠娟， 1996）；有的是親職教育問卷調查（王淑如， 1994 ；王鍾和， 1992 ；林妙娟， 1989 ；張春興等人， 1986 ；張素貞， 1989 ；張惠芬， 1991 ；許美瑞等人， 1991 ；陳小娟， 1994 ；賴保禎， 1995）；有的是親職教育需求評估（徐貴蓮， 1994 ；張燕華， 1993 ；黃麗蓉， 1993 ；劉育仁， 1991 ；盧嫦瑜， 1992）。台灣針對親職教育團體實施成效評估的實證研究也有一些，已出版的研究有謝麗紅（1992）和許月雲、黃迺毓（1993）兩篇；未出版的研究有鄭玉英（1984）、張愛華（1986）及魏清蓮（1987）等三篇。然而，以親職教育團體的實施成效進行個案研究的文獻則十分有限。

伍、文獻探討的啟示

綜合上述針對親職教育團體方案研究的文獻探討所得的啟示，及其成為進行本研究的理由歸納如下：

1. 台灣有關國小兒童家長的親職教育團體之個案研究十分有限，再加上，親職教育團體源自於西方中產階級白人家庭的文化活動，不同文化與族裔的家長，在親子互動與教養方式上必然不同。因此有必要針對國人的親職教育團體方案，並進行試探性的個案研究。

2. 親職教育團體方案是預防兒童虐待、青少年犯罪、中途輟學、濫用藥物，以及心理困擾最具有潛力的心理教育方案。然而大部分親職教育團體方案被用來處理已經發生嚴重親子衝突或兒童行為問題的家長，反而忽視一般正常兒童家長。由於針對一般兒童家長所做的親職教育團體方案，對家長的實施成效還不是十分清楚，有待進一步的研究。

3. 就親職教育團體實施成效而言，不同理論取向之間的差異並不明顯，彼此優劣互見各有長短。因此，如何將各學派的優點加以整合，是未來研究的可能趨勢，這個趨勢與主張也獲得多位學者的支持（魏清蓮，1987；Barber, 1992; Dembo, et al., 1985; Tavormina, 1980）。本研究將以整合式的親職教育理論作為基礎，來實施父母團體，進行探索性個案研究。

研究方法

本研究以親職教育團體作為個案進行研究，這是因為在文獻

上很少看到親職教育團體實施成效的相關研究。爲了要對少數的樣本進行深度的資料蒐集，以便獲得有意義的結果，採用個案研究法應是適當的。個案研究將可以同時呈現質與量的研究結果，作爲實務工作者與未來研究者進一步的參考。本節將分別敘述親職教育團體所依據的理論基礎、研究對象、團體領導者、研究工具，以及兩個親職教育團體個案的實施情形。

壹、整合式的親職教育理論

　　有鑑於不同理論取向的親職教育方案的實施成效之間，並沒有顯著的差異（Barber, 1992; Dembo, et al., 1985），而且理論整合又是未來的趨勢，因此，本研究所實施的親職教育團體乃採取整合式的親職教育理論作爲實施的基礎（林家興， 1994a ， 1997）。所整合的理論包括：認知行爲理論、個人中心理論，以及心理分析理論。

貳、團體成員

　　親職教育團體是一項屬於心理衛生初級預防的重要方法，最適合接受親職教育的家長應該是一般兒童或有輕微行爲問題兒童的家長。親職教育不適合被用來處理已經發生嚴重親子衝突或患有嚴重行爲問題的兒童。本研究中，親職教育團體所招生的對象是一般兒童青少年的家長，其中以國小學童的家長占多數。本研究並未對參加親職教育團體的家長實施篩選，這是基於對主辦單位的尊重與配合。本研究包括兩個親職教育團體，報名參加指南

國小親職教育研習班的家長有 20 人，全程參加的有 15 人。報名參加新莊社區大學親職教育課程的家長有 16 人，全程參加的有 15人。兩個團體全程參加的家長合計 30 人，團體成員的基本資料整理如表 9-1。

表 9-1　親職教育團體成員基本資料

基本資料		指南國小	新莊社區大學
報名人數		20	16
結業人數		15	15
性別	男	0	1
	女	14	13
年齡	M	38	37
	SD	4	6
學歷	國中	1	1
	高中	6	8
	大專	6	5
	研究所	1	0
婚姻	已婚	14	12
	離婚	0	2
子女數	1	2	1
	2	10	11
	3	2	1
	4	0	1

註：兩個團體各有一位成員未填寫基本資料。

參、團體領導者

　　本研究中的兩個親職教育團體的領導者都是由筆者擔任，筆者從事團體輔導、親職教育與諮商領域的實務工作與教學研究超過 10 年，實際帶領過至少 20 個父母團體，相信足以勝任本研究中擔任團體領導者的工作。這樣的安排是維持個案研究品質所必需（Mason & Bramble, 1978），其優點是研究者所帶領的團體可以維持一定的水準，而且與研究對象有比較深入的互動，缺點是研究結果的類化限制較多。

肆、研究工具

　　本研究所使用的研究工具包括：筆者自編的「成員基本資料表」、「親職教育評量表」、「親職教育課程評量表」，以及成員研習心得報告。由於編製時間不同，「親職教育評量表」只給指南國小的成員填寫；「親職教育課程評量表」只給新莊社區大學的成員填寫。這兩份評量表採用李克特式五點問卷形式編製，兼具容易作答與表面效度。

伍、親職教育團體

　　參加本研究親職教育團體的成員人數介於 15 個至 20 個之間，成員都是自願參加的。領導者的主要工作是催化團體成員的經驗分享、問題討論與情感支持，領導者刻意減少專家學者的角色，以便充分發揮團體動力的影響力。親職教育團體的實施雖然

使用「親職教育研習班」或「親職教育課程」作為團體的名稱，這是配合學校場景的方便名稱。但是，領導者扮演的角色是催化員，而不是傳統的教師。親職教育課程雖然有指定教科書，但是在團體進行中，領導者並未使用教科書，而是將教科書作為團體外學員自行閱讀的補充讀物。親職教育團體主要是以成員個人和親子問題作為團體討論的教材。

　　團體研習的目標有五，分別是：1. 協助家長學習有效管教子女的方法；2. 學習增進親子關係的方法；3. 學習改善孩子問題的方法；4. 學習認識孩子的心理問題；5. 學習有效親子及師生溝通的方法。親職教育團體雖定有每週研習主題如表 9-2，不過為了達成上述研習目標，以及配合團體成員的需要，研習主題與內容會視實際狀況彈性調整。

表 9-2　指南國小親職教育研習班研習主題與內容

1. 管教子女的一般問題	5. 如何增進孩子的好行為
2. 如何區別有效與無效的管教方式	6. 如何減少孩子的壞行為
3. 了解孩子的身心發展	7. 了解孩子的學校
4. 如何增進親子關係	8. 綜合討論

　　本研究中，所實施的親職教育團體是屬於低結構的團體，亦即，團體的實施事先不作詳細的教案或團體活動設計。事實上，低結構團體重視的是，提供成員一個寬廣的時間與空間，容許成員自然地呈獻他們的個人困擾與親子問題，透過領導者的催化與

成員的互動而增進自我覺察與改變。

陸、個案一：指南國小親職教育研習班

一、緣起與籌備

　　以實施田園教學著名的台北市文山區指南國小，在開放的教育理念下，家長紛紛走入校園和班級中，逐漸的有幾位有心的家長，覺察自己在親職知能上的不足，想要追求自我成長，以便扮演更稱職的父母角色，指南國小家長會因此開始有籌備辦理「親職教育研習班」的構想。家長會除了獲得學校和台北市政府教育局在行政上的支持，同時也得到財團法人郭錫瑠先生文教基金會在研習經費上的贊助（蘇素美， 1999）。

　　筆者受邀擔任親職教育研習班的講師，在研習班籌備期間也提供有關課程設計方面的諮詢。研習班的行政協調、經費籌措，以及招生工作，主要由家長會及輔導志工負責辦理。學校與教育局則以行政督導和諮詢的角色，提供支援協助。指南國小親職教育研習班突破各種困難，順利在 1999 年 1 月 4 日開辦。

　　指南國小親職教育研習班的招生對象，除了指南國小的家長和教師之外，並開放給關心親職教育的社區家長參與。招生方式除透過學校分發招生簡章給學生家長，並且利用社區報紙與社區協會廣為宣傳。為鼓勵學生家長參加親職教育研習，指南國小並且向台北市立圖書館成人教育資源中心申請「終身學習護照」，透過家長會的積極招生後，共有 20 位家長報名參加。

二、團體的實施

指南國小親職教育研習班全期課程共計 8 週，每週一次，每次 3 小時。研習地點固定在指南國小活動中心。筆者在帶領親職教育研習班的時候，基本上是依照下列原則與方式來進行的：1.為方便成員溝通與交流，領導者安排團體成員圍著會議桌而坐，成員可以方便看到彼此；2.以團體成員個人及子女問題為主要討論的內容，以指定教科書《天下無不是的孩子》（林家興，1994a）為課外補充教材；3.以鼓勵團體成員分享經驗與提供支持為主要研習方式，以團體領導者的講解為輔助方式；4.領導者盡量減少發言時間，鼓勵團體成員發言分享自己管教子女的經驗，以及提供其他成員回饋、建議，與情感支持。

每次 3 小時的研習時間，分為兩階段實施，中間休息約 15 分鐘。每次 3 小時的研習，領導者盡量把有關親職教育相關的原則與技巧的講解，控制在 30 分鐘左右，把大部分的時間用在團體成員的分享與討論。團體的進行採取低結構的方式實施。

三、團體的特色

指南國小親職教育研習班的特色，可以歸納如下：

家長會站在主導的角色，在會長及熱心委員的積極參與之下，從研習班的規劃、協調、籌款和招生等工作，均發揮主動積極的特色。

學校及教育局站在行政督導及輔導的角色，學校不僅提供行政資源與場地，而且校長和輔導主任也都以身作則出席研習活動。

財團法人郭錫塯先生文教基金會贊助研習經費，使得指南國小及社區家長得以免費參加親職教育研習，本課程是結合學校與社區資源的良好典範。

鼓勵學員申請台北市終身學習護照，學員每次參加親職教育研習，均可以獲得主辦單位的認證，有助於提高學員的出席率，以及建立終身學習的習慣。

指南國小提供良好的場地，包括：給家長上課的場所，以及給孩子活動的空間。當家長在研習期間，孩子們可以在教室或校園裡自由活動，解決了許多家長的托兒問題。

柒、個案二：新莊社區大學親職教育課程

一、緣起與籌備

台北縣新莊社區大學在籌備階段時，筆者應邀在社區大學講授「親職教育」課程，研習內容注重實用的生活技能，招生對象以國小學童家長為主。在招生方面，新莊社區大學以多種方式廣為宣傳，包括：在社區報紙發布新聞稿、舉辦課程博覽會，以及散發社區大學簡介及招生簡章等。新莊社區大學幾經波折，終於在 1999 年 10 月 12 日晚上假新莊高中開學。選修「親職教育」的學員一共 16 名，勉強達到開班的人數。社區大學屬於民間非營利組織，學員上課需要繳交學分費。

二、團體的實施

新莊社區大學親職教育課程，為一學期的課程，共計 16 週，

使用普通教室，每週上課一次。每次 3 小時的研習，分爲兩個時段進行，中間包括休息及社區大學課間活動共約半小時。親職教育課程以團體方式實施，從第一週開始，領導者及成員將教室的椅子圍成一個圓圈，成員可以面對面進行討論與互動。本課程使用的教科書爲領導者所撰寫的《天下無不是的孩子》一書。但是，領導者上課並未直接使用該書，而是鼓勵成員在課外自行閱讀。團體進行方式完全以學員個人及親子關係爲討論的重點。

　　每次團體進行的流程分爲兩部分：第一部分是「一週來的心情分享」；第二部分是「問題討論與解決」。在進行「一週來的心情分享」時，成員可以自由地分享最近的生活經驗、親子關係，以及任何想對成員說的話。成員按順序依次分享自己的心情故事；對於需要比較多時間討論的問題，則由領導者建議保留至「問題討論與解決」的時段再處理。「問題討論與解決」通常針對少數有需要的成員，以比較深入、集思廣益的方式進行，成員被鼓勵互相分享子女管教的經驗，以及提供社會支持與回饋。

　　團體的實施採取低結構的方式進行，亦即每次上課並無固定的主題、活動或教材，而是針對當時成員的心情與困擾進行處理，團體的焦點大部分放在關心成員的自我覺察與成長，以及成員的互助合作。

三、團體的特色

　　新莊社區大學親職教育團體的特色，可以歸納如下：

　　團體成員的背景相當多元化，包括不同年齡、職業與社會階層的居民。雖然原先計劃招生的對象是國小學童的父母，但是實際參加的家長還包括青少年的家長及學齡前兒童的家長。異質性

的多元背景，反而提供了豐富的學習經驗。

參加社區大學親職教育團體的成員，學習動機相當強，一方面成員需要繳費，二方面需要爭取家人的支持，三方面需要在忙碌的作息中挪出參加團體的時間，因此成員相當珍惜來上課的機會。

團體研習時數長達 14 週 42 個小時，成員人數固定在 15 人左右，可以說是一個相當理想的安排，因此團體研習對成員的影響也比較深遠。

研究結果

為了了解指南國小「親職教育研習班」與新莊社區大學「親職教育課程」的實施成效，筆者在團體結束時，蒐集團體成員的回饋資料，包括學員的心得報告與親職教育評量表。由於指南國小與新莊社區大學對學員並無成績考核的要求，因此學員的回饋相當程度上可以反應個人對研習課程與研習成效的真實評量。

以下將分為四部分呈現兩個團體有關實施成效的結果：指南國小學員研習心得摘錄、指南國小學員課程評量結果、新莊社區大學學員研習心得摘錄，以及新莊社區大學學員課程評量結果。限於篇幅，本節僅節錄具有代表性的部分學員研習心得。

壹、指南國小學員研習心得摘錄

以下是 7 位學員研習心得的摘錄，描述他們參加親職教育團

體的感想和心得：

「這回參加親職教育課程有許多難忘的片刻。也學會了鼓勵自己，不只要做好母親，更要作快樂的人。……最後，真不知道該謝謝誰？提供如此美妙的緣會，讓我們從不同角度來分享珍貴的生命經驗。謝謝幕前幕後的所有善心人士，更謝謝我的孩子，讓我成為母親，可以再度享受成長的奧秘，擁有深刻的生命故事。」

「經過長達 8 週共 24 小時的研習，我們重新學會了一些與孩子的相處之道，而妻兒的關係似乎不再像過去一般緊張，我們家庭的氣氛也因此獲得改善，可見親職教育有其成效和必要，我們衷心期待能夠續辦，讓更多人因此受惠，以造福社會大眾。」

「上了親職教育課聆聽其他家長的描述，才體會家家有本難念的經，教導小孩光有愛沒有方法，可能形成雞同鴨講，只是加深彼此間的鴻溝。……幾堂課下來，讓我學會與孩子溝通時，如果一味以大人立場下判斷，只會造成親子之間關係緊張。每個小孩成長階段都有其困境，為人父母也需要用心學習，避免一招半式的粗糙手法，親子路上將更融洽與自在。」

「我喜歡老師上課的方式，除了平常自己閱讀指定書籍之外，課堂上老師再強調重點，並鼓勵家長分享或提問題，父母們自由的發表意見和經驗分享。在此可以獲得老師的尊重，尤其老師從不給予批評，他總是用尊重和

肯定每個父母表達不同的觀點。我從老師身上學習到接納的態度，我相信用在與人的相處和與孩子的溝通上，將會獲得較好的人際關係。在此課程即將劃上句點時，我盼望這樣的課程能繼續下去，因為它的成果正在我的家庭中綻放著美麗的色彩。」

「上了親職教育課程，幫助我在管教孩子的方法上產生很多功效。以前有一段時間，我常常為了孩子放學回來後，吃完點心，之後很累睡覺，吃完晚飯才開始寫功課，和孩子弄得關係緊張，軟硬兼施，效果不好。參加了親職教育課，經由老師指點及其他家長的互相討論後，了解讓孩子學習自我節制的重要及建立生活常規的秩序，運用孩子有興趣的事引發他的動機，我們全家研擬了鼓勵辦法。……辦法訂出後，孩子非常快樂，回家後很快開始寫功課，看完電視則主動關機，效果非常好；功課很快寫完，也學會自我管理，並且有剩餘的時間做些自己想做的事，他說這方法幫助他很喜歡寫功課，覺得功課並不難。」

「老師總是笑容可掬的傾聽學員的問題，而後交給學員彼此討論，從中學習更多面向的處理模式及心得經驗。老師總是營造出相當愉悅的氣氛，即使有人言及家庭困境，感傷流淚時，在轉瞬間也能化為哄堂大笑，他相當有能耐的將我們這些媽媽的情緒找到切口宣洩出去，又能讓我們找到更多支持親職關係的成長能量。……而一起成長分享的老經驗媽媽朋友們，提供許多的人生智慧

及實務解答，讓我受益無窮，也解決了我們家庭的不少
煩惱。」

「8 次的上課，每位家長所提出的問題，都是鮮活的例
子，再從例子中實際去討論，討論後再回家實驗，這種
上課方法應讓更多的家庭受惠，幫助更多的孩子被愛的
更多，也成長的更有自信。」

貳、指南國小學員對課程的評量

有 14 位學員填寫親職教育評量表，其內容經過整理之後呈現
如表 9-3 。從表中可知，整體平均而言，成員對於親職教育團體
的品質、研習內容、課程安排、教師素質、教師對學員需要的了
解，以及研習課程對管教孩子的幫助是介於很好和好之間，沒有
成員認為親職教育團體的成效是差或很差。

表 9-3　指南國小親職教育課程學員評量統計表　　　　（N=14）

題目	M	SD
1. 整個研習課程的品質	4.78	0.42
2. 研習內容與教材	4.57	0.51
3. 研習課程的安排與組織	4.50	0.51
4. 教師的素質	4.92	0.26
5. 教師對學員需要的了解	4.35	0.74
6. 課程對管教孩子的幫助	4.62	0.49

說明：每題選答分別是：5=很好，4=好，3=很難說，2=差，
　　　1=很差。

參、新莊社區大學學員研習心得摘錄

以下 7 位學員期末心得報告的摘錄，描寫他們從期初到期末
參與研習的心路歷程：

「班上的同學由陌生漸漸到熟識，從欲言又止到侃侃而
談，更進一步地彼此關心，這是非常難得的事。原本只
是單純的來學習如何教養小孩，到後來轉變成如何處理
我們大人自身的問題。……由於彼此並無利害的關係，
而且日常生活也不會有太多的接觸，在陳述自己的事情
上也比較不會保留，每次在上課後都會覺得自己的心情
會比較輕鬆開朗，雖然有些事並不會因為說出來後就會
解決，但是經過宣洩後，又可以再去面對。」

「我們這一班上課情形也是很特別，每週上課同學們先
輪流發表一週來的心情故事，不僅達到分享喜樂的效
果，也有分解彼此憂愁的功能，如此更拉近大家的距
離，也讓我們每個人的口才都變好了。」

「總而言之，上了這個課程讓我獲益良多，學習到如何
了解孩子的心聲和需要，建立良好的親子關係，幫助孩
子順利成長。」

「上了一學期親職教育課程，得到最大的收穫是，時刻

反省自己與管理自己的 EQ。……其實老師一直強調無論何時都要多愛自己一點，來上課即是愛自己，讓自己能有較輕鬆的時刻，能為更長的路找到休息站，如此才可儲存更多能量往下走，人生本來就是一種學習。學習老師教的，學習周遭人的經驗，每一件事都是學習教材，如此我們才能更進步，做得更好。」

「班上同學一學期相處下來，我覺得大家都非常的愉快，談孩子、老公、婆媳、家庭、教育。老師帶領的上課方式，使我們都很放心、自在的提出問題，說出困惑，並且能得到同學們的迴響及老師專業的建議，收穫真不少。每次到了上課的日子，就好像要和老朋友約會談心般的令人期待，準備敞開心靈迎接另一個心情故事。」

「自從上了這節課後，讓我有了漸進的改變，我不再很急躁的催促（孩子），取代的是一份從容的提醒，也減少發脾氣，多了些溫柔的笑容，他們的缺點也就沒有那麼多了，更讓自己增加了許多談話的對象。課程已接近尾聲，短短幾個月的相處，從上課中有人分享歡樂和憂愁，有人來觀摩學習，但都是家庭主婦最好的抒發管道。從課程中所學習的再應用到生活，我個人獲益良多，往後若有類似的課程，自應全力以赴。畢竟要愛家人之前，應先學會愛自己，給自己一個緩衝的空間，也給家人一個相對的時間，讓精神與情緒在另一個空間交流與宣洩，留著好情緒來增進親子間的互動，營造一個

祥和的家庭。」

「短短的 10 多堂課，卻是幫助我成長了不少，由任性、固執的脾氣與個性，逐漸的轉變成一個稱職的為人子女、妻子與母親。也就在這當時，我們婚姻發生了不愉快，在老師、同學的支持之下，讓我由失控的情緒，逐漸的冷靜，變成能為小孩設身處地的著想，以及好好的愛自己，並檢討自己的缺失，不再因為不和而情緒化的對待周遭事物並遷怒他人。至於對小孩的教育方式也由之前大聲怒吼的斥責打罵，轉為事事用溫和的口氣輕聲細語的說話，並懂得用獎勵的方式來鼓勵小孩，幫助他們學習各項事物。短短的 10 幾堂課，卻讓我的人生有了完全不同的觀感與成長，生活的體驗是由不斷的吸收新的知識，也不再只限於自己狹小的生活空間，跨出來，竟是如此的美好。」

肆、新莊社區大學學員對課程的評量

有 15 名學員填寫親職教育課程評量表，評量表經過整理之後，結果呈現如表 9-4。從表中可知，平均而言，學員對於親職教育團體實施成效的評價介於「非常好」和「好」之間。亦即，學員認為親職教育團體在學員之間及師生之間的互動是很多的。學員認為親職教育團體有助於增進學員對其子女的了解、增進親子關係和家人關係、增進作父母的能力、有助於改善子女的行為問題，以及有助於學員的個人成長。

表 9-4　新莊社區大學親職教育課程學員評量統計表　　（N=15）

題目	M	SD
1. 上課時，學員互動的程度	4.57	0.51
2. 上課時，師生互動的程度	4.35	0.63
3. 在增進對孩子的了解上，親職教育課程對我的幫助	4.35	0.49
4. 在增進和孩子的關係上，親職教育課程對我的幫助	4.57	0.51
5. 在增進和家人的了解上，親職教育課程對我的幫助	4.21	0.80
6. 在增進作父母的能力上，親職教育課程對我的幫助	4.35	0.49
7. 在改善孩子的問題上，親職教育課程對我的幫助	4.35	0.49
8. 在我個人的成長上，親職教育課程對我的幫助	4.42	0.64

說明：每題的選答分別是： 5= 非常多， 4= 多， 3= 普通， 2=
　　　少， 1= 非常少。

　　綜合團體成員的書面回饋與問卷評量，本研究發現親職教育
團體的成效是肯定的。歸納學員的回饋與評量，我們可以得到下
列的發現：

　　質與量的評量結果，互相驗證根據整合式親職教育理論所實
施的低結構父母團體是有成效的。

　　親職教育團體的成效不僅幫助成員的個人成長，改善親子關
係，而且間接有助於子女問題行為的改善。

　　親職教育團體提供一個可以讓家長宣洩情緒、情感交流，與
社會支持的時間與空間，讓辛苦的家長有力量可以再面對教養子
女與生活的壓力。

　　家長可以從彼此身上，學習到照顧自己以及管教子女有效的
態度與方法。親職教育團體的實施，的確產生兼具知識、情感與

行為三個層面的學習效果。

　　領導者對於團體成員的支持與鼓勵是非常重要的因素，領導者以身示範有效的溝通與情感支持的方法，並且讓學員感受到被了解和關心，有助於學員將這些態度和方法運用在自己和孩子身上。

討論與建議

　　本節將根據研究結果的涵義進行討論，並對親職教育團體的實施和未來的研究提出建議。

壹、結果討論

　　親職教育團體的實施應有適當的理論作為基礎，在理論的指導之下進行親職教育，自然較容易發揮效果。在眾多的心理學理論當中，親職教育專家經常採用的理論取向有：認知行為學派、個人中心學派，以及心理分析或阿德勒學派。根據研究（Barber, 1992; Dembo, et al., 1985），不同理論取向的親職教育團體方案的實施成效之間，並沒有顯著的差異。因此，親職教育團體領導者可以選擇自己的理論取向來實施。有鑑於理論整合是未來親職教育的趨勢，本研究整合認知行為理論、個人中心理論，以及心理分析理論的研究結果，支持整合式親職教育團體的實施是有效的。

第九章 親職教育團體實施成效的個案研究

　　實施親職教育的方式有很多種，包括：個別與團體的方式，團體的方式又可分為大型演講會、小型座談會、大班級教學，以及小團體研習等。坊間常見的方式有專題演講、座談會，以及親子活動等，但是專家學者（周震歐，1986；林家興，1998）對於這些方式的實施成效頗為質疑。本研究結果支持低結構的團體方法是實施親職教育有效的方式，也是值得推廣與運用的方式。低結構的小團體研習鼓勵為人父母能夠在領導者的催化與成員的互助之下，進行經驗分享、問題討論、技巧學習、情感交流，以及社會支持，成員不僅獲得了知識技巧的學習，而且獲得了情緒的支持與行為的改變，這樣的學習效果才能深刻持久。總之，親職教育的內容不應停滯在觀念層次與普通知識的教導，而應包括情緒與態度的層次，亦即，親職教育要能夠幫助父母有效覺察自己管教子女的情緒與態度。一般專題演講與座談，以及閱讀親職書籍，比較容易流於知識的學習，而較少情感與行為的改變。

　　本研究結果認為團體輔導或團體諮商是實施親職教育有效的方式。坊間及一般學校機構經常採用集會式演講，參加者少者數十人，多則上百人，主講人不僅難以了解參加者的需要，而且參加的家長之間，以及主講人與家長之間，也缺乏雙向溝通與情感交流。採取 10 至 20 人組成的父母團體，將可以有效克服一般演講與座談會的缺失。父母團體由於參加人數少，時間比較多，提供充分的時間與空間，讓家長有機會分享彼此的心情故事、子女管教的心得經驗，以及有機會在團體中處理自己以及親子之間的問題。

　　親職教育團體應以家長成員的個人困擾和親子問題作為親職教育的教材。親職教育的對象為一般有家庭、有工作的成年人，

而不是一般單身、缺乏社會經驗的學生，家長通常帶者個人的困擾和親子問題來參加研習。家長同時也帶著豐富的人生閱歷與子女的管教經驗，這些都是一般教科書或知識性教學所無法取代的。本研究因為鼓勵並重視家長成員的經驗分享與互助合作，提供參加者較為實用，以及立即可行的學習經驗，因此參與本研究的家長對於親職教育團體的實施成效均頗為肯定。

實施親職教育的時數一般並無定論，一般學校與社會機構在辦理親職教育時，關於時數的安排傾向於短期的課程，甚至不到 10 小時。本研究中指南國小親職教育團體進行 24 小時，新莊社區大學親職教育團體進行 48 小時。因此，本研究認為研習時數與親職教育成效具有密切關係，建議團體研習的時數不宜少於 24 小時。

參加親職教育團體的成員以一般正常兒童或有輕微行為問題兒童的家長為宜。參加本研究的家長，並不屬於臨床樣本，而是一般兒童青少年的家長。一般學校與社會機構並非心理衛生或精神醫療專業機構，而且，親職教育畢竟是一項心理衛生初級預防的工作，並不適合處理有嚴重行為問題的兒童及其與家長的親子衝突。因此，理想上，對於報名參加親職教育團體的家長宜進行事前的篩選，將患有嚴重行為或精神問題兒童的家長，轉介到更適合的機構，接受較為個別化的心理衛生服務。

領導者的角色在於催化團體成員的互動，增進成員的經驗分享、問題討論，與情感支持。本研究中，成員在團體初期經常期望領導者能夠扮演專家學者的角色，提供問題解決的答案與建議。領導者則刻意減少專家學者的角色，並鼓勵成員彼此經驗分享、集思廣益、互助合作，成員才慢慢習慣成為團體的主角，逐

漸發揮團體的功能。

貳、建議

　　根據研究結果的發現與討論，本節將針對實施親職教育的實務工作者，以及未來的研究提出建議。本研究支持親職教育團體在幫助學童家長提高親職功能、改善親子關係，以及預防兒童青少年行為問題上的價值。但是在實施上，本研究建議實務工作者在辦理親職教育團體時，能夠遵守下列的原則：

　　1. 親職教育團體的實施應有理論的依據。

　　2. 團體的結構性應採用低結構的方式實施。

　　3. 團體的人數介於 10 至 20 人之間。

　　4. 團體研習的時數不宜太短。

　　5. 親職教育團體的招生對象是一般兒童或只有輕度行為問題兒童的家長。

　　6. 團體討論的內容應以家長成員個人困擾或親子問題為焦點。

　　7. 領導者的角色在於鼓勵成員進行經驗分享、問題討論與情感支持。

　　有鑑於個案研究的限制在於研究結果的類化，因此，未來的研究可以考慮採用更嚴謹的研究設計，探討下列的研究變項：

　　1. 以隨機方式安排家長參加親職教育團體的實驗組和控制組，進一步考驗親職教育的實施效果。

　　2. 以更正式的研究工具，如標準化的「親子關係量表」進行實施效果的評量。

3. 將團體的結構程度列為自變項，探討團體的結構性與親職教育的成效是否有關。

4. 將團體的研習時數列為自變項，探討研習時數與親職教育的成效是否有關。

5. 將不同的團體方法，如班級教學、讀書會，以及團體輔導列為自變項，比較親職教育的實施成效是否會因為團體方法的不同而有差別。

（本章改寫自林家興（2000）：親職教育團體實施成效的個案研究。載於台北市立師範學院學生輔導中心論文集（頁163-182）。台北：台北市立師範學院學生輔導中心。）

第九章　親職教育團體實施成效的個案研究

本章小結

　　本章首先針對親職教育團體的實施成效提出問題，並進行相關文獻的探討，然後以兩個親職教育團體為個案進行分析研究，研究結果顯示親職教育團體是一種有效的方法，主要的效果體現在：父母可以獲得知識與技巧的學習、情感的交流與支持、增進父母自我的反省與成長。根據研究結果，本章建議讀者實施親職教育團體時，應遵守下列原則：團體的實施應有理論的依據、團體的結構性應採用低結構的方式實施、團體的人數介於 10 至 20 人之間、團體研習的時數不宜太短、親職教育團體的招生對象是一般兒童或只有輕度行為問題兒童的家長、團體討論的內容應以家長成員個人困擾或親子問題為焦點，以及領導者的角色在於鼓勵成員進行經驗分享、問題討論與情感支持。

問題討論

1. 就親職教育團體實施成效而言，不同理論取向之間的差異是否顯著？
2. 何謂整合式的親職教育理論？
3. 閱讀〈親職教育團體實施成效的個案研究〉一章之後，你有哪些問題和心得？
4. 為何親職教育團體比較適合一般兒童和有輕度行為問題兒童的家長參加，卻不適合有嚴重情緒與行為問題兒童的家長參加？
5. 有效親職教育團體的實施原則是什麼？

第十章

親職教育成效的評量

任何教育或輔導活動都要包括計畫、實施與評量三個部分。當主辦單位花了很多的精神、時間和經費去辦理親職教育研習活動，如何知道研習課程是否達到預訂的教學目標，以及是否滿足父母的需要？這便是本章要討論的主題：如何評量親職教育的成效。評量親職教育的成效，可以從兩方面來探討，一是有關課程本身的評量，通稱方案評鑑（Program evaluation）；另一是有關父母學習成效的評量，在教育專業裡，我們稱之為學習成就，在心理輔導專業裡，我們稱之為輔導效果評量。本章包括三部分：親職教育課程的評鑑指標、課程質量的評量，以及父母學習成效的評量。

親職教育課程的評鑑指標

　　本節要討論親職教育課程的評鑑指標，以往由於欠缺客觀的指標，因此要對於親職教育課程進行評鑑比較困難。本節列出幾個可能的評鑑指標，提供讀者參考。這些指標包括：活動方式、參加人數、上課時數、講師、課程結構、家長互動，以及研習內容等。符合這些評鑑指標的課程，便是好的親職教育課程，也會具有良好的效果。

壹、活動方式

　　在活動方式的指標方面，是指親職教育實施的方式。好的親職教育課程所使用的活動方式愈多樣、愈能夠滿足家長的需要，例如：好的課程通常包括個別方式、小團體方式、大團體方式、家訪方式，以及個案管理等；好的課程提供心理衛生三級預防的對象所需要的課程與活動。在這個指標上，愈符合個別化、愈能夠滿足家長需求的活動方式，可以說是愈好的課程設計與實踐。

　　這個評鑑指標並不是說，使用愈多種類的活動方式就愈好，最重要的是，活動方式的選擇要能滿足服務對象的需要。因此，在評估活動方式時，同時要看服務的對象是誰：針對初級預防的家長，專題演講和座談會或許是一個好的實施方式，但是對於次級和三級預防的對象，單獨使用專題演講和座談會就不是好的實施方式。

如果不論服務對象，在各種活動方式上，筆者認為個別方式和小團體方式更能夠協助家長及其子女，因此使用個別方式和小團體方式愈多的親職教育課程，可以說是愈好的課程。

貳、參加人數

在參加人數的指標方面，是指參加親職教育課程的人數。一般而言，參加人數愈多的課程，說明它可以讓很多人獲得幫助。但是深入一點去考察，筆者認為參加親職教育課程的家長是屬於哪一類的人，也是一個很重要的指標；因此，除了人數愈多愈好之外，還要進一步評估參加的家長及其子女，是屬於心理衛生三級預防當中哪一個層級的對象。

筆者建議可以將家長分為三類：第一類是初級預防的對象，是一般功能正常的家長；第二類是次級預防的對象，是情緒和行為出現問題的家長及其子女；第三類是三級預防，是罹患嚴重身心疾病的家長及其子女。假設有兩個課程，服務的人數都一樣是100人，其中第一種課程專門服務初級預防的對象，而第二種課程則是專門服務次級或三級預防的對象，那麼我們可以說第二種課程要比第一種課程好，更具有效果和影響力。

參、上課時數

上課時數的指標是指，親職教育課程提供家長上課的總時數，而上課時數愈多愈好。在評估親職教育課程的時候，我們可以根據每種課程的時數規劃來加以判斷。根據親職教育實務經

驗，我們知道真正有親職功能缺陷或管教子女有困難的家長，他們需要較多的親職教育時數，僅提供數小時的親職教育課程，顯然不足以協助真正有問題的家長。

因此就上課時數而言，定期的個別親職教育輔導和小團體輔導，肯定比單次舉辦一、兩個小時的專題演講和座談會要好。至於多少時數的親職教育才足夠，要視個別家長的需要而定，一般原則是：針對初級預防服務對象的課程，或許 10 小時以下就足夠；針對次級預防服務對象的課程，家長所需的上課時數至少要 20 小時。針對三級預防服務對象的課程，這些家長所需要的上課時數，就需要更多次數和時數的親職教育。

肆、講師

講師這個指標是指，親職教育課程所聘請的講師是否固定、是否專業。一個進行 8 週的親職教育課程，有固定講師的課程要比沒有固定講師的課程要好。這是因為同一位講師實施親職教育時，比較有系統、有連續性，對上課的家長及其子女比較有機會了解，並提供適切的協助，師生的互動也比較容易和頻繁。

講師的主修、學歷、經歷，以及相關訓練證書和專業執照，也可以作為評估課程品質的依據。講師是否專任、是否編制內，以及是否資深，也可以作為評鑑的參考。親職講師如果曾經主修親職教育，具備大學學歷，曾經受過親職教師培訓，具有心理衛生專業相關執照，是編制內專任人員，而且具有三年以上的親職教育工作經驗，這樣的教師愈多就是愈好。

親職教育課程如果聘請專業人員擔任講師，自然比聘任義工

家長要好。一個單純由義工家長擔任講師的課程，其品質比較不容易掌握；如果親職教育課程係由義工家長擔任講師，但是有固定接受親職教育專家的督導，那麼這樣的課程也是可以接受的。

伍、課程結構

　　課程結構的指標是指，課程是高結構、中結構、低結構，還是無結構的程度。有效的親職教育課程，其課程內容多少是有一些結構，包括課程目標和實施方式，但是過度結構和毫無結構的課程容易被評鑑為不好的課程。至於課程結構的程度，要視服務對象和課程目標而定，對於兒童和少年實施的課程或許可以多一點結構，對於成人，例如一般家長，筆者認為要少一點結構會比較好。

　　課程的結構可以提供講師和家長一個可以依循的規範，可以很快的進入工作狀況。但是課程結構如果缺乏彈性，不能夠因時因地制宜，過於僵化也不好。親職教育課程的實施，主要是為了幫助需要的家長，並不是為了講師或課程本身。

陸、家長互動

　　家長互動的指標是指，一個親職教育課程是否鼓勵、是否容許家長彼此互動、建立連結和相互支持的關係。一個愈能夠增進家長互動、彼此認識、培養同學感情、發揮家長互助功能的課程，可以說是一個愈好的課程。

　　如何知道家長有互動、有連結呢？可以從家長是否記得彼此

的姓名、下課回家後是否會互相聯絡、見面時是否會關心彼此的
家庭和小孩，以及家長是否樂意在上課時分享自己的心情故事等
觀察。我們可以說，課程是一時的，但家長的情誼是長久的；親
職教育課程有結束的一天，但是參加課程的家長如果能夠在上課
的時候，結交到幾位知心好友，這樣的課程就可以說是成功的。

柒、研習內容

研習內容的指標是指親職教育課程是否有理論依據？是否有
系統？是否循序漸進？凡是有理論依據、有系統，並且循序漸進
的課程，通常會是一個好的課程。有些任意組合的親職教育課
程，有些缺乏理論與研究證實的課程，其效果比較令人質疑。因
此，在評鑑親職教育課程的內容時，可以從其理論依據加以判
斷。

至於依據何種理論才是最好，目前並無定論。作為親職教育
課程理論當中，常見的有：心理分析理論、阿德勒理論、行為學
習理論、個人中心理論、家庭系統理論，以及溝通分析理論等。
根據研究得知，不同理論之間的親職教育成效並沒有顯著的差
異，重要的是設計親職教育課程時，應該有理論依據，不宜閉門
造車。

 第二節

課程質量的評量

評量親職教育課程的成效，可以從不同的角度去衡量。以資

料的性質來區分，可以分為質的評量與量的評量。以評量的方式，可以區分為過程評量與成果評量。

壹、質的評量

　　質的評量（qualitative evaluation）是評量親職教育成效的主要方法之一，凡是不易量化的學習項目，包括：認知、情感與動作技能的學習，皆可以使用質的評量。想要知道研習課程是否有效，最直接的方式，便是詢問參加研習的家長。實施質的評量，可以在最後一次研習結束前，以口頭方式，請家長分享他們對研習課程的看法。例如：一位父親參加 10 週的親職教育研習之後說：「我真的要謝謝親職教育研習課程，自從我把所學的東西用在我的兒子身上之後，我們父子的關係變得非常的好，親職教育研習真是有幫助。」這位家長的口頭陳述，便是對親職教育課程一種非正式的質的評量。

　　質的評量也可以使用書面方式來進行，例如：我們可以在研習結束之後，請家長填寫一份「親職教育回饋表」，內容參考表10-1。主持人一邊分發「親職教育回饋表」，一邊說：「為了改進以後的親職教育研習課程，我想請每一位家長花幾分鐘時間，填寫一份親職教育回饋表，不需要寫上你的名字，請儘管放心地填寫，謝謝。」

　　質的評量也可以從平時的觀察而得知，例如：我們可以從某位家長第一次上課的情形，陸續觀察他每次上課的表現，然後在最後一次研習時，觀察他的行為表現；如果有機會觀察他和子女互動的情形，更可以獲得許多寶貴的資料，用來檢驗研習課程是

否有效地幫助這位家長的親子問題。

表 10-1 　親職教育回饋表

一、請問您認為本次研習課程的優點是哪些（講師人選、上課方式、
　　課程內容、研習場地、研習時間等）？

二、請問您認為本次研習課程的缺點是哪些（講師人選、上課方式、
　　課程內容、研習場地、研習時間等）？

三、請問整體而言，本次研習課程是否滿足您的需要和符合您的期
　　望？

四、請問您對我們以後舉辦親職教育研習課程有什麼建議？

謝謝您的寶貴回饋。

貳、量的評量

量的評量（quantative evaluation）也是評量親職教育是否有成效的常用方式。評量的方式包括下列幾種：

1. 使用與出席有關的資料，例如：家長參加研習的人數、上課出席率，遲到早退的人次。家長持續踴躍出席的研習課程，通常反映成功的研習課程。

2. 使用與經費有關的資料，例如：辦理研習課程的盈虧金額。能夠帶來愈多收入，愈少支出的研習課程，對主辦單位而言，愈是一次成功的研習課程。

3. 使用評量表，評量親職教育成效的方式可以自編或選用一些現成的親職教育評量表。表 10-2 便是一個可以用來請家長評量親職教育研習的評量表。

評量表的設計，以李克特量表（Likert scales）最為常見，其中又以五等量表最普遍。主辦單位可以根據評量表得到有關親職教育辦理情形的量化資料。量化的資料可以方便作比較，與以前的研習活動作比較，或比較同一次研習不同項目之間的相對表現。

表 10-2　親職教育研習評量表

> 這是一份不記名的評量表，請根據您參加本次研習的經驗，告訴我
> 們您的看法，以作為我們將來舉辦親職教育研習的參考。作答方
> 式：請從很差到很好之中圈選一個最接近您看法的數字。 1. 代表
> 很差， 5.代表很好。謝謝您的合作和協助。

	很差		很難說		很好
1. 報名手續	1	2	3	4	5
2. 工作人員的接待	1	2	3	4	5
3. 講師人選	1	2	3	4	5
4. 研習內容	1	2	3	4	5
5. 研習方式	1	2	3	4	5
6. 研習場地	1	2	3	4	5
7. 研習時間	1	2	3	4	5
8. 師生互動	1	2	3	4	5
9. 對學員的幫助	1	2	3	4	5
10. 對研習的整體評價	1	2	3	4	5

參、質量並用的評量

　　質的評量和量的評量也可以混合使用，因為不同性質的評量
標的，需要不同的評量方法。主辦單位如果想要從家長那裡得到
比較具體的改進建議，或者想要了解家長上課的心聲，使用開放
式的質的評量比較適合：主辦單位如果想要得到辦理親職教育情
形的具體數據，那麼使用量的評量比較適合。

事實上，為了兼顧質的評量與量的評量，許多主辦單位比較偏好質量並用的評量。亞太親職教育課程所使用的評量表（參考表 12-11）便是一個很好的例子。如此可以在一次的資料蒐集，同時得到質與量兩方面的資料，作為評量辦理研習成效的參考。

肆、過程與成果的評量

課程的評量又可以分為過程評量（formative evaluation），和成果評量（summative evaluation）。所謂過程的評量是指，主辦單位一邊實施親職教育研習，一邊評量其辦理情形。以一個 10 週的研習課程為例，如果在每週研習之後，就請家長做一次評量，主辦單位可以即早獲知研習活動辦理的優缺點，並且可以隨時改進和調整研習活動的運作，這便是一種過程評量。

所謂成果評量是指，主辦單位在實施親職教育研習結束之後，才進行成效評量。用前述 10 週研習課程為例，如果主辦單位在家長上完 10 週研習後，請家長就整個研習活動做一次評量，這便是一種成果評量。主辦單位通常在最後才知道家長對研習活動的看法。這種評量結果，可以作為辦理下一梯次親職教育課程的重要參考。

過程與成果的評量，可以用學生考試來說明。學校對學生實施小考、段考、月考便是屬於一種過程評量；學校對學生實施期末考或畢業考，便是屬於一種成果評量。關於評量親職教育研習課程的成效，筆者認為主辦單位若能同時使用過程評量和成果評量，那是最好的選擇。因為主辦單位可以提早了解家長對課程的回饋，而隨時調整研習課程，以便切合家長的需要。

父母學習成效的評量

　　評量一個親職教育研習課程是否有效，最終還是要看該課程是否眞正的解決了父母的問題，滿足了父母的需要。更重要的是，兒童是否得到適當的教養和照顧。關於父母學習成效的評量，本節分爲兩部分來討論：一是被評量的對象和內容；二是誰是適當的評量者。

壹、被評量的對象和內容

　　要評量家長在參加親職教育研習之後，是否得到幫助，是否能夠自助助人，是否能夠學以致用，這些都是極爲複雜的變項。在這裡，我們分爲父母的變項、子女的變項，以及親子關係的變項來說明。

一、父母的變項

　　父母的變項包括：正確的管教知識是否增加、適當管教態度是否表現，以及學到多少有效的管教技巧。父母的變項還包括：處理生活壓力的能力是否增加、對於管教子女的信心是否提高，以及是否增加家庭管理的能力等。

二、子女的變項

　　子女的變項包括：子女的不適當行爲是否減少、子女的學業

成績是否進步、子女做家事的時間是否增加,以及子女良好行為是否增加等。

三、親子關係的變項

親子關係的變項包括:親子溝通技巧是否改善、親子衝突事件是否減少、親子相處時間是否增加,以及親子感情是否改進等。讀者如果想要評量家長參加親職教育課程之後,在親子關係上是否改進,可以參考表 10-3「親子關係量表」。

由上可知,要精確地評量家長參加親職教育研習之後是否得到研習效果,實在是一件不容易的事情。因為一般主辦單位很難兼顧到父母的變項、子女的變項,以及親子關係的變項三大部分;比較容易評量的部分是有關父母的變項。

筆者認為一個良好的父母研習成效的評量表,應該包括涵蓋上述三部分的問題。實施的方式,可以包括:父母的自我評量、子女的評量,以及第三者的觀察和評量。

表 10-3　親子關係量表

說明:這是一份不記名的量表,請閱讀每一個題目,依據您與孩子相處的實際情形,在「總是如此」、「多半如此」、「有時如此」、「很少如此」、「無法作答」中擇一打勾。本量表僅提供學術研究之用,謝謝您的合作。

編號	內　　　　容	總是如此	多半如此	有時如此	很少如此	無法作答
1	我常擁抱孩子來表示自己很愛他？					
2	我樂於在別人面前提到自己的孩子？					
3	我的管教態度和配偶一致？					
4	孩子喜歡和我說話？					
5	我經常徵詢孩子的意見？					
6	我有興趣聽孩子說話？					
7	我發現孩子有很多優點？					
8	我認為孩子應該分擔家事？					
9	我對孩子有所要求時，會先反省自己做到了嗎？					
10	我為了孩子讀書而放棄看電視？					
11	我有耐心為孩子檢查作業？					
12	我經常檢討自己教養子女的態度？					
13	孩子認為我不關心他？					
14	我認為孩子不如人？					
15	我在火冒三丈時會指正孩子的錯誤？					
16	我在管教孩子時會一再提起他以前所犯的錯？					
17	孩子認為我是個嘮叨的父母？					
18	我認為孩子只須聽話而不必給予發表意見的機會？					
19	孩子認為我為他所做的事都是應該的？					
20	我的決定會因孩子耍脾氣而改變？					
21	我認為孩子從小要樣樣都學才能高人一等？					
22	我在孩子身上發現了一些缺點，而歸罪於家裡的某個人？					

23	我認為假日是休息時間不該受到孩子打擾？				
24	我特別偏愛家中某個孩子？				
25	我認為「打」是最有效的管教方式？				
26	我能每天抽空檢查孩子的聯絡簿？				
27	孩子做錯時，我會立即糾正並告訴他怎麼做才是對的？				
28	我能親自為孩子準備三餐？				
29	我能為孩子準備乾淨、舒適的衣服？				
30	我了解孩子在國小階段的發展情形？				
31	我和孩子溝通時彼此都很愉快？				
32	孩子有好的表現時我能具體的讚美？				
33	我會利用時機鼓勵孩子參加慈善和捐獻活動？				
34	我會帶領孩子分擔家事？				
35	我不會將 12 歲以下子女單獨留置家中？				
36	我會和老師討論子女的教育問題？				
37	我會和孩子一起看電視並討論內容？				
38	我會以身作則，注意自己的行為習慣，以作為孩子的模範？				
39	我會和孩子一起選擇課外讀物？				
40	孩子會和我談他的學校生活？				
41	我會指導孩子正確使用零用錢？				
42	我能說出幾個孩子最要好同學的名字？				
43	孩子有了困難會告訴我？				
44	我能依孩子的能力，給予適當的期待？				
45	我能敏銳的察覺孩子的心情？				
46	我的家庭充滿歌聲、歡笑聲？				
47	我能及時發現孩子身體不適，並適當處理？				

48	我願意抽空和孩子閒話家常？					
49	我會安排有益身心的休閒活動？					
50	我能培養孩子良好的興趣、嗜好？					
51	我會閱讀有關管教子女的書刊？					
52	我知道孩子就讀的班級和級任老師的姓名？					
53	我提供孩子一些做決定的機會，並讓他為自己做的決定負責？					
54	我能參加孩子學校舉辦的親職教育活動？					
55	我認為不會讀書的孩子也會有前途？					
56	我認為男孩女孩一樣好？					

（資料來源：教育部編印「陪他一起成長」國民小學家長手冊）

貳、誰是適當的評量者

　　要評量親職教育研習課程對家長的影響，除了評量的變項相當複雜之外，由誰來評量父母的學習成就和輔導成效，也是一件不容易的工作。一般常用的方式有二：一是由親職教師來評量；二是由家長進行自我評量。其他比較不常用的評量是由子女來評量父母，以及用心理測驗來評量父母。

　　因為親職教育是一種特殊型態的成人教育，一般親職教育研習課程並不使用考試的方式，來評量家長的學習成績。不過，親職教師可以使用簡易的測驗，讓家長進行研習前和研習後的自我測驗，以了解自己的學習成果。使用傳統的考試方式來評量家長的學習成績，並不適宜。人都有了解自己學習成果的好奇心，因此，鼓勵家長進行自我評量是比較可行的方式。

　　至於由子女來評量父母的管教行為，是一個很好的構想，但

是實施起來可能很困難，一方面父母可能比較不能接受讓子女來評量自己的學習成效；另一方面，子女也有很多的顧忌和成見，不一定能夠真實和公正地評量父母。不過，如何透過子女對父母的坦誠回饋，來增進父母的自我了解，以及評量自己的管教態度和行為，是一件值得參考的評量方式。通常，願意接受子女的回饋或評量的父母，比較能夠從善如流，也比較樂於自我改善，提升自己為人父母的能力。

　　在設計父母研習成效評量表的時候，我們可以設計一種父母、教師與子女都可以使用的評量表，來評量有關父母的管教知識、態度和行為。這種類似多特質多方法的評量方式（Multitrait-multimethod approach），是親職教育研習成效的最佳評量方式。

親職教育的原理與實務

　　本章內容主要在討論親職教育課程成效的評量，首先討論親職教育課程的評鑑指標，有了比較客觀的評鑑指標，就可以有一些共同的指標可以比較。有了清楚的評鑑指標，親職教師也比較知道從何處下手去改善課程的實施。接著討論課程質和量的評量，也就是從質化和量化兩種取向來評量親職教育課程的成效，本章並且提供幾個實用的量表，提供讀者參考使用。最後，本章討論父母學習成效的評量，課程實施的再好，課程成效最終的判斷取決於父母是否受益？是否改善？除了討論被評量的對象和內容，也討論誰是評量父母學習成效的最適合的人。

問題討論

1. 親職教育課程的評鑑指標有哪些？
2. 何謂過程評量？何謂成果評量？
3. 請問你要如何評量親職教育課程的成效？
4. 請問你要如何評量父母參加親職教育課程之後的學習成效？
5. 在評量父母參加親職教育課程的學習成效，誰是最佳的評量者？課程講師、父母自己，還是子女？

第十一章

親職教育的社會資源

■ ■ ■　為人父母是一項嚴肅的任務，對孩子的影響是深遠的。教養孩子原本就是一件具有挑戰性的工作，孩子在不同年齡階段，帶給我們不同的挑戰和考驗。教養孩子是經年累月，沒有假期，也不能隨意放棄的工作。如果孩子沒有教養好，受苦的不僅是孩子未來的家庭，還會帶給我們無窮的痛苦和困擾。教養孩子需要不斷地進修，需要來自配偶和家人的支持，也需要來自社區的協助。本章將探討如何運用社會資源來幫助家長提升親職教育功能，促進家庭和諧生活，包括：親職教育好書推薦、親職教育資源的運用，以及社會資源的運用等。

親職教育好書推薦

　　人云：「活到老，學到老」，為人父母也是如此。父母進修的範圍，除了職業與嗜好的再進修，更應該隨時吸收教養孩子有關的知識與技能。除了平時與配偶、父母、公婆，以及親友切磋教養孩子的心得之外，也應參加社區所舉辦的親職演講、座談、親職研習課程，以及閱讀親職教育圖書雜誌等，以充實為人父母的知能。有關正式親職教育課程，本書已有專章介紹，本節將討論參加演講與座談，以及閱讀自修兩部分。好書推薦包括：中文和英文親職教育好書的推薦。

壹、親職演講與座談會

　　親職教育最常見的呈現方式是演講與座談會，雖然本書不建議以演講和座談作為實施親職教育課程的主要方式；但是，親職演講和座談會有其社會教育的功能，它的普及是有目共睹的。因為舉辦親職演講與座談會的時間、精力、人力和成本，比辦理正式親職課程來得經濟，實施起來比較容易。我們可以鼓勵家長盡量去聽講，學多少算多少。

　　一般家長可以透過學校和社區機構取得親職教育相關專題演講的訊息，這方面的演講通常是免費的，家長可以把握這些機會去參加。中小學的輔導室通常每學期至少會舉辦一次親職教育方面的專題演講；學期初的時候，有興趣的家長可以直接打電話詢

問各校的輔導室，去了解什麼時候會舉辦親職教育演講。親職演講與座談的呈現方式有很多，除了現場聽講之外，爲人父母也可以透過電視、廣播電台、錄音帶、錄影帶、光碟等方式，得到進修的機會；這對於許多不方便出門的家長，不失爲一種變通辦法。

除了學校，許多社區機構，如各縣市家庭教育服務中心、張老師中心、家庭扶助中心、社區心理衛生中心，以及社會服務機構等，也會不定期舉辦親職教育專題演講。讀者可以直接打電話或瀏覽他們的網站，以獲得這方面演講的訊息。

貳、親職書籍與雜誌

吸收親職教育的資訊，了解兒童與青少年的心理，如何改善親子關係等，也可以透過閱讀親職教育書籍和雜誌而獲得。雖然書籍與雜誌，不像正式的教育課程可以進行實際操作和演練，但是閱讀書籍和雜誌，也是一種隨時隨地可以實施的自我進修。閱讀親職書籍和雜誌，確實是一件經濟可行的進修方式，不僅可以自己決定時間和進度，而且可以從眾多的主題和作者中，找到自己喜歡的書和文章來看。

對於一般心理健康、家庭生活愉快的父母，閱讀親職書刊是一種自我充實、自我成長的方式，可以預防親子問題的發生。對於親子關係不好，時常與子女起衝突的父母，筆者認爲僅靠閱讀自修是不夠的。生活在親子衝突或家庭衝突中的父母，最適當的進修方式，應該是去參加正式的親職教育課程；親子衝突更嚴重的父母和孩子，甚至還需要接受心理輔導，才會獲得有效的改善。

　　一般報章雜誌都會開闢家庭副刊與親職教育相關的專欄，平常家長可以細心留意這些文章和專家的建議。愈來愈多的親職教育相關網站和電子報也是家長取得親職教育資訊的來源，這些電子媒體所提供的資訊多數是免費的。透過報章雜誌學習親職教育主要的問題是缺乏系統，也不容易判斷資訊的來源是否可靠和正確，必須家長自行判斷。

參、中文親職教育好書推薦

　　市面上充斥著各種幫助父母教養與管教孩子的書籍，根據筆者查閱台灣師範大學圖書館的目錄，與親職教育和親子教育有關的書籍，大約在 400 多本左右。一般家長到圖書館或書店要找尋適當的親職教育圖書，可能會面臨不知所措的困境。

　　為了幫助家長挑選適當的進修讀物，筆者在台灣師範大學教授「親職教育」時，請修課同學推薦他們認為最佳的親職教育優良讀物。根據全班 60 位同學的推薦，我們一共選出五本優良讀物，作為為人父母自我進修的參考。這五本親職教育優良讀物的介紹，親職教育主辦單位可以將它複印給有興趣的父母作為選擇自修讀物的參考。這五本書的作者、書名和出版社，以及內容摘要，依作者姓氏筆劃排列如下：

　　1. 林家興（1994a）：**天下無不是的孩子**。台北市：張老師文化。共 233 頁。本書所介紹的親職教育觀念和方法，是以心理學的理論和實際臨床經驗做根據，同時綜合了許多家長管教子女的智慧與經驗。全書分為五篇：(1)了解孩子是首務；(2)親子感情是關鍵；(3)管教子女是藝術；(4)獎勵與處罰是學問；(5)「暫停」是

糾正壞行爲的良方。內容深入淺出，不僅可以作爲親職教育課程的教材，也適合一般家長閱讀。

2. 品川孝子（1993）：**如何面對孩子反抗期**。台北市：小暢書房。共 220 頁。本書作者對於許多父母面臨反抗期子女的問題，認爲處理的重心應該放在父母與子女之間的雙向關係上。作者從反抗期子女的不安心理開始探討，同時揭露此時期孩子的特色，以幫助父母更了解反抗期的孩子，並且提供如何改善親子關係以及相處的方式。雖然本書爲翻譯書籍，但內容淺顯易懂，適用於有正值反抗期子女的家長閱讀。

3. 湯瑪斯·高登著，張珍麗、張海琳譯（1994）：**父母效能訓練**。台北縣：新雨。共 312 頁。本書提供父母解決現代親子問題的方法與技巧，並強調父母應調整自身的價值觀及教育理念，主動與孩子溝通相處，以建立良好的親子關係。「父母效能訓練」是奠基於人際關係的理論，適合以團體討論的方式，彼此交換心得並演練技巧。本書亦適合作爲親職教育課程的教材，兼具實用性及理論性的特色。

4. 劉焜輝等著（1995）：**伴我成長親職教育家長手冊**。台中縣：台灣省教育廳。共 259 頁。本書由 26 位專家執筆，針對父母成長、孩子的人格發展及生活輔導三部分來探討。其特色是在每章之後都有「親職活動」，並隨附「進修讀物」的參考書目。父母可以與孩子一起參與練習，或是採自修的方式皆適宜，適用於學齡階段以上的孩子。本書提供了一般性親職教育基本原則的知識和方法，並有專家名言以及佳句摘錄，兼具實用性與知識性的價值。

5. 盧桂櫻（1994）：**做溫暖的父母**。台北市：張老師文化。

共 246 頁。全書的內容共分五部分：(1)做溫暖的父母；(2)我這樣愛你錯了嗎？(3)要怎麼收穫，先那麼栽；(4)青少年一定有反抗期嗎？(5)經驗分享。作者文筆流暢，以自己的親身體驗，提供了親職教育的理念，其中雖然帶有作者個人習佛的宗教色彩，並且較缺乏有系統的理論架構，但內容頗合乎國情，且文中所舉的生活小故事，深含寓意，令人雋永，適合有兒童或青少年的家長，與孩子共同來閱讀。

肆、英文親職教育好書推薦

《美國自助圖書權威指南》（*The authoritative guide to self-help books*）（Santrock, Minnett, & Campbell, 1994）根據約 500 名心理衛生專業人員的推薦，從 1,000 本自助圖書中推薦最適合家長閱讀的親職教育的書籍有六本書。前五本書獲得五顆星（在一至五顆星的量尺），是屬於被專家強烈推薦的親職教育書籍，第六本獲得四顆星，是屬於被推薦的書籍，也值得參考。從這些書的出版日期來看，都是屬於經典的好書，歷經多年的考驗，成為歷久彌新的好書。這六本原文書當中，有中文翻譯本的至少有四本。這六本書的作者、書名和出版社，以及內容摘要，簡介如下：

1. Brazelton, T. B. (1984). *To listen to a child*. Reading, MA: Addison-Wesley. 本書作者是美國哈佛大學醫學院教授兼兒童醫院兒童發展科主任，主要內容在於探討兒童發展過程中發生問題的了解和處理，例如：兒童的害怕、餵食與睡眠問題、肚子痛，以及氣喘等，這些是正常兒童發展過程中會出現的問題。全書分為三部分，第一部分討論小孩子所經驗的愛與害怕、親子之愛等；

第二部分探討小孩子常見的問題，例如：管教問題、餵食與睡眠問題，以及如何兼顧父母自己和子女的福祉；第三部分討論子女的身心問題，例如：肚子痛、頭痛、喉嚨發炎、痙攣、氣喘、尿床等問題。作者對於兒童的問題均會提供給家長一些處理的建議。本書的中譯本叫做《傾聽孩子：了解成長期中孩子的問題》，由施寄青翻譯（1992），台北市桂冠圖書出版。

2. Brazelton, T. B. (1989). *Toddlers and parents* (2nd ed.). New York: Delacorte Press. 本書第一版於 1974 年出版，這是第二版。本書專門討論正常的幼兒，從一歲到兩歲半的幼兒，在發展過程中各種問題的了解與處理，內容包括：對幼兒發展過程的詳細描述、幼兒可能的感覺和想法、解釋幼兒的行為，並且提供處理幼兒問題的建議。全書 11 章，包括：幼兒的獨立性與堅持、雙薪家庭與幼兒發展、離婚、再婚與單親與幼兒發展、過度退縮或過動的幼兒、兄弟姊妹的爭執、如何處理幼兒經常說不、托兒中心的安排，以及幼兒的自我控制與自我覺察等。

3. Ginott, H. (1965). *Between parent and child*. New York: Avon Books. 本書作者基諾博士曾經擔任過美國哥倫比亞大學臨床心理學家，是一位兒童心理治療與親職教育的專家，於 1973 年過世。基諾撰寫本書的目的在於幫助家長了解傾聽子女感覺的重要性，提供家長和子女溝通的指南。全書 12 章，內容包括：父母與子女溝通的技巧、提供有關獎勵與批評的建議、如何協助孩子培養責任感與獨立性，以及許多管教子女的建議。本書在美國曾經是銷售超過一百萬本的暢銷書，許多心理衛生專業人員喜歡推薦本書給家長，因為它是一本容易閱讀，有助於幫助家長了解孩子感覺和增進親子溝通的好書。本書由於出版甚早，因此有些部分內容

相對的比較過時，例如：有關性教育和兩性關係的建議。本書中譯本有幾種，其中一種的書名叫做《父母怎樣跟孩子說話》，由張劍鳴翻譯（1972），台北市大地出版社出版。心理出版社取得版權，由許麗美翻譯，於 2007 年出版《親子溝通密碼》最新中文版。

  4. Dreikurs, R., & Soltz, V. (1964). *Children: The challenge*. New York: Hawthorn Books. 本書作者崔克斯曾任芝加哥大學精神醫學教授，以及阿德勒學院（Alfred Adler Insitute）主任。崔克斯認為孩子會有行為問題，是因為父母不了解孩子，也不知道如何滿足孩子的需要，遭受父母太多的挫折和洩氣的孩子只好使用不適當的方式獲得父母的注意，然後父母對孩子的這些不適當行為，採取壓制的管教方法，如此惡性循環反而惡化了孩子的行為問題。崔克斯透過本書教導家長有效管教子女的態度和方法。包括使用定期家庭會議來處理家庭與親子問題。本書的中譯本叫做《面對孩子就是挑戰》，由張惠卿翻譯（1987），台北市遠流出版社出版。

  5. Elkind, D. (1988). *The hurried child: Growing up too fast too soon* (rev. ed.). Reading, MA: Addison-Wesley. 本書作者是麻州塔夫茲大學（Tufts University）心理學教授，也是一位兒童心理學專家。他認為生活在成就取向社會的父母們，帶給孩子太多太大的壓力，導致兒童被迫成長太快，成為超級兒童（superkid）。他認為超級兒童現象，不只是父母有責任，學校和媒體也有責任。單親家庭和雙薪家庭的孩子承受更多的壓力，例如：孩子要做很多的家事、成為父母訴苦的對象、給兒童太多的自由、等到青少年時卻又把自由收走。父母不僅對孩子的學業成就期望很高，而且也期望孩子在各方面，如運動技能、才藝表現，以及語言能力等

高人一等。想要得到父母的愛，孩子必須不斷的努力和迎頭趕上。Elkind 建議父母們要尊重孩子身心發展的程度和需要，多鼓勵孩子去玩耍和幻想，並同時提供期望和支持。本書的中譯本叫做《蕭瑟的童顏：揠苗助長的危機》，由洪毓瑛、陳姣伶編譯（1998），新竹市和英出版社出版。

　　6. Leach, P. (1991). *Your baby and child: From birth to age five* (2nd ed.). New York: Knopf. 本書作者是英國人，是英國倫敦經濟學院（London School of Economics）兒童心理學教授。她在書中告訴一般父母們有關嬰兒和幼兒每一個發展階段身心發展所需要知道的事情，包括：餵食、排泄、長牙齒、洗澡和穿衣服等。作者同時向父母解釋嬰兒和幼兒的情緒世界，包括在每個發展階段嬰幼兒的感覺和經驗。在書中她建議父母在做決定時，仔細觀察孩子的表現和需要，要比書中的建議來得重要。

 第二節

親職教育資源的運用

　　本節將介紹親職教育有關的資源，包括：法規與政府資源、基金會與社團資源等。親職講師平常可以熟悉這些親職教育資源，在需要的時候可以作為資源轉介給需要的家長。功能好的家長也可以自行運用這些資源，來幫助自己和親友解決親職教育與家庭問題。

親職教育的原理與實務

壹、親職教育相關法規

　　台灣地區的親職教育的發展可以說從 1983 年台灣省政府頒布「各縣市強化社區媽媽教室活動方案」開始，並於 1984 年將發展家庭教育列爲施政計畫。台北市和高雄市也在 1985 年跟進，訂定「青少年社會工作與親職教育六年計畫」。教育主管機關於 1990 年開始在台灣各縣市成立「親職教育諮詢中心」，後來更名爲「家庭教育服務中心」。家庭教育服務中心經過多年的發展已經成爲各縣市推展親職教育的主要機構之一，目前共有 23 個縣市設立家庭教育服務中心，主要任務在提供家庭諮詢服務、加強家庭倫理觀念、強化親職教育功能、協助父母扮演正確角色、引導青少年身心之健全發展、協助民眾建立幸福家庭，以及促進社會整體和諧發展（郭靜晃， 2005）。

　　教育主管機關從 1991 年推動六年輔導工作計畫，訂頒加強家庭教育強化親職教育功能計畫，透過這個計畫鼓勵各級學校、社教機構辦理各類親職講座。在 1993 年頒布「補助親職教育活動要點」，鼓勵各級學校透過家庭教育和親職教育方式來協助適應困難的學生家庭。內政主管機關於 1994 年完成《兒童福利法》第一次修訂，開始重視家庭的責任，從消極性的兒童保護，轉變爲積極性的兒童扶助；於 1998 年制訂《家庭暴力防治法》。教育主管機關於 1999 年推動家庭教育計畫，推展學習型教育方案，協助家庭建立學習文化。內政主管機關並於 2003 年完成《兒童福利法》與《少年福利法》的合併，成爲《兒童及少年福利法》，其中包括有關強制親職教育的條文（郭靜晃， 2005）。

　　針對有虐待子女的家長，以及管教不當或疏失，導致子女犯

罪的家長，要求其接受強制性親職教育輔導，以便增進管教子女的功能，達成其為人父母的職責，逐漸成為社會的共識。台灣在親職教育輔導之立法，首見於 1993 年 2 月 8 日修正公布的《兒童福利法》第 48 條增列對失職父母的強制性親職教育輔導。其次，則為 1997 年 10 月 29 日修正公布的《少年事件處理法》第 84 條，所增列對非行少年家長的親職教育輔導。自從《兒童福利法》與《少年事件處理法》修正公布之後，可以預期的家長需要更多、更有效的親職教育課程，來滿足法院的要求，以及管教困難子女的需要。

　　親職教師對於強制性親職教育的法規必須有所了解，《兒童及少年福利法》於 2003 年合併公布後，對於違反第 30 條之規定：對於兒童有虐待、遺棄、利用兒童少年行乞，供人參觀、剝奪受教育、強迫婚嫁、綁架、質押、誘拐等之行為，於 58 條中規定處罰新台幣 3 萬元以上 15 萬元以下之罰鍰，並公告其姓名。而違反人如同為父母、監護人或其它實際照顧兒童及少年之人，依第 65 條之規定，縣市主管機關得令其接受 8 小時以上 50 小時以下之親職教育輔導，並收取必要費用，拒不接受親職教育輔導或時數不足時，處新台幣 3,000 元以 15,000 元以下罰鍰，再通知仍不接受者，得按次連續處罰，至其參加為止（郭靜晃，2005）。

　　就《兒童及少年福利法》有關強制性親職教育的執行面而言，台灣 25 個縣市當中，有 19 個縣市將親職教育工作委外辦理，避免處分者同時又是執行者的尷尬。大部分縣市以個別授課及個別諮商為強制性親職教育的主要實施方式，輔以團體方式課程、個別家庭服務，或定期舉辦親職教育座談會、親子旅遊活動等。各縣市執行強制性親職教育輔導存在許多困難，包括： 1. 師

資不足； 2. 課程設計與教材不符合案主需要； 3. 案主意願低落； 4. 政府委託經費不足； 5. 實施方式不恰當； 6. 缺乏評估案主需求標準，以及 7. 缺乏配套措施（郭靜晃， 2005）。

《少年事件處理法》第 84 條所規範的強制親職教育輔導，根據該條文少年之法定代理人或監護人，因忽視教養，至少年有觸犯刑罰法律之行為，或有第 3 條第 2 款觸犯刑罰法律之虞之行為，而受保護處分或行之宣告，少年法院得裁定命其接受 8 小時以上 50 小時以下之親職教育輔導。

有關《少年事件處理法》第 84 條的執行面，台灣少年法院裁定少年家長接受強制親職教育輔導的案量每年平均不到兩百件，相對的，裁定訓誡並予「假日生活輔導」及「保護管束」的案量每年平均在一萬件左右，少年法官對於親職教育輔導的裁定有嚴重不足的問題。台灣 21 個地方法院中，甚至有 9 個地方法院至 2002 年都還沒有裁定過一個非行少年的家長去接受親職教育輔導（司法院統計處， 2002）。

為何少年法院很少對於非行少年的家長作出應接受親職教育輔導的裁定呢？這是一個值得探討的問題。根據筆者的了解，主要的原因有三： 1. 地方法院由於親職教育人力與經費不足，無法在有限的觀護人力與經費中，撥出人力與經費辦理親職教育課程； 2. 坊間所開設的親職教育課程不符合非行少年家長的需求，而且又不是經常性的全年開課，難以符合地方法院接受強制親職教育家長的需要，以及 3. 強制親職教育輔導是地方法院的一項新增業務，並非多數觀護人的專長，因無前例可循，而有礙難辦理的苦惱（林家興、黃詩殷、洪美鈴， 2003）。

強制性親職教育的推展仍然屬於初期階段，政府和民間所提

供的資源有限，但是可預見的將來，將會逐步增加，既然法律有強制親職教育的規定，政府與民間機構勢必會逐年增加經費與人力，來滿足家長的需求。

貳、親職教育相關基金會與社團

以親職教育、家庭教育、社會教育，或兒童與青少年服務為宗旨的社會服務機構，通常會開辦有關的親職教育課程，提供心理輔導與成長團體，舉辦各種心理衛生預防推廣活動等，幫助父母熟悉當地社區各種親職教育資源，將可以藉著使用社區資源來增進親子關係與家庭功能。

服務內容包括親職教育的社會服務機構有很多，比較知名的機構如表 11-1。這些機構除了提供親職教育資訊與諮詢，辦理親職教育課程，有時也會舉辦親子聯誼活動或家長互助團體等，我們可以鼓勵家長多多利用。

表 11-1　台灣地區提供親職教育的社會服務機構

1. 各縣市家庭教育服務中心
2. 中華兒童及家庭基金會暨各縣市家庭扶助中心
3. 張老師基金會暨各縣市張老師中心
4. 台灣生命線總會暨各縣市生命線協會
5. 各縣市社區心理衛生中心

參加正式親職教育課程的父母，通常可以獲得一部分的社會支持，大部分的親職教育課程都是短期性質，有固定週次的限制。除了親職教育課程，我們還可以鼓勵有需要的家長，去參加

社會上適合自己需要的父母協會、家長會，或其他以父母為服務
對象的聯誼性、教育性，與互助性社團，如讀書會、學校家長會
等。

　　各種家長協會或家長互助團體也會提供親職教育相關的服
務，比較知名的家長協會，例如：台灣智障者家長總會（由 37 個
家長協會組成）、各縣市家長協會、各類特殊兒童家長協會（例如
智障者、視障者、自閉症者、學障者等之家長組成的協會），這些
家長協會有的組織相當健全，經常辦理親職教育相關活動。

　　台灣地區關心親職教育的基金會相當多，他們也做了很多有
關親職教育的推展，包括舉辦親職教育講座和出版親職教育叢
書，筆者根據網頁蒐尋得來的資料，整理如表 11-2，有興趣的家
長可以自行上網洽詢親職教育相關的活動訊息。

表 11-2　台灣地區提供親職教育的基金會名錄

1. 台灣兒童及家庭扶助基金會	13. 聯華電子文教基金會
2. 張老師基金會	14. 人本教育基金會
3. 千代基金會	15. 靖娟兒童安全文教基金會
4. 信誼基金會	16. 生命教育基金會
5. 蒙特梭利基金會	17. 金車文教基金會
6. 泰山文化基金會	18. 勵馨基金會
7. 阿寶教育基金會	19. 友緣社會福利事業基金會
8. 心路社會福利基金會	20. 赤子心文教基金會
9. 公共網路文教基金會	21. 功文文教基金會
10. 耕莘文教基金會	22. 國泰慈善基金會
11. 億光文化基金會	23. 天主教善牧基金會
12. 兒童福利聯盟文教基金會	24. 婦女新知基金會

第三節

社區資源的運用

　　親職教師從事親職教育工作時，不僅需要熟悉親職教育直接有關的資源，更需要對廣泛的社區資源（community resource）進行了解，這些有關社區資源的了解，對於中下社經地位的家長特別有幫助，親職教師可視個別家長的需要給予轉介。本節將介紹幾種主要社區資源，包括：醫療與精神醫療、心理衛生與心理諮商、社會服務與福利，以及其它資源等。

壹、社區資源與個案管理

　　社區資源是指存在於民眾生活所在社區的各種生活資源，包括由政府和民間機構所提供的服務，這些社區資源與服務有的是免費的，有的需要付費。與民眾生活息息相關的社區資源分為：醫療與精神醫療、諮商輔導與心理衛生、社會服務與福利、職業輔導與就業安置、特殊教育服務，以及法律與理財服務等。

　　親職教師從事親職教育工作時，經常會遇到一些中下社經地位或弱勢族群的家長，他們不僅需要親職教育的服務，而且更需要其他各種基本生活的協助。這個時候，親職教師可以扮演個案管理者的角色，協助這樣的家長取得他們所需要的協助。這些家長常常因為生活知識不足、心理功能很差，無法自己和政府與社區機構打交道，特別需要親職教師的協助。

　　最需要社區資源與個案管理的人，是那些高危險群的家庭，

例如：家中有罹患精神疾病的子女、有需要特殊教育的兒童、有犯法的青少年，或者家長自己有虐待或嚴重疏忽子女的問題等，這些家長在接受親職教育的時候，通常也非常需要社區資源與個案管理的服務。個案管理的效益包括：

1. 結合個案需求與社區資源。
2. 整合零散、不連貫的服務資源。
3. 服務最被忽視、最需要協助的個案。
4. 服務非正式的照顧者。
5. 改善權責不一致的現象。

貳、醫療與精神醫療機構

　　親職教師在協助家長的過程中，如果遇到家長及其子女罹患各種生理、心理疾病，包括疑似精神疾病，或者已經被診斷罹患精神疾病，在這種情況之下，單獨提供親職教育可能無法有效的幫助這些家長和子女。親職教師可以透過轉介的方式，鼓勵這些家長和子女進一步接受醫療和精神醫療的協助。家長或其子女如果發生下列情況，通常需要轉介精神醫療機構：

1. 家長或其子女精神疾病急性發作，需要急診處理。
2. 家長或其子女需要精神疾病診斷與藥物治療。
3. 家長或其子女需要精神科住院治療。

　　罹患嚴重慢性精神疾病的家長或子女，通常不適合以親職教育機構為主要照顧機構，最好鼓勵這些家長尋求精神醫療機構的長期照顧，多數精神疾病需要長期的醫療照顧，包括：藥物治療和精神復健等。有些精神醫療機構也會提供親職教育方面的協

助，罹患精神疾病的家長或子女如果又有親職教育方面的需求，最好能夠由精神醫療機構提供完整的藥物治療、心理治療、家庭治療，以及親職教育等，這是對家長及其子女最好的照顧。

參、心理諮商機構

就廣義而言，親職教育也是一種心理衛生服務，然而對於有些具有情緒和行為問題的家長及其子女，他們可能需要心理諮商服務。如果家長或其子女有下列的需要，親職教師可以轉介他們去心理諮商機構（詳如表 11-3）：

1. 家長或其子女有心理困擾需要心理評估與心理衡鑑。
2. 家長或其子女需要心理健康諮詢與教育。
3. 家長或其子女有工作壓力與人際問題需要處理。
4. 家長或其子女有個人、家庭與生活上的問題，需要心理諮商或家庭協談。
5. 家長或其子女遭遇重大創傷、失落、自殺，需要危機處理。

表 11-3　台灣地區心理諮商機構參考名單

1. 台北市諮商心理師公會（提供合格諮商心理師與心理諮商所名單）
2. 台北市社區心理衛生中心（提供台北市 12 個行政區健康服務中心駐診心理師名單、地點和門診時間表）
3. 各大學學生輔導中心與高中職輔導室（提供教職員工生心理諮商與諮詢服務）
4. 各縣市社區心理衛生中心
5. 部分醫療院所與社會服務機構提供心理諮商服務

肆、社會服務與福利機構

弱勢族群和貧窮家庭由於資源的匱乏，往往成為兒童虐待、少年犯罪與心理疾病的高危險群，對於這些家庭，如果只是提供親職教育，而沒有同時協助他們解決基本生活的問題，親職教育本身是不容易有效的。每個社會都會有一套社會福利制度，用來照顧貧病孤苦的老弱婦孺。然而這些家庭往往缺乏足夠的知識和能力去使用社會資源，這個時候親職教師往往扮演資源轉介者或個案管理者的角色，居中協助解決他們的生活問題。

社會服務與社會福利體系相當龐雜，大體而言，可以分為四個部分： 1. 婦幼、兒童保護； 2. 貧困、急難救助； 3. 殘障補助，以及 4. 兒童、青少年、老人安置等。在婦幼保護方面，台灣地區可以撥打「113 婦幼保護專線」，任何人想要諮詢或通報有關兒童虐待和家庭暴力的事項，都可以使用這支免費電話。例如：親職教師在提供親職教育的過程中，得知有兒童疑似被父母虐待，依法需要通報，這個時候就可以打 113 這支電話；如果遇到不清楚是否需要通報的案件時，也可以打 113 電話，尋求值班的社會工作人員專業諮詢。

親職教師如果遇到生活無以為繼的家庭，或者罹患各種肢體和精神殘障的家長或其子女，也可以轉介當地縣市政府社會局或社會福利機構，社會工作人員會對他們的生活狀況進行評估，並根據評估結果提供必要的急難救助，以及生活補助費等。對於涉及家長無力照顧年幼子女的情況，親職教師可以諮詢社會福利機構，尋求適當的安置機構。

親職教師的工作很容易有機會觀察和了解各種弱勢族群與高

危險群家庭，如果沒有適當社會福利資源的引進，親職教育要有效的實施是很困難的。如果能夠結合社會福利與親職教育的資源，對於弱勢族群和低收入家庭則是最佳的服務方案。

伍、其它社區資源

其它社區資源包括：職業訓練與就業輔導、特殊教育服務、法律與理財諮詢等。許多參加親職教育的家長，不僅只有子女管教問題需要協助，很多時候他們同時還有其它各式各樣的問題需要專業的協助，如果親職教師了解家長的這些需要，有時候可以透過客座講師的方式，邀請律師、觀護人、警察、輔導老師、心理師、醫師、會計師，以及理財專家擔任親職教育課程的講師，提供家長相關的諮詢服務。

對於需要更多的個別服務，親職教師可以轉介這些家長到相關機構去求助。例如：對於需要職業訓練或就業安置的家長，親職教師可以轉介他們去各縣市的國民就業輔導中心。對於需要法律協助的家長，親職教師可以轉介他們到財團法人法律扶助基金會或各大學法律服務社，以便獲得法律專家的協助。

親職教育的原理與實務

本章小結

　　本章內容主要在討論親職教育的社區資源，與親職教育有關的社區資源包括：親職教育圖書、親職教育資源，以及社會資源。親職教師不僅需要熟悉親職教育領域的知識和能力，也同時需要了解工作當地社區的各種社會資源，以便在家長需要的時候可以提供轉介服務。在好書推薦方面，本章提供方便可用的好書推薦書單，親職教師可以影印給家長使用。接著本章討論親職教育資源，包括：親職教育相關法規、親職教育相關基金會和社團。最後則討論社區的其它資源，包括：醫療與精神醫療、心理諮商、社會福利等。

問題討論

1. 對於推薦親職教育好書給家長這個做法，你有何看法？
2. 在《兒童及少年福利法》當中，增列強制性親職教育輔導條文，你認為可行嗎？
3. 何謂個案管理？何種家長最需要個案管理的服務？
4. 為何親職教師需要知道社區資源？
5. 你如何判斷家長需要的是親職教育還是心理諮商？

第十二章

亞太親職教育課程實例

■ ■ ■　本章將介紹筆者在洛杉磯亞太家庭服務中心（Asian Pacific Family Center）所規劃和實施的一套親職教育課程，作為實例來闡述本書有關親職教育的基本理念和實務。這套課程的名稱為「亞太親職教育課程」。本章前三節將介紹該課程的發展背景、準備工作，以及課程內容與實施。後兩節將簡介美加知名的親職教育課程，增加讀者對於親職教育課程的視野。

亞太親職教育課程背景說明

筆者從 1987 年起任職於洛杉磯亞太家庭服務中心，擔任臨床心理師，除了從事兒童青少年與成人的心理治療工作，並且負責主持親職教育課程，以說國語的華裔父母為對象，開設親職教育課程。亞太親職教育課程大約完成於 1989 年。當時亞太家庭服務中心向洛杉磯縣政府兒童保護局申請到一筆兒童虐待預防的經費；經費的用途包括：諮詢轉介、心理輔導、個案管理，以及親職教育。後來繼續得到兒童保護局的經費支持，因此，親職教育課程也就成為亞太家庭服務中心的服務項目之一。

壹、課程目標

亞太親職教育課程的目標，在於預防兒童虐待與兒童疏忽。洛杉磯兒童保護局接獲兒童虐待與疏忽的通報之後，會派員進行了解和調查。對於需要接受親職教育，卻不諳英語的亞裔父母，就會被轉介到亞太家庭服務中心。因此，亞太親職教育課程擔負兩種任務：一是預防工作，一是輔導工作。對於那些因為使用錯誤或不當方法管教子女，以致被兒童保護局起訴的父母，課程的目標在於教導他們使用正確合法的方法來管教子女。對於一般自願報名上課的家長，課程的目標在於幫助父母學習以更有效的方法，去管教子女，以避免兒童虐待與疏忽的發生。

貳、招生對象

　　亞太親職教育課程的招生對象為任何有興趣想進修親職教育的華裔父母。學生的來源可以分為下列幾類。

一、從兒童保護局轉介來的父母

　　通常父母因為違反《兒童保護法》，不當管教或嚴重疏忽子女，而被舉報。這些父母通常沒有自由選擇的餘地，他們必須來上課，以便完成兒童保護局（Department of Children Services）或法院的要求。根據美國的法律，從事與兒童相關工作的人員，包括：教師、醫護人員、社會工作人員、心理衛生人員，以及托兒人員，如果發現兒童疑似被家人虐待或嚴重疏忽，依法有通報當地兒童保護局的義務。這些被通報的家長在兒童保護局社會工作人員的評估之後，多數會直接或透過法院轉介去接受親職教育課程。

二、法院和觀護人轉介來的父母

　　因犯法而被警方移送少年法庭裁判的青少年，他們的父母通常會被觀護人或法官要求去上親職教育的課，以便學習有效的方法來管教青少年的子女。少年法庭的法官對於犯罪少年的處分，會依照情節的輕重給予裁定，例如：情節嚴重的少年會裁定坐牢監禁；情節較輕的少年會裁定接受社區服務或心理輔導，至於家長則會裁定去接受親職教育課程。

三、從學校轉介來的父母

學校教師、輔導人員，或訓導人員如果認為學生的家長有需要接受親職教育，學校會建議學生家長去上課，以便改善親子關係。特別是那些在學校表現不佳的學生，以及有親子衝突的家庭，學校老師會建議家長去接受親職教育，以便學習有關幫助孩子與改善親子關係的方法。

四、其他機構轉介來的家長

例如：心理輔導人員、社會工作人員、醫療人員，以及宗教人員等，也會介紹他們的個案來參加親職教育。心理衛生人員在輔導兒童與青少年的過程中，如果覺得家長有親職教育的需要，他們會建議家長參加親職教育課程。特別是他們認為家長有錯誤或不適當的管教態度與方法，以致於影響親子關係和子女的成長與心理健康。

五、家長自願報名上課

有些家長透過報紙、電台、口耳相傳，得知有關亞太親職教育課程開課的消息，而自願報名上課。基本上，亞太親職教育課程的招生對象是第一代亞裔移民，由於不諳英語和美國文化，在管教日益美國化的子女時，遭遇極大的困難。知道有使用亞洲語言的親職教育課程，會覺得特別親切和珍惜，因此會自願報名來上課。

參、收費與經費來源

　　參加亞太親職教育課程是免費的，而經費來源是透過亞太家庭服務中心向兒童保護局申請而來的。亞太親職教育課程的經費來自政府的預算，雖然補助的金額並不多，但是還算十分穩定，足以維持親職教育課程——國語、廣東話和越南話各一班的開銷，持續多年而不間斷。

肆、師　資

　　亞太親職教育課程的實施分為國語班、粵語班和越南語班。擔任課程教學的教師都是具有碩士學位的心理輔導人員，通常親職教師會參考筆者所著的教師手冊（Lin & Chow, 1989）來規劃親職教育課程。

伍、課程架構

　　亞太親職教育課程是一套參考社會與行為學習理論而設計的研習課程，一共 8 週，每週上課一次，每次一個半小時，全部上課時數 12 小時。筆者建議上課時數不妨增加為每次 2 小時，一共 8 次，16 小時。課程的實施並無父母手冊或教科書，主要的參考書為筆者所著的《天下無不是的孩子》，以及講義。

　　上課時間通常安排在週二或週四晚上，以方便上班的家長。課程內容著重在：了解兒童與青少年的身心發展、增進親子關係、了解兒童保護相關法律、學習增進良好行為，以及減少不良

行為的管教技術。亞太親職教育課程的特色是非常尊重亞太文化與傳統價值。

亞太親職教育課程的準備工作

　　亞太親職教育課程每兩個月開課一次，每次上課 8 週。有關開課前的準備工作，包括：事先熟悉課程教材、熟悉團體動力與團體催化、招生工作、接受報名與篩選，以及寄出上課通知。

壹、親職教師須事先熟悉課程材料

　　使用亞太親職教育課程的教師，首先要了解課程內容並熟悉教材。亦即在第一次上課之前，應對全部 8 週的上課內容有所熟悉。必要的時候，教師可以根據父母的需要加以修改。事先製作所需要的講義，以及選擇適合家長閱讀的書面資料。

貳、親職教師應熟悉團體動力與團體催化

　　筆者認為主持親職教育課程，除了熟悉親職教材之外，教師更需要具有了解團體動力，以及催化團體動力的能力。因為，親職教師不僅是一位課程教師，也是一位團體催化員。亞太親職教育課程主要以家長的個人問題和親子問題作為教材，因此親職教師需要懂得透過團體的方法，鼓勵家長願意提供團體討論的材料。

參、招生工作

親職教師事先準備一份招生簡章或傳單，在開課前一個月，以郵寄方式將招生簡章送到各種可能會介紹家長來上課的社會服務機構，以及各種大眾傳播媒體。平時，亞太家庭服務中心已有轉介機構的檔案，在開課之前一個月，通知這些轉介機構有關開課的日期，並請他們轉介家長來上課。親職教師也可以利用每次到各地開會和辦活動的機會，分發有關的招生簡章。親職教師也會將招生簡章發給中心的同事，請同事轉介適合的家長來上課。

肆、接受報名與篩選

亞太親職教育課程的報名方式，通常由家長打電話直接向開課的教師報名，親職教師可以在電話上進行篩選。我們通常會問家長下列問題，例如：怎麼會想到要報名上課？是誰介紹你來的？然後登記他們的基本資料。如果從電話中得知個案的問題屬於比較緊急或比較嚴重的心理疾病，我們會轉介他們去接受心理衛生的服務。

伍、寄出上課通知

在上課一週之前，我們會把上課通知連同中心位置圖寄給電話報名的家長，一方面確認他們已完成報名手續，另一方面提醒他們上課的時間和地點。如果時間來不及通知，我們有時候會用電話通知代替。

亞太親職教育課程的內容與實施

本節將亞太親職教育課程的 8 次上課內容介紹給讀者，包括：每一節課的課程目標、講義，以及上課方式等。讀者將來如果自己想要規劃親職教育課程時，可以直接使用或修改使用本節所提供的講義，一定可以帶來許多的方便，節省很多的時間。

壹、始業活動

一、目標

1. 幫助家長認識課程大綱、課程目標，以及課程期望。
2. 透過領導者的催化，幫助家長互相認識，培養團體互助的感情。
3. 透過積極主動的學習態度，鼓勵父母學習成為更好的父母。

二、講義和材料

1. 為每一位家長準備一張名牌以方便自我介紹。
2. 準備一些主辦單位的簡介和主持人的名片。
3. 準備課程大綱（如表 12-1）。
4. 準備一些茶點。

表 12-1　親職教育課程大綱

第一週　管教子女的一般問題

第二週　如何區別管教子女與虐待兒童

第三週　了解孩子的身心發展

第四週　如何增進親子關係

第五週　如何增加孩子的好行為

第六週　如何減少孩子的壞行為

第七週　了解孩子的學校，以幫助孩子學習

第八週　綜合討論

上課時間：

上課地點：

主講人：

請準時出席，歡迎發問與討論。

三、上課方式

　　上課方式採小班制或小團體研習的方式，因此每班上課的家長人數大約在 6 到 12 人之間。

　　1. 主持人致歡迎詞和進行始業說明：主持人肯定父母從百忙中來上課的苦心，以及談及活到老學到老的精神。主持人接著介紹課程大綱，把每次上課的大概內容稍微介紹一下，並且鼓勵父母表示還想聽哪些有關親職教育的話題。亞太親職教育課程隨時歡迎父母提供改變上課內容的建議，課程的安排以滿足父母的需要為最主要考慮。

　　2. 主持人說明上課的基本規則：主持人告訴家長，為了發揮

小團體研習的學習效果，希望大家遵守下列團體或上課規則：

(1)保密：所有在團體中討論的事情，特別是那些屬於個人和家庭隱私的事情，只限於在團體中分享，不要在上課以外的時間告訴別人。這便是對團體成員的尊重，以便培養在團體中可以無所不談的安全氣氛。

(2)出席：所有報名上課的家長同意每次準時出席，踴躍參與團體討論，以及分享自己的經驗。若有重要的事情不能來上課，也要事先講一下，或電話請假。

(3)團體：說明以小團體方式研習親職教育的好處，包括：可以得到寶貴的回饋和精神支持，以及透過不同家長的管教經驗，彼此可以學習和成長更多。

(4)目標：幫助家長確認參加親職教育的目標是學習有效的子女管教方法、培養良好的親子關係，以及改善家庭生活的氣氛。提醒父母應從自己做起，以身作則，作為子女學習的榜樣。

3. 自我介紹：家長被邀請來進行自我介紹，說說自己叫什麼名字、家裡有哪些人、為什麼會想來上課，以及對上課有什麼期望等。主持人可以身作則，先自我介紹給全體家長，然後再邀請家長依次自我介紹。主持人宜控制家長自我介紹的時間，避免因為時間不夠，有的家長輪不到自我介紹就要下課了。

4. 父母關心的議題：在第一次上課所剩餘的時間中，可以邀請父母說說他們管教子女時，比較困難的是哪些地方。從父母的經驗分享中，可以進一步了解父母的處境和需要，並且培養家長互相關懷的氣氛。

貳、如何區別管教子女與虐待兒童

一、目標

1. 幫助家長覺察自己管教子女的模式。
2. 教育父母認識兒童保護法律。
3. 進一步提高家長學習有效教養子女的態度和動機。

二、講義與材料

1. 兒童保護法律簡介（參考表 12-2）。
2. 準備茶點。

三、上課方式

1. 處理上次上課未談完的話題和情緒，或回答父母各種問題。

2. 主持人鼓勵家長分享管教子女的種種經驗及其困難。主持人體會父母教養子女的苦心和良好的出發點與動機。

3. 主持人藉著表 12-2，說明管教子女與虐待兒童的區別。鼓勵父母在學會照顧自己的情形下，盡力去幫助孩子；避免因無知而違反《兒童保護法》以及傷害親子關係。

4. 主持人鼓勵團體成員分享對《兒童保護法》的反應和感想，以及互相打氣。

親職教育的原理與實務

表 12-2　兒童保護法律簡介

一、什麼是兒童虐待？

　　1. 身體虐待。

　　2. 嚴重疏忽。

　　3. 性虐待。

　　4. 精神虐待。

二、誰可以舉報？

　　1. 學校人員、托兒人員。

　　2. 醫療人員。

　　3. 兒童保護人員，如社會工作人員、警察。

　　4. 相片與影片沖洗人員。

三、為什麼需要兒童保護法律？

　　1. 保護兒童。

　　2. 提供父母所需要的幫助。

四、舉報之後，會怎樣？

　　1. 調查與評估。

　　2. 由法院裁決有關緊急安置與監護權問題。

　　3. 家長與兒童接受社會、醫療或教育輔導的服務。

參、了解孩子的身心發展

一、目標

　　1. 家長將了解兒童與青少年身心發展的基本常識。

　　2. 家長將了解兒童發展的階段任務與困難。

3. 家長將了解處理孩子發展的壓力。

4. 家長將學習自我壓力評量與壓力管理，以便同時可以照顧到自己和孩子。

二、講義與材料

1. 父母壓力評量表（參考表 12-3）。

2. 兒童與青少年的身心發展（參考表 12-4）。

3. 準備茶點。

表 12-3　父母壓力評量表

1. 我的孩子非常依賴我。

2. 我非常擔憂，因為家裡有許多的問題。

3. 我常有安排托兒的困難。

4. 漫長而壓力繁重的一天之後，我經常覺得筋疲力竭。

5. 我的另一半或其他家人經常干擾我對孩子的管教。

6. 我的孩子經常在白天或夜裡大聲哭鬧。

7. 我的身體不是很好。

8. 我的孩子沒有固定的生活常規。

9. 和孩子在一起的時候，我很容易生氣。

10. 我很少有自己休息的時間。

表 12-4　兒童與青少年的身心發展

一歲：扶著走，獨立站一會兒，模仿他人的行為，玩簡單的玩具，使用二到四個字彙，以及表現各種情緒。

兩歲：走得穩當，小跑步，使用 300 個字彙，使用短句或片語表示意見，完成白天大小便訓練，遊戲喜歡有伴，但各玩各的，蹲下起立不用手撐，會翻書頁。

三歲：一隻腳可以站立，拋球，騎三輪車，使用 900 個字彙，使用完整句子表達意思，完成夜間大小便訓練，認識自己的性別，從別人的評價發展自我概念，會遵循指令。

四歲：會爬會跳，走樓梯不用手扶，使用 1,500 個字彙，知道性別不會改變，玩團體遊戲會合作。

五歲：跑得很穩，會跳繩，使用 2,100 個字彙，使用 10 個字以上的句子，對親戚有興趣，知道上、下午和晚上的概念。

六歲：會使用手當工具，如綁鞋帶，使用語言交換經驗，有興趣認識更多的親戚。

七歲：喜歡運動，會看時鐘，穿脫衣服，自己上床，寫楷體的字，抄句子。

八歲：肢體動作靈活，參加各種活動，如健行、打球，寫草體的字，知道星期的概念，喜歡新學會的技能。

九歲：手眼協調配合，手指靈活操作東西，知道年、月、日，知道簡單乘法和除法，養成適當的社交禮貌，如餐桌禮儀。

十歲：性別分化意識增加，細部動作靈活，了解 100 以上的數字，使用學校和日常生活中學到的知識技能，了解人際關係，開始思考未來計畫。

十一～十二歲：具備和成人一樣的肌肉控制和靈巧動作，會定義抽象名詞，了解故事中的道德觀念，重視朋友，喜歡和同性遊玩。

十二～十四歲：青春期開始，女生比男生在生理方面早熟兩年，體重增加。

十四歲以後，男生比女生長得高和重。因荷爾蒙分泌，身體產生顯著變化，出現第二性徵，在生理上有很多疑問和恐懼。

十四～十七歲：性生理發展成熟，對異性有很大的好奇和興趣，建立自我形象，追求獨立自主，想脫離父母的約束和管轄，思想較為抽象，容易變化，以及較少權威。

十七～十九歲：情緒發展較為穩定成熟，對自己有更深入的了解，時間和精力是用在升學、就業和求偶等方面。

三、上課方式

1. 處理上次上課未談完的話題和情緒，或回答父母的各種問題。

2. 主持人藉著兒童與青少年身心發展摘要，向父母說明孩子在不同的年齡，有不同的身心需要，也有孩子要學習和完成的發展任務。

3. 主持人邀請家長圈選父母壓力評量表，以便自我了解管教子女的壓力所在，並且與其他家長分享處理壓力的經驗。

4. 主持人鼓勵父母分享彼此克服壓力的生活經驗，主持人也可以介紹有關放鬆的技巧和時間管理的技巧，幫助有需要的家長減輕生活壓力。

5. 團體討論。

肆、如何增進親子關係

一、目標

1. 幫助家長了解管教方式與子女人格發展的關係。
2. 家長學習如何向子女表達愛與接納。
3. 家長學習傾聽與以同理心了解孩子的心情。

二、講義與材料

1. 管教方式與子女的人格發展（參考表 12-5）。
2. 如何向子女表達愛與接納（參考表 12-6）。
3. 準備茶點。

三、上課方式

1. 處理上次上課未談完的話題和情緒，或回答父母各種問題。

2. 主持人藉著表 12-5 說明管教方式如何影響子女的人格發展。

3. 主持人提醒良好的親子關係是有效管教子女的關鍵，藉著表 12-6，教導父母如何向子女表達對孩子的愛和接納。

4. 主持人示範並教導父母傾聽與同理心的技巧，鼓勵父母回家應用，以改善親子關係。

5. 團體討論。家長可以針對當天上課的主題或任何有關親子關係方面的問題，提出來討論與分享。

表 12-5　管教方式與子女的人格發展

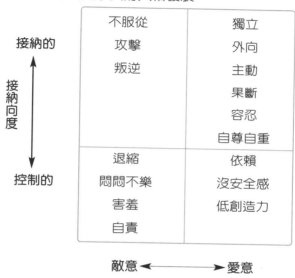

資料來源：Schaefer (1959)

表 12-6　如何向子女表達愛與接納

1. 告訴孩子你愛他。
2. 透過你的態度和言行來表達。
3. 不要妨礙孩子的活動。
4. 對孩子所做的事情表示感興趣。
5. 參與孩子部分的活動。
6. 經常給予孩子有幫助的稱讚和建議。

伍、如何增加孩子的好行為

一、目標

1. 家長將了解孩子學習行為的基本概念。

2. 家長將學習行為管理的技術作為子女管教的方法。

3. 鼓勵家長使用新學習的管教技巧，用來增加孩子的好行為，以及改善親子關係。

二、講義與材料

1. 獎勵與處罰的方法與效果（參考表 3-1）。

2. 獎勵孩子的方式（參考表 3-3）。

3. 口頭稱讚的要領（參考表 3-5）。

4. 準備茶點。

三、上課方式

1. 處理上次上課未談完的話題和情緒，回答父母的各種問題，包括：使用新管教技巧的心得與困難。

2. 主持人藉著表 3-1 向家長說明行為管教的基本概念，以及如何應用行為管理技術作為管教子女的方法。

3. 主持人利用表 3-3 和表 3-5，說明如何使用獎勵和口頭稱讚來增加孩子的好行為。

4. 回答父母有關使用獎勵來管教孩子的顧慮和疑惑。

5. 團體討論。

陸、如何減少孩子的壞行為

一、目標

1. 家長將學習使用行為管理技術來減少孩子的壞行為。

2. 家長能夠區別適當和不適當的處罰方式。

3. 家長了解體罰的副作用，願意放棄使用體罰，改為使用其他更有效的處罰方式。

二、講義和材料

1. 獎勵與處罰的方法與效果（參考 3-1）。

2. 口頭責備的要領（參考 3-7）。

3. 暫停的步驟和要領（參考表 3-8）。

4. 體罰的副作用（參考表 12-7）。

5. 準備茶點。

表 12-7　體罰的副作用

1. 體罰沒有長久的效果。
2. 孩子會對實施體罰的人懷恨。
3. 孩子從父母的體罰學會攻擊與暴力行為。
4. 孩子無法從體罰中學習新的或好的行為。

三、上課方式

　　1. 處理上次上課未談完的話題和情緒，回答父母的各種問題，包括：使用新管教方法的困難與心得。

　　2. 主持人藉著表 3-1 說明處罰的定義，以及處罰的目的。

　　3. 主持人邀請父母討論如何區別適當和不適當的處罰，特別是針對體罰是否是一種管教子女的好方法作深入的探討。

　　4. 主持人藉著表 12-7，說明體罰的缺點。

　　5. 主持人藉著表 3-7 和表 3-8，介紹簡單有效的處罰方法，包括口頭責備和暫停，並且示範正確的實施方式。

　　6. 團體討論。

柒、了解孩子的學校，以幫助孩子學習

一、目標

　　1. 家長對學校的功能有正確的認識。

　　2. 家長了解與學校合作有助於孩子的學習。

　　3. 家長了解有效學習的原理原則，以有效幫助孩子。

　　4. 家長了解學習是孩子的責任。

二、講義與材料

　　1. 教育專家對有關學習的共識（參考表 12-8）。

　　2. 指導孩子做功課的要領（參考表 12-9）。

　　3. 閱讀孩子成績單的要領（參考表 12-10）。

表 12-8　教育專家對有關學習的共識

> 1. 學習可以來自不同的人、資料或經驗。
>
> 2. 家長的參與和學生的成績有密切關係。
>
> 3. 輕鬆的環境會提高學習的興趣。
>
> 4. 家庭作業是為了補充教室的學習。
>
> 5. 天天上課是學習必須的條件。
>
> 6. 學校應鼓勵學生在各方面有均衡的發展。

表 12-9　指導孩子做功課的要領

> 1. 指導孩子養成定時定點做功課的習慣。
>
> 2. 如果孩子不明白家庭作業的內容，協助孩子請教老師或同學。
>
> 3. 當孩子做完功課時，協助孩子檢查一下功課是否做完做對。測驗孩子應背應記的功課是否記住。
>
> 4. 和孩子一起看老師發回來的作業，並鼓勵孩子從老師的回饋中學習。
>
> 5. 口頭稱讚孩子任何良好的表現或進步。
>
> 6. 孩子應該在父母的鼓勵和精神支持之下，獨力做功課。

表 12-10　閱讀孩子成績單的要領

1. 父母對成績單要有正確的態度。
2. 坐下來與孩子一起閱讀成績單。
3. 口頭稱讚孩子的良好表現，盡量從孩子的行為表現中找出優點，例如：按時上學、按時交作業、某一科的成績比上次進步等。
4. 面對不好的成績時，父母要保持鎮靜沉著，請孩子說明自己的成績單。
5. 詢問孩子可以在什麼地方幫助他把成績提高一點。
6. 與老師和孩子一起設法，解決有關成績不好的問題。

三、上課方式

1. 處理上次上課未談完的話題與情緒，回答父母的各種問題，包括：使用新管教技巧的問題與困難，以及分享成功的經驗等。

2. 主持人藉著表 12-8 ，說明教育專家如何看待孩子的學習。並且說明家長與學校合作有助於幫助孩子學習。

3. 主持人藉著表 12-9 ，說明指導孩子做功課的基本態度和技巧，並回答有關的問題。

4. 主持人藉著表 12-10 ，說明如何閱讀孩子的成績單，以及如何避免因為成績單而影響親子關係。

5. 主持人鼓勵家長分享幫助孩子讀書的生活經驗，並且學習了解「讀書是孩子的事情，也是孩子的責任」，以及學習「如何幫助孩子」才是幫助孩子學習成功的最佳方式。

6. 團體討論。

捌、綜合討論

一、目標

1. 家長將了解親職教育是終生不斷的學習活動。

2. 家長將了解有關的社區資源，在有需要的時候，可以加以使用。

3. 家長評量親職教育課程。

二、講義與材料

1. 親職教育課程評量表（參考表 12-11）。

2. 準備研習證明。

3. 多準備一些筆，方便父母填寫評量表。

4. 準備茶點，可比平時多準備一點。

三、上課方式

1. 處理上次未談完的話題與情緒，回答父母的各種問題，包括：使用新管教技巧的困難與問題，並歡迎分享成功的經驗。

2. 主持人邀請家長分享上課的學習經驗，並鼓勵大家活到老學到老。告訴大家上完課，只是學習自我成長的開始。

3. 主持人介紹有關的社區資源，歡迎有需要的家長去使用。

4. 主持人稱讚家長的熱心學習，並且發給家長一張研習證明，藉以肯定父母的用功學習。

5. 主持人請家長填寫親職教育評量表，並作口頭的回饋。

6. 團體分享期末感言，互道珍重再見。

表 12-11　親職教育課程評量表

課程名稱：_____	日期：_____
教師：_____	地點：_____

1. 請從以下幾方面，來評量本次的研習課程（以圈選表示）。

	很差		很難說		很好
a. 整個研習課程的品質是：	1	2	3	4	5
b. 研習內容與教材是：	1	2	3	4	5
c. 研習課程的安排與組織是：	1	2	3	4	5
d. 教師的素質是：	1	2	3	4	5
e. 教師對學員需要的了解：	1	2	3	4	5
f. 課程對管教孩子的幫助：	1	2	3	4	5

2. 對於本次研習課程，你最喜歡的是哪些地方？
3. 假如本次研習課程可以重來一次的話，你會有哪些建議或希望有哪些改變？
4. 參加本次研習課程後，你的研習心得和收穫為何？

謝謝您的合作。

美加知名親職教育課程簡介

　　美國與加拿大推行親職教育多年，有許多知名的親職教育課程，值得我們借鏡。本節將介紹幾個在美國與加拿大受人歡迎，並且成效優良的親職教育課程；然後，再從中探討，這些課程之所以成功，並廣受父母們歡迎的原因何在，以提供我們推行親職

教育以及課程規劃的參考。

在美國最為知名，並實施頗具成效的親職教育課程，有 Thomas Gordon 的「父母效能訓練」（Parent Effective Training, PET）、Don Dinkmeyer 和 Gary Mckay 的「父母效能系統訓練」（Systematic Training for Effective Parenting, STEP）、Michael Popkin 所編訂的「積極管教課程」（Active Parenting）、改善育兒中心（The Center for the Improvement of Child Caring）的「自信管教課程」（Confident Parenting），以及美國紅十字會（American Red Cross）的「幼兒親職教育課程」。在加拿大比較知名的課程是：Charles Cunningham 的「社區親職教育課程」（Community Parent Education Program）。以下將分別加以簡單的介紹。

壹、父母效能訓練

一、編訂者

湯瑪斯‧高登（Thomas Gordon）。高登是一位臨床心理學家，芝加哥大學的心理學教授。

二、課程簡介

高登於 1970 年出版《父母效能訓練》，並於 1975 修訂再版。教導父母有關兒童發展的本質以及如何與子女有效溝通。高登告訴為人父母要有做父母的權威，不能太好講話，也不能太兇。他建議管教子女要充分表達關懷的心，以及訂定明白的規範。他教導父母如何傾聽孩子說話，如何適當地表達情緒，如何處理孩子

的問題等。他告誡父母不要怪罪孩子，或者令孩子感到有罪惡感。父母效能訓練著重教導父母做好親子溝通，以及學習有效改善子女不適當行為的策略。

《父母效能訓練》是指一本書，「父母效能訓練」則是一種課程。高登以帶團體的方式實施親職教育課程，根據紐約時報（New York Times）1975 年 3 月 14 日的報導，從 1970 年在加州一個 17 人參加的父母團體開始，短短 12 年期間已成長至 25 萬個團體，在美國甚至世界各地，共有 7,000 位專業人員在教授父母效能訓練課程（Gordon, 1975）。高登的父母效能訓練課程根據羅吉斯（Carl Rogers）的個人中心諮商理論，在尊重與信任的前提下，相信每個人都有潛力，發展自己，過著美好的生活（郭靜晃，2005）。

三、教材

台灣目前有兩本高登所著《父母效能訓練》的中譯本。一是張珍麗與張海琳（1994）所譯的《父母效能訓練》，由台北縣三重市的新雨出版社出版；另一是傅橋（1995）所譯的《讓你和孩子更貼心》，由台北市的生命潛能文化出版。

貳、父母效能系統訓練

一、編訂者

父母效能系統訓練的編訂者是鄧克麥爾（Don Dinkmeyer）和麥凱（Gary D. Mckay）。鄧克麥爾是諮商心理學家，現任「溝通與動機訓練所」的主任（President of the Communication and Motivation Training Institute, Coral Springs, Florida）；麥凱是美國婚姻與家庭治療學會的會員，現任職於亞利桑那州「溝通與動機訓練所」的主任。

二、課程簡介

父母效能系統訓練主要受到阿德勒學派心理治療理論的影響，阿德勒學派所提倡的個人心理學（individual psychology）認為人類的基本需求是歸屬感，人類所有行為都是目標導向或未來導向的（Dreikurs & Soltz, 1964）。崔克斯（Dreikurs）將阿德勒學派的理論應用到親職教育上，後來鄧克麥爾和麥凱（Dinkmeyer & Mckay, 1976）則將崔克斯的理論更進一步的設計了一套親職教育課程，即是「父母效能系統訓練」。

鄧克麥爾和麥凱相信民主式管教是父母管教子女的最佳策略。根據民主式管教原則，父母與子女在社會上是平等的，應該相互尊重。編訂者解釋兒童表現不適當行為，通常有四種原因：為了獲得注意力、為了獲得權力、為了報復，或表現能力不足。編者教導父母培養子女負責任的方法，包括：鼓勵、溝通技巧，以及適當的管教技巧等。編訂者也教導父母如何召開家庭會議來

增進親子溝通。

三、教材

有關「STEP」的教材有很多，並且根據父母的處境和子女的年齡，分為一般父母使用的教材、青少年父母使用的教材（STEP／TEEN）、嬰幼兒父母使用的教材，以及繼父母使用的教材。除了書面教材，如教師手冊、父母手冊，有的教材並包括錄影或錄音帶。

四、研習會

鄧克麥爾和麥凱鼓勵閱讀 *STEP* 一書的父母，去參加在全美國各地舉行的父母支持團體（STEP Support Group）。有興趣想主辦或參加 STEP 支持團體的父母，可以寫信向 American Guidance Services 詢問最方便參加的地點。

參、積極管教課程

一、編訂者

麥克・帕布肯（Michael Popkin）是一位兒童輔導與親職教育專家，現任「積極管教中心」創辦人兼主任。他曾留學奧地利與英國。

二、課程介紹

「積極管教課程」以及「積極管教青少年課程」均由帕布肯所編訂。本小節以「積極管教青少年課程」為例介紹該課程。「積極管教青少年課程」於 1989 年問世，課程內容包括許多困擾青少年父母的管教問題，如性行為、藥物濫用等。課程的設計主要是根據阿德勒和崔克斯的心理學理論，因此著重在培養合作、鼓勵、負責任、良好溝通，以及自我管理等能力。

「積極管教青少年課程」全期一共 6 週，每週上課一次，每次 2 小時。上課時，由主講人放映有關青少年問題的錄影帶，然後進行討論。整個課程包括 30 個錄影帶片斷，由專業演員扮演各種家庭與親子衝突。

積極管教課程的特色在於使用錄影帶教學，該課程除了拍攝親子互動過程的情節以提供家長一些基本的概念之外，也利用錄影帶拍攝模擬狀況，來考驗父母的反應能力，並且請家長當場進行角色扮演，以及演練如何應對子女的問題行為（郭靜晃，2005）。

三、教材

「積極管教課程」與「積極管教青少年課程」是一整套的教材，包括：教師手冊、父母手冊、錄影帶、錄音帶、宣傳、海報，以及結業證書等。崔克斯本人所撰述的英文暢銷書《面對孩子就是挑戰》（*Children: The Challenge*）的中文譯本由張惠卿（1987）翻譯，台北市的遠流出版社出版，是研究阿德勒親職教育的參考書。

肆、自信管教課程

一、編訂者

「自信管教課程」由「改善育兒中心」所編訂。「改善育兒中心」是由著名的親職教育專家 Kerby T. Alvy 所創辦。該中心每年在加州主辦「加州親職教育領袖會議」(California Parent Training Leadership Conference)。該中心並設有「全國親職教師協會」(The National Parenting Instructors Association),是美國有關親職教育的重要機構。

二、課程簡介

「自信管教課程」是根據行為改變與社會學習理論而設計的課程。上課時間通常是一天半,例如從星期五晚上的七點到十點,星期六從上午九點到下午五點。上課內容包括:如何口頭稱讚孩子的良好行為、如何訂定家庭規則、如何了解孩子的行為、如何使用「暫停」來管教孩子的不適當行為,以及如何獎勵孩子等。上課方式包括教師的示範與團體討論。

此課程主要是藉著課程影響父母的觀念,再由父母去影響兒童的態度進而影響其行為。此課程的主要概念包括:制約學習、觀察學習、訊息學習,以及認知失調等(郭靜晃, 2005)。

三、教材

「自信管教課程」全套教材包括:教師手冊、父母手冊、宣傳單、結業證書、教學用透明膠片、錄影帶,以及家庭規則卡等。

伍、社區親職教育課程

一、編訂者

查理・康尼漢（Charles Cunningham）是加拿大心理學家，任教加拿大多倫多麥克馬斯特大學（McMaster University）精神醫學系，並擔任社區親職教育課程的主任。

二、課程簡介

康尼漢的「社區親職教育課程」是針對有行為困擾兒童的父母而設計的課程。該課程適合孩子有過動症、叛逆症，或行為障礙症的父母參加。該課程的特色包括：

1. 以大團體和小團體的方式實施，每次平均參加人數為 27 人。同時，為了成員討論的方便，又把父母分為小團體，固定由同樣的 5 到 7 人組成。因此，每次上課時，包括大團體的演講和小團體的討論。

2. 全部課程視情形而安排 8 次到 16 次上課，每週上課一次，每次 2 小時。

3. 上課方式包括：觀賞錄影帶所呈現的親子問題，分組討論解決親子問題的各種方式，由主講人示範管教方式，由成員做角色練習，指定家庭作業等。

4. 課程所依據的心理學理論為社會學習理論、認知歸因理論、家庭理論以及團體理論。

5. 在父母上課的同時，為兒童實施社交技巧訓練。父母可以同時替孩子報名參加「兒童社交技巧訓練團體」，這個安排同時也

解決了父母的托兒問題，兒童透過觀摩與角色扮演來學習適當的社會行為。

三、教材

「社區親職教育課程」的教材主要是教師手冊和錄影帶。

陸、幼兒親職教育課程

一、編者

美國紅十字會（American Red Cross）。

二、課程簡介

這是一門 8 到 10 小時的親職教育課程，廣泛在美國各地的紅十字會開班授課。課程是教導父母非常實用的教養須知，上課以小班級方式實施。參加的父母在上課時，互相交換有關教養小孩的知識、心得與方法，並且討論有關教養小孩的文章，以及當地有關教養小孩的社區資源。討論的主題包括：飲食與營養、兒童的情緒與個性發展、兒童醫療保健、兒童動作技能的發展、管教小孩的適當方法，以及照顧小孩的安全須知等。有興趣參加上課的美國家長，可以洽詢各地的紅十字會。

三、教材

主要參考書是一本由美國紅十字會編印的父母手冊：American Red Cross (1981). *Parenting: Your child from one to six par-*

ent's guide. Los Angeles: The Author.

美加知名親職教育課程的啟示

　　從美國和加拿大知名親職教育課程的探討，我們歸納出以下幾點特色，而這些特色顯然是這些知名課程之所以成功的主要原因。

壹、課程與教材的編製具有理論依據

　　成功的親職教育課程都有紮實的理論基礎作依據。最明顯的例子，包括：「積極管教青少年課程」是依據阿德勒心理學的理論；「自信管教課程」是依據行為改變與社會學習理論；「社區親職教育課程」是根據社會學習、認知歸因，及家庭與團體理論。

　　理論的功能在於提供一套完整的原理原則，告訴我們兒童的人格與行為是如何發展的，兒童的人格和行為是如何產生問題，以及又是如何地改善的，改善的方法或策略是什麼等。有紮實的理論做基礎，親職教育課程的規劃和實踐，便有所依據。當課程無法達成其目標時，親職教育專家可以回頭檢驗課程的設計與實踐是否背離所依據的原理原則。

貳、課程的安排有一定的上課時數

有效的親職課程，通常安排至少 10 小時的上課時數。不論是密集式的週末班，或每週上課一次的學期制，總共上課時數愈多愈好，但又要顧及可行性。爲人父母通常生活忙碌，超過 30 小時的課程，反而會使許多父母卻步。

以上述幾個知名課程爲例，「社區親職教育課程」的上課時數是 16 到 32 小時；「積極管教青少年課程」的上課時數是 12 小時；「自信管教課程」的上課時數是 10 小時。

參、課程使用多元化的教材和教法

多數有效而知名的親職教育課程，通常使用多元化的教材。少數只使用一本書，作爲唯一教材。成功的課程，通常編製有教師手冊、父母手冊、親子互動情境錄影帶或錄音帶。比較周到的課程，還會印製現成的親職教育傳單、海報、報名表、結業證書等，供主辦單位直接購用。使用多元化教材的知名親職教育課程，有「父母效能系統訓練」、「積極管教課程」、「自信管教課程」等。

成功而知名的親職教育課程，爲了適應成人的特殊學習方式，通常採用多元化的教學方法，除了演講之外，大量使用小團體方法、視聽媒體，以及討論生活實例。要留住忙碌的父母繼續接受親職教育，不僅教學內容要實用有益處，教材教法更要生動有趣。爲人父母有許多實際的親子生活經驗與問題，成功的課程一定要包括大量討論生活實例的時間。一方面提高父母上課的興

趣，另一方面能夠實際去改善父母手上的問題。

肆、課程的實施富有彈性

　　成功的親職教育課程，爲了適應不同父母的不同需要，會在最大可能的範圍內作彈性調整。有的課程，如「社區親職教育課程」，容許上課時數在 16 至 32 小時之間作調整，錄影帶的製作分爲英文版和法文版。有的課程，如「積極管教課程」、「父母效能系統訓練」等，將課程分爲兒童的父母版和青少年的父母版，因爲管教兒童與管教青少年，必然會面臨不同的問題。有的課程，如「自信管教課程」，將課程分爲一般父母版、非洲裔父母版，以及西班牙裔父母版。有的課程，如「父母效能系統訓練」及「父母效能訓練」，提供父母自修用的父母手冊，方便那些無法上課的家長學習管教子女的方法。

　　成功的親職教育課程，在實施的時候，還有其他各種彈性的調整，以方便因地制宜。有的課程，如「積極管教青少年課程」可以由親職教育專家來主持，也可以由上過課受過訓的父母來主持。有的課程，可以彈性地改爲週末密集班或是每週上課一次的學期班。有的課程，除了上課外，對有需要的父母，提供「父母支持團體」、「個別諮詢」或「複習加強班」等。

親職教育的原理與實務

本章小結

　　本章前三節主要在分享筆者在美國洛杉磯所設計的一套亞太親職教育課程，除了說明該課程的緣起和準備工作，並且以具體的方式呈現八週的課程內容，包括：每次上課的課程目標、講義與教材，以及上課方式等。本章提供許多現成可用的講義，可以方便親職教師上課使用。本章後兩節主要在介紹美國和加拿大著名的親職教育課程，對這些課程有興趣的讀者，可以進一步深入了解，作為改進親職教育的借鏡。

問題討論

1. 試述亞太親職教育課程的招生對象是哪些人？
2. 試述亞太親職教育課程的架構有何特別之處？
3. 美國有許多知名的親職教育課程，請選擇一種簡介其內容。
4. 美加知名親職教育課程可以給親職教師哪些啟發？

第十三章

親職教師的訓練

■ ■ ■　本章主旨在討論從事親職教育工作的專業
人員，也就是親職教師及其訓練模式，全
章內容包括四節，分別是：親職教師的訓
練模式、親職教育課程實例、親職教師研
習課程，以及親職教師的專業發展等。

親職教師的訓練模式

　　本節首先說明誰是親職教師，然後討論親職教師的訓練模式。親職教師這個職稱和專業，現階段並沒有受到應有的重視，因此和正規養成教育還有一段距離，本節僅提供筆者的看法作為討論的基礎。親職教師的訓練模式包括課程學習、繼續教育和實務訓練三部分。

壹、誰是親職教師

　　從事親職教育工作的專業人員，在英文社會裡使用不同的稱呼，最常被使用的稱呼有：親職專家（parent specialist）、親職教育者（parent educator）、親職教師（parenting instructor），以及親職教練（parent trainer）。在中文社會裡，從事親職教育工作的專家，通常被稱為教師、老師或教授等。在中文裡，「老師」一詞是極具包容性的稱呼，可以包括學校裡擔任教學工作的人，以及幫助人們成長或學習的人。對於從事親職教育工作的人，本書多數時候以「親職教師」稱呼，有時候也會使用親職講師、親職教育專家或親職教育工作者來稱呼他們。

　　在大專院校裡似乎沒有專門為培養親職教師而設置的科系。不過與培養親職教師有關的科系則很多，包括：教育學院與師範學院裡的各科系、心理學系、輔導學系、社會工作學系、幼兒保育學系、人類發展學系、兒童與家庭學系，以及青少年兒童福利

學系等。

　　目前從事親職教育工作的專業人員，通常是兒童保育人員、社會工作人員、心理輔導人員，以及幼稚教育人員。因此想要成為親職教師的最佳途徑，便是先具有兒童保育、社會工作、幼稚教育、心理輔導或教育相關科系的背景。具有兒童保育經驗、學校教學經驗或小團體帶領經驗背景，也是成為親職教師的有利條件。如果具有心理師執照、社工師執照，以及各級教師證書的人，則對於擔任親職教師有加分的作用。

　　親職教師普遍在學校和社區工作，親職教育通常是各級學校教師、社區裡社會工作人員，以及兒童保育人員工作的內容之一。不過，親職教師很少單獨成為一個職稱。親職教師的訓練在國內外還沒有很具體的規範。本節僅是提供筆者的看法，作為大家討論的基礎。親職教師的訓練模式，可以包括下列三部分內容：課程學習、繼續教育與實務訓練。

貳、課程學習

　　想要成為親職教師的人在大專校院的時候可以選修「親職教育」有關的課程，這門課程有助於奠定良好的基礎知識，了解親職教育的原理原則。大專院校所開設的「親職教育」課程，屬於理論性或概念性的綜合介紹，有助於對整個親職教育的理論和實務做導論式的了解。

　　根據美國德州「親職教育與家庭支持中心」（Center for Parent Education and Family Support, 2006）所歸納出親職教師應具備的核心知識（core knowledge）如表 13-1 。這份核心知識是根據親職教

親職教育的原理與實務

育工作者的問卷調查結果整理而成的，可以作為研擬親職教師訓練課程的參考。

表 13-1　親職教師的核心知識

1. 兒童與人類發展（Child and lifespan development）
2. 家庭關係動力（Dynamic of family relationship）
3. 家庭生活教育（Family life education）
4. 輔導與教養（Guidance and nurturing）
5. 健康與安全（Health and safety）
6. 多元家庭系統（Diversity in family systems）
7. 與成人學習和家庭支持有關的專業實務與方法（Professional practice and methods related to adult learning and family support）
8. 學校與兒童保育關係（School and child care relationships）
9. 社區關係（Community relationship）
10. 衡鑑與評估（Assessment and evaluation）

　　與親職教育相關的課程很多，到底親職教師的訓練需要多少學分，目前並無定論，不過根據一般教育學程或各種專業學程的規範，一個培養親職教師的親職教育學程筆者認為至少需要 20 學分。有興趣開設親職教育學程的大學，不妨從表 13-2 當中選擇適合的科目開設 20 學分的課程。大學親職教育相關科系或推廣部可以開設親職教育學程，並且發給 20 學分的學程證書，這樣的證書將可以證明持證者具備親職教育的基本訓練。

表 13-2　親職教育學程科目表

1. 發展心理學／兒童與青少年發展
2. 普通心理學／教育心理學
3. 成人教育／家庭教育
4. 婚姻與家庭
5. 親職教育
6. 輔導原理／諮商概論
7. 團體輔導
8. 親職教育課程設計
9. 親職教育實習
10. 特殊教育概論／特殊兒童與輔導
11. 心理衛生／心理健康教育
12. 兒童與青少年福利／社會工作概論

參、繼續教育

　　參加各種親職教育專家所開設的，以親職教師為對象的密集研習，有助於深入熟悉某一學派或課程的理論和實務操作。例如：參加「父母效能系統訓練」（STEP）師資研習課程，即透過一至數天的密集訓練，學習如何訓練父母使用 STEP 的原理原則，去教養子女。完成整個訓練之後，通常可以獲得該親職教育課程講師的證書。

　　繼續教育有別於一般大學課程，繼續教育主要的特色是在於實務取向，主要由實務界的專家來分享他們的工作經驗和心得，特別是某一種親職教育課程的完整訓練。由於親職教育的對象是

一般成人，如何有效的進行成人教育，需要持續的學習和繼續教育。具有心理師或社工師執照的心理衛生專業人員，可以考慮參加親職教育方面的繼續教育，以便發展自己在親職教育領域的專長。

　　大學的親職教育學程主要在提供職前訓練，繼續教育比較接近一種在職訓練，在親職教育具有某些工作經驗之後，可以繼續累積前人的經驗與心得，讓自己可以提升專業能力，成為勝任親職教育的專家。繼續教育是從事親職教育工作的專業生涯中不可或缺的訓練，一方面可以培養自己的親職教育專長，另一方面可以朝向成為親職教師督導作準備。

肆、實務訓練

　　親職教師的訓練內容當中，實習或實務訓練是不可缺少的部分。透過實際去規劃親職教育課程，實際去開課講授親職教育，實際去帶領父母成長團體，以及實際去訓練父母成為有效能的父母等，可以獲得更紮實的訓練。在實習的過程中，學生應接受資深親職教育專家的督導，以便獲得更好的學習效果。對於已經畢業正在工作的人，也可以透過在職訓練，與資深同事一起帶領親職教育，而獲得實務訓練的機會。

　　在目前由於親職教育還處於非正式課程的形式和階段，將來如果能夠以學程方式加以規範的話，可以將親職教育實習列為學程當中的必修課程；這是未來親職教師專業發展的必然趨勢。至於親職教師實習需要多少學分或多少時間，則是一個可以討論的議題。筆者建議初期可以比照一般教師實習，如果以全職方式實

習，以 6 個月為原則，如果以部分時間方式實習，則以一年為原則。學生可以選擇一個親職教育相關機構實習，實習期間學生每週應接受個別督導至少一小時。實習的內容可以包括：親職教育課程的設計、實際協同帶領父母成長團體、單獨帶領父母成長團體、擔任親職教育講座講師、家庭訪視、個案管理，以及其它與親職教育有關的推廣活動。

親職教育課程教學實例

　　本節將與讀者分享筆者在台灣師範大學教育心理與輔導學系擔任「親職教育」課程教學的經驗。根據上述親職教師訓練的模式，筆者撰寫了一份教學計畫，並按教學計畫進行教學，發覺效果十分良好，歡迎有興趣的讀者在講授「親職教育」時，使用或參考這份教學計畫，計畫全文請見附錄。根據教學計畫，筆者融合理論與實務、認知技巧與經驗的學習、大團體教學與小團體研習，茲分別說明如下。

壹、兼顧理論與實務

　　本課程的前三次教學重點，在於向學生介紹有關親職教育的基本概念以及理論基礎，特別以心理分析和行為理論為例，說明早年經驗對子女人格與心理發展的影響，以及有關管教子女的行為學習理論，特別是有關獎勵與處罰等管教技術的理論基礎。本課程的後半部，學生花大部分的時間從事有關親職教育的實務操

作，包括親自規劃一份親職教育課程。同學分為若干小組，每組由 3 至 5 人組成。各組以分工合作的方式，從事訪問為人父母的心得，實際去親職教育實施現場觀摩學習，以及實際設計一份親職教育課程。

貳、兼顧知識、技巧，與經驗的學習

學生除了閱讀筆者所指定的教科書《親職教育原理與實務》（林家興，1997）與《天下無不是的孩子》（林家興，1994a）之外，還要閱讀其他親職教育圖書，並從中推薦三本優良的親子教育書籍。藉著上課時，聽講親職教育理論的介紹，以及閱讀有關的書籍，學生可以在認知上，獲得充分的學習。為了增加有關技巧與經驗的學習，在課程教學中以小團體研習的方式，邀請學生分享父母管教自己的早年回憶，以及探討有關體罰的個人經驗。同時，透過實際訪問為人父母，以及教學參觀，學生可以獲得書本以外的許多寶貴學習經驗。

參、大團體教學與小團體研習

有關理論基礎和基本概念的介紹，筆者採用大團體教學，以教師演講的方式進行。在課程教學過程中，筆者鼓勵同學進行學習心得分享。特別是請各小組將他們的研習心得，在大團體做口頭報告，讓學生從同伴中獲得許多寶貴的學習經驗。有關技巧與經驗的學習，最好透過小團體方式來進行學習。

第十三章　親職教師的訓練

　　從期末回饋表中，同學給予本課程與筆者許多正面的回饋，茲列出其中幾則在這裡，與讀者分享：

學生回饋之一：

　「我覺得非常好耶！我個人認為這樣的安排：1. 讓我們建立自我引導學習的態度；2. 讓我們在課程設計中，覺察自我，也成長他人；3. 讓我們能做到理論學習與實務操作的聯結。」

學生回饋之二：

　「課程的設計頗多樣化，而且很實用，比方說：好書推薦、課程設計、老師經驗分享等，尤其是課程設計，甚至有人親自實行，不但獲得實務經驗，也可實際配合社會現況。」

學生回饋之三：

　「此課程的設計十分活潑實用，因為我們未來都要面對孩子與父母之間的問題，所以在學習階段，能一面學，一面實作，可以覺得所學離實際不遠。親職教育課程設計方面，也是拉攏組內情感、統整組員理念的作業項目之一，在其中獲得很多，留下大學中很美好的回憶。」

學生回饋之四：

　「這門課程，開始時的幾次課，由老師介紹親職教育的一些重要觀念。之後，學生透過訪談父母→介紹好書→實際旁聽親職教育課程→設計親職教育課程，整個流程具有連貫性，先了解父母和孩子相處的情況，以及親職

教育的需求情況，而後是好書介紹。其實可讓我們廣泛
涉獵相關知識，接下來由我們親身聽聽觀摩別人所設計
的課程，最後再讓我們實地進行設計工作，整個過程下
來，我在實務經驗上收穫很多，所以我真的很喜歡這門
課。」

親職教師研習課程

親職教師的訓練尚無大學開設專門的科系來培養，在美國則
有少數的大學透過大學推廣部，開設「親職教師研習課程」的方
式來培養這方面的專長。本節將介紹洛杉磯加州州立大學
（California State University, Los Angeles）所開設的大學層級的研習
課程，以及北德州大學（University of North Texas）所開設的研究
所層級的研習課程，提供有興趣開設類似課程大學的參考。

壹、洛杉磯加州州立大學

洛杉磯加州州立大學的推廣部設計一種稱為「親職教師研習
課程」（Certificate Program in Parent Educator），全部課程包括 6 門
課，一共 24 個學分，以週末班方式上課，修業時間大約一年半。

一、課程目標

根據課程簡介，該課程的宗旨或目標如下：

1. 了解與親職教育有關的議題、課程和系統。

2. 熟悉社區裡舉辦親職教育的有關機構。

3. 了解親職教師在團體動力中的角色。

4. 學會評量各種人口中的父母的需要。

5. 透過實務經驗培養團體催化的能力。

二、招生對象

該課程招生的對象來自不同的專業領域，包括：護理、宗教教育、家庭治療、師範教育、社會工作、司法，以及其他各種相關部門的人，只要他們的工作與父母有關係，便是該課程的招生對象。

三、報名資格

具有五專畢業，或上過兩年大學的人，即可報名。因為該課程所開設的課程屬於大三和大四的程度，這些課程的學分可以轉到一般四年制大學的學分裡。

四、結業條件

取得研習證書的條件是學業平均成績 2.5 分。成績的評定是根據學生的上課參與、課外作業、小考、學期報告、課堂報告、團體報告，以及期末考成績來決定。

五、課程內容

全部研習課程包括以下的六門課，每一門課各 4 學分。

CHDV 430　　家庭生命週期與親子發展。

CHDV 431　　家庭動力與子女管教。

CHDV 432　親職的社會動力。
CHDV 433　親職教育的實施。
CHDV 434　親職教育中的團體動力。
CHDV 435　高危險群情境中的親職教育。

　　從上述課程的介紹，可以看出來，該研習課程是屬於一種大專院校的推廣課程，把大專院校相關科系中，與親職教育有關的課程加以規劃成為一套訓練課程。其課程性質介於正式的大學課程和推廣教育之間，是值得有興趣的大專院校作為辦理親職教育學程時的參考。

貳、北德州大學

　　北德州大學所開設的親職教育研習課程（Graduate academic certificate in parent education）是屬於研究所層級，由該校諮商、發展與高等教育學系的發展、家庭研究與幼兒教育學程負責課程的設計與教學。這是一個 15 個學分的研習課程，修畢這些課程可以取得親職教師研習，也可以作為取得家庭生活教師（family life educator）證書，以及家庭研究碩士學位的學分。

一、課程目標

　　本課程的目標是提供親職教育的核心知識，協助想要成為親職教師的人作職前準備。透過研究所學分的進修，協助個人在親職教育領域進行專業發展，以及專長訓練。

二、 招生對象與報名資格

　　凡是大學畢業的人都可以報名參加研習，學生報名時要繳交大學成績單和畢業證書，報名的時候需要註明是否要攻讀學位；如果要攻讀學位的學生，另外要繳交 GRE 成績單。

三、 結業條件

　　個別課程修課及格者可以拿到研究所的成績單，修滿 15 個學分可以拿到一張大學發給的親職教師研習證書。

四、 課程內容

　　親職教育研習課程包括五門課，每門課 3 學分，一共 15 個學分的課程，內容如下：

　　1. 發展心理學（Human development across the life span）

　　2. 親子互動（Parent child interaction）

　　3. 親職教育（Parent education）

　　4. 家庭關係（Family relationship）

　　5. 家庭、學校與社區的伙伴關係（Partnerships: Family, school, and community）

第四節

親職教師的專業發展

　　親職教師從事親職教育工作之前，固然需要參加職前培訓；從事親職教育工作之後，更需要參加繼續教育，以及相關的專業

活動和社團。除了可以維持專業的持續成長，也可以參加親職教師相關團體，以便獲得同儕的支持。本節將介紹洛杉磯的改善育兒中心（The Center for the Improvement of Child Caring，簡稱 CICC），以及美國「全國親職教育網絡」

壹、改善育兒中心的親職教師訓練

改善育兒中心是美國最富盛名的親職教育專家訓練中心之一。該中心由創辦人艾爾偉博士（Kerby T. Alvy）於 1974 年成立於洛杉磯，很快地該中心成為全國最大的親職教師訓練中心，截至目前已有超過 5,000 名專業人士參加過他們的訓練課程。這些專業人士包括：心理師、諮商師、社工師、護士、教師、保育人員等。改善育兒中心對於親職教育的信念是：透過親職教育課程訓練家長成為有效能的父母，可以獲得下列的效益：減少兒童虐待與疏忽、減少青少年藥物濫用、減少兒童健康、心理健康與學習問題、減少少年犯罪與幫派、增進兒童的健康與信心、讓家庭更強壯和穩定、提高員工生產力、增進兒童學習，以及社區安全。

該中心除了訓練親職教師之外，還提供父母的親職教育、出版各種親職訓練教材，以及舉辦親職教育研討會。該中心的工作重點有兩部分：一是提供為人父母的親職教育，另一是提供專業人員成為親職教師的專業訓練。該中心定期舉辦的親職教師訓練工作坊（parenting instructor training workshops）包括以下幾種：

1. 自信管教課程（CICC's Confident Parenting），一共 3 天。
2. 積極管教課程（Active Parenting），一共 2 天。
3. 積極管教青少年課程（Active Parenting of Teens），一共 2

天。

4. 幼童管教課程（Parenting Young Children），一共 2 天。

該中心另外還有專門適用於非洲裔家庭與西班牙裔家庭的親職教師訓練課程，研習時數各 5 天。該中心所提供的師資訓練，通常包括如何使用該中心所發展的親職教育教材，學生需要自行購買。有興趣的人可以自由參加該中心的全國親職教師協會。

筆者認為該中心所辦理的親職教師研習訓練，相當具有代表性，亦即，在美國從事親職教育工作的人，通常是一般心理輔導專家或教師，透過短期、密集的親職教師研習，而成為親職教師。

由於美國社會對於親職教師的素質要求愈來愈高，有些人認為親職教師應該選修親職教育學分若干時數，取得研習證明，才能成為親職教師。有的人還進一步考慮實施親職教師證照制度，除了參加研習之外，還要參加考試及格，才能成為親職教師。

根據筆者所知，目前國內外還沒有所謂的親職教師執照，任何人只要有興趣，並且接受親職教育相關的訓練，即可自稱為親職教師，從事親職教育工作。無論國內外，從事親職教育工作的人包括有執照的專業人員，例如：醫師、心理師、社工師、諮商師等，以及沒有專業執照的一般教師、家長義工等。

貳、親職教師專業組織

親職教師除了職前訓練和在職教育，最好也能參加自己的專業組織，以便持續獲得同儕的支持，以及參與自己專業領域的活動。加州改善育兒中心曾經在 1992 年成立了一個專屬於親職教育

的專業組織，叫做「全國親職教師協會」（National Parent Instructors Association），這個組織曾經辦理過全國性的親職教育研討會，後來因故於 1998 年解散。

目前在美國屬於全國性的親職教師專業組織是「全國親職教育網絡」（National Parenting Education Network），從 1995 年開始，關心親職教師專業發展的人士開始思考與評估成立一個全國性的支持性專業組織的需要性。基於下列的需求：親職教師需要一個全國性的對話平台、需要更容易取得親職教育理論、實務與研究資料、需要有一個代表親職教師的全國性團體、需要提高親職教育的專業化、親職教師需要更強的領導者、親職教師需要有自己的專業認同、各地區的親職教師需要支持網絡和溝通、需要更容易取得親職教育相關訊息，以及需要更多親職教師的在職訓練機會與專業發展。全國親職教育網絡大約在九十年代末期正式成為一個獨立的組織。

該組織的目標有四：1. 網絡連結（networking）：提供親職教師與相關團體一個支持網絡，增進彼此之間的連結與資源分享；2. 知識發展（knowledge development）：統整與擴充親職教育相關的研究與實務資料，使其更容易取得；3. 專業成長（professional growth）：協助親職教師發展專業認同、專業知能、專業倫理，以及專業標準；4. 領導（leadership）：在親職教育的領域，以領導的地位提供政府與民間有關親職教育的政策與專業指導與諮詢（NPEN, 2006）。

親職教育網絡的行政組織包括一個理事會（council）、一個輔導團隊（the guidance team），以及一個協調委員會（the coordinating committees）。理事會是由 20 至 25 名會員代表所組成，負責組

織的政策規劃與決策。輔導團隊由 7 名專任工作人員所組成,處理組織的日常事務。協調委員會則負責根據組織的使命與任務,作相關工作的規劃與協調。

親職教育的原理與實務

本章小結

　　本章主要在討論親職教師的訓練，由於親職教育並不是一個單獨的大學科系，也沒有這方面的學程，從事親職教育工作的親職教師通常具有其他的專長，包括：心理輔導、社會工作、兒童保育，以及成人教育等。本章首先討論親職教師的訓練模式，分享筆者在台灣師範大學講授親職教育課程的經驗和教學計畫，接著介紹美國改善育兒中心的親職教師訓練和美國大學親職教師研習課程等，這些外國經驗可以作為將來大學開設親職教育學程的參考。

問題討論

1. 試述親職教師的訓練模式？
2. 為何親職教師需要繼續教育？
3. 如果有一群需要親職教育的家長，請你為他們開設一門親職教育課程，你要如何呈現你的教學計畫？
4. 試述洛杉磯加州州立大學的親職教師研習課程的內容。
5. 試述親職教師籌組專業組織有哪些優點？

參考文獻

中文部分

中華兒童福利基金會（1994）：年報。台中市：中華兒童福利基金會。

內政部（2007）：96 年第 1 週內政統計通報。2007 年 5 月 26 日，取自 http://www.moi.gov/stat/main-1.asp?id=2568

內政部戶政司（2006）：台閩地區各縣市外籍與大陸（含港澳）配偶人數。台北市：行政院內政部。

內政部統計處（2003）：92 年第 25 週內政統計通報。台北市：行政院內政部。

王以仁、林本喬、鄭翠娟（1996）：國小親職教育小團體輔導方案之研究。嘉義師範學報，10，83-117。

王淑如（1994）：國民中學實施親職教育研究。國立台灣師範大學教育研究所碩士論文，未出版，台北市。

王瑞壎（2004）：大陸和外籍新娘婚生子女適應與學習能力之探究。臺灣教育，626，25-31。

王筱雲（2006）：以生態學觀點看外籍配偶家庭子女教養問題。網路社會學通訊期刊，50。嘉義縣：私立南華大學社會學研究所。

王鍾和（1992）：繼父家庭、繼母家庭及完整家庭子女的生活適應及親子關係之比較研究。國立台北護理學報，9，169-218。

王麗容（1994）：社會變遷中的親職教育需求、觀念與策

略。國立台灣大學社會學刊，**23**，191-216。

司法院少年及家事廳（2002）：研商親職教育參考資料。台北市：司法院。

司法院統計處（2002）：各地方（少年）法院親職教育輔導執行收結情形。台北市：司法院。

余政憲（2003）：外籍與大陸配偶輔導與教育專案報告。台北市：行政院內政部。

吳嫦娥（1998）：親職教育活動設計實務手冊。台北市：張老師文化。

周亮君（2005）：好好愛孩子學習成長營招生啓事。台北市立圖書館藝文活動。台北市：台北市立圖書館。

周美珍（2001）：新竹縣「外籍新娘」生育狀況探討。公共衛生，**28**，255-265。

周震歐（1986）：我國目前對非行少年父母專業服務之現況與改進。載於加強家庭教育、促進社會和諧學術研討會論文集（頁295-313）。台北市：行政院研究考核委員會。

周震歐（1997）：青少年犯罪成因與有關對策。載於八十六年度犯罪問題研討會論文集。台北市：法務部犯罪研究中心。

林妙娟（1989）：鄉村家庭親職角色與親子關係之研究。中華家政，**18**，41-46。

林家興（1994a）：天下無不是的孩子。台北市：張老師文化。

林家興（1994b）：心理健康與輔導工作。台北市：天馬文化。

林家興（1997）：親職教育的原理與實務。台北市：心理。

林家興（1998）：親職教育實施方式的檢討與建議。測驗與輔導，**151**，3132-3134。

林家興、王麗文（2000）：心理治療實務。台北市：心理。

林家興、黃詩殷、洪美鈴（2003）：強制親職教育輔導對象特質、種子教師培訓與實施成效之研究。司法院委託專題研究報告。

林淑玲（2003，5 月 8 日）：台灣之子外籍娘比例竄升。中時電子報。

品川孝子（1993）：如何面對孩子反抗期。台北市：小暢書房。

徐貴蓮（1994）：台北市幼兒父母對親職教育需求之研究。國立台灣師範大學家政教育研究所碩士論文，未出版，台北市。

洪毓瑛、陳姣伶（1998）：蕭瑟的童顏：揠苗助長的危機。新竹市：和英出版社。

施寄青（譯）（1992）：傾聽孩子：了解成長期中的孩子。台北市：桂冠。

翁麗芳（2004）：「新台灣之子／女」的托教問題——多元教養文化研究。北縣成教，**23**，25-30。

國泰人壽（2006）：親子共讀感情加溫。今周刊，**475/476**，140-141。

婦女新知基金會（2003）：外籍媽媽親職教育計畫評估報告書。台北市：台北市文山社區大學。

張春興、劉玉春、王澤玲、曹中瑋、萬家春（1986）：加強

親職教育以減少青少年犯罪之研究。國教階段品學優劣與觀護中在學少年親子關係之比較研究。行政院研究發展考核委員會研究專案。

張珍麗、張海琳（譯）（1994）：父母效能訓練。台北縣：新雨。

張素貞（1989）：台北縣國民小學推展親職教育現況及改進之研究。私立中國文化大學兒童福利研究所碩士論文，未出版，台北市。

張惠芬（1991）：幼兒母親對親職教育的態度、參與情形與滿意度之關係研究——以台北市立托兒所為例。私立中國文化大學兒童福利研究所碩士論文，未出版，台北市。

張惠敏（2000）：少年事件保護處分之研究。載於新世紀少年福利暨司法保護制度展望學術研討會會議手冊（頁6-23）。台北市：中華民國觀護協會。

張惠卿（譯）（1987）：面對孩子就是挑戰。台北市：遠流。

張劍鳴（譯）（1972）：父母怎樣跟孩子說話。台北市：大地。

張愛華（1986）：父母效能系統訓練對母親教養態度與教養行為之影響。私立中國文化大學兒童福利研究所碩士論文，未出版，台北市。

張蓓莉（編）（1991）：特殊學生評量工具彙編。台北市：教育部社會教育司及國立台灣師範大學特殊教育中心。

張燕華（1993）：寄養父母對親職教育需求研究。國立台灣師範大學家政教育研究所碩士論文，未出版，台北市。

曹光文（2000）：我國親職教育輔導在少年福利暨司法保護推行成效的檢討與展望。載於新世紀少年福利暨司法保護

制度展望學術研討會會議手冊（頁 24-47）。台北市：中華民國觀護協會。

許月雲、黃迺毓（1993）：反映式溝通親職教育方案之效果研究。家政教育，**12**（3），40-48。

許春金、侯崇文、黃富源、謝文彥、周文勇、孟維德（1996）：兒童少年處法成因與處遇方式之比較研究。台北市：行政院青年輔導委員會。

許春金、黃富源（1995）：少年刑事政策之迷失與反省。載於青少年犯罪防治學術研討會論文集。桃園縣：中央警察大學。

許美瑞、簡淑真、盧素碧、林朝鳳、鍾志從（1991）：幼兒親職教育問題研究。家政教育，**15**（6），21-34。

郭靜晃（2005）：親職教育理論與實務。台北市：揚智。

陳小娟（1994）：不同階段／安置聽障學生親職教育需求之研究。高雄師範大學學報，**5**，1-40。

陳石定（1994）：我國刑事司法機關執行防制青少年犯罪方案之評估。警專學報，**1**（7），497-547。

陳柏霖（2006）：多元文化教育的續起——新移民教育及其子女教養之探討。網路社會學通訊期刊，**49**。嘉義縣：私立南華大學社會學研究所。

傅橋（譯）（1995）：讓你和孩子更貼心。台北市：生命潛能文化。

彭懷真（1994）：祈禱家庭不再傷人。婚姻與家庭月刊，**8**（8），1-4。

曾雪娥（2005）：多元文化教育的再一章——新移民及新臺

灣之子的家庭教育。教師天地，**135**，50-55。

曾端真（1993）：親職教育模式與方案。台北市：天馬文化。

黃春枝（1979）：親子關係適應量表指導手冊。台北市：正昇
　　教育科學社。

黃惠惠（1996）：自我與人際溝通。台北市：張老師文化。

黃敦瑋（1986）：台灣地區犯罪少年機構性處遇成效評估研究—
　　—我國少年輔育院實證分析。中央警官學校警政研究所碩
　　士論文，未出版，桃園縣。

黃麗蓉（1993）：配合家長期望推展托兒機構親職教育之個案研
　　究。私立中國文化大學兒童福利研究所碩士論文，未出
　　版，台北市。

詹志禹、林邦傑、謝高橋、陳木金、楊順南（1996）：我國
　　青少年犯罪研究之整合分析。台北市：行政院青年輔導委
　　員會。

劉育仁（1991）：台北市托兒所幼兒家長對親職教育的認知與期
　　望之研究。私立中國文化大學兒童福利研究所碩士論文，
　　未出版，台北市。

劉金山（2004）：淺談外籍配偶教育學習體系政策之規劃。載
　　於2004年新竹市外籍配偶暨成人識字師資培訓研討會，
　　新竹市教育局。

蔡德輝（1980）。我國青少年犯機構性處遇與社區處遇成效之
　　評估。警學叢刊，**11**（2）。

劉焜輝（1986）：親子關係診斷測驗及指導手冊。台北市：天
　　馬文化。

劉焜輝等著（1995）：伴我成長親職教育家長手冊。台中縣：

台灣省教育廳。

蔡德輝（1990）：少年犯罪。台北市：五南。

蔡德輝、楊士隆（1998）：台灣地區少年犯罪問題與防治對策。載於楊瑞珠、劉玲君、連英式（主編）：諮商輔導論文集：青少年諮商實務與中美輔導專業之發展趨勢（頁1-26）。高雄市：國立高雄師範大學輔導研究所。

鄭玉英（1984）：操作性制約導向親職訓練方案之效果研究。國立台灣師範大學輔導研究所碩士論文，未出版，台北市。

鍾思嘉（2004）：親職教育。台北市：桂冠。

盧桂櫻（1994）：做溫暖的父母。台北市：張老師文化。

盧嬋瑜（1992）。台北市國小學童單親家長對親職教育之需求研究。國立台灣師範大學社會教育研究所碩士論文，未出版，台北市。

蕭道弘（主編）（1995）：社區家庭教育行政實務手冊。台北市：台北市政府教育局。

賴保禎（1972）：父母管教態度測驗。台北市：中國行為科學社。

賴保禎（1995）：犯罪少年的親子關係之研究。空中大學生活科學學報，**1**，1-13。

謝麗紅（1992）：團體諮商對離異者自我概念、親子關係、社會適應輔導效果之研究。國立彰化師範大學輔導學報，**15**，233-286。

簡茂發、何榮桂（1992）：我國心理與教育測驗彙編。教育部輔導工作六年計劃。

魏清蓮（1987）：整合式親職教育方案之研究。國立台灣師範
　大學輔導研究所碩士論文，未出版，台北市。

羅芝華（2005）：台灣新住民親子共讀計畫。講義，**225**，
　56-59。

蘇素美（1999）：校長的話。載於指南國小（編）：父母心成
　長行。台北市八十七學年度親職教育成果彙編，未出
　版。

英文部分

Abidin, R. R., & Carter, B. D. (1980). Workshops and parent groups. In R. R. Abidin (Ed.), *Parent education intervention handbook* (pp. 107-129). Springfield, IL: Charles C Thomas.

Abidin, R. R. (1995). *Parenting Stress Index professional manual*, (3rd ed.). Odessa, FL : Psychological Assessment Resources.

Alvy, K. T. (1994). *Parent training today: A social necessity.* Studio city, CA: Center for the Improvement of Child Caring.

American Red Cross (1981). *Parenting: Your child from one to six parent's guide.* Los Angeles: The Author.

Arlow, J. A. (1979). Psychoanalysis. In R. J. Corsini (Ed.), *Current psychotherapies* (2nd ed.) (pp. 1-43). Itasca, IL: F.E. Peacock.

Bank, L., Marlowe, J. H., Reid, J. B., Patterson, G. R., & Weinrott, M. R. (1991). A comparative evaluation of parent-training interventions for families of chronic delinquents. *Journal of Abnormal Child Psychology, 19*(1), 15-33.

Barber, J. G. (1992). Evaluating parent education groups: Effects on sense of competence and social isolation. *Research on Social Workpractice, 2*(1), 28-38.

Bavolek, S. J. (1984). Handbook of the Adult-Adolescent Parenting Inventory. Eau Claire, WI: Family Development Associates, Inc.

Benard, B. (1991). Characteristics of effective parenting programs. In Office for Substance Abuse Prevention (Ed.), *Parent training is prevention.* Washington, DC: U.S. Government Printing Office.

Bigner, J. J. (1979). *Parent-child relations.* New York: Macmillan.

Brazelton, T. B. (1984). *To listen to a child.* Reading, MA: Addison-Wesley.

Brazelton, T. B. (1989). *Toddlers and parents* (2nd ed.). New York: Delacorte Press.

Cedar, B., & Levant, R. F. (1990). A meta-analysis of the effects of parent effective training. *The American Journal of Family Therapy, 18*(4), 373-384.

Center for parent education and family support (2006). Core knowledge for parent educators and professionals who work with families. Retrieved September 26, 2006, from http://www.cpe.unt. edu/career_dev/ccore.php

Chambless, D. L., & Goldstein, A. J. (1979). Behavioral psychotherapy. In R. J. Corsini (Ed.), *Current psychotherapies* (2nd ed.) (pp. 230-272). Itasca, IL: F. E. Peacock.

Cheng, G. J., & Balter L. (1997). Culturally sensitive parent edu-
cation: A critical review of quantitative research. *Review of
Educational Research, 67*(3), 339-369.

Clark, L. (1985). *SOS! Help for parents.* Bowling Green, KY:
Parents Press.

Clark-Stewart, K. A. (1978). Popular primers for parents.
American Psychologist, 33, 359-369.

Cunningham, C. (1985, Sep). Training and education approaches
for parents of children with special needs. *British Journal of
Medical Psychology, 58*(3), 285-305.

Dembo, M. H., Sweitzer, M., & Lauritgen, P. (1985). An evalua-
tion of group parent education: Behavioral, PET, and
Adlerian Programs. *Review of Educational Research, 55*(2),
155-200.

Dinkmeyer, D., & Mckay, G. (1976). Systematic training for effec-
tive parenting: Parent handbook. Circle Pines, MN: American
Guidance Service.

Dishion, T. J., Patterson, G. R., & Kavanagh, K. A. (1992). An
experimental test of the coercion model: Linking theory,
measurement, and intervention. In J. McCord & R. E.
Tremblay (Eds.), *Preventing antisocial behavior:
Interventions from birth through adolescence* (pp. 253-282).
New York: The Guilford Press.

Dreikurs, R. (1948). *The challenge of parenthood.* New York:
Duell, Sloan & Pearce.

Dreikurs, R., & Soltz, V. (1964). *Children: The challenge.* New York: Merdith Press.

Eimers, R., & Aitchison, R. (1977). *Effective parents responsible children.* New York: McGraw-Hill.

Elkind, D. (1988). *The hurried child: Growning up too fast too soon* (rev. ed.). Reading, MA: Addison-Wesley.

Fine, M. J. (1980). The parent education movement: A introduction. In M. J. Fine (Ed.), *Handbook on parent education* (pp. 3-26). New York: Academic Press.

Foley, V. D. (1979). Family therapy. In R. J. Corsini (ed.), *Current psychotherapies* (2nd ed.) (pp. 460-499). Itasca, IL: F. E. Peacock.

Forward, S. (1989). *Toxic parents.* New York: Bantam.

Fraser, M. W., Hawkins, J. D., & Howard, M. D. (1988). Parent training and prevention approaches. *Child and Youth Services, 1*(1), 93-125.

Gaudin, J. M., & Kurtz, D. P. (1985). Parenting skills training for child abusers. *Journal of Group Psychotherapy, Psychodrama & Sociometry, 38*(1), 35-54.

Ginott, H. (1965). *Between parent and child.* New York: Avon Books.

Goldenson, R. M. (1970). *The encyclopedia of human behavior.* Garden City, NY: Doubleday.

Gordon, T. C. (1975). *P. E. T. : The tested new way to raise responsible children.* New York: A Plume Book.

Guidubaldi, J., & Cleminshaw, H. K. (1994). *Parenting satisfaction scale manual.* San Antonio, TX: The Psychological Corporation.

Hudson, W. W. (1982). *The clinical measurement package: A field manual.* Chicago: Dorsey Press.

Hur, J. (1997). Review of research on parent training for parents with intellectual disability: Methodological issues. *International Journal of Disability, Development & Education, 44*(2), 147-162.

Kazdin, A. E. (1985). *Treatment of antisocial behavior in children and adolescents.* Homewood, IL: Dorsey.

Kazdin, A. E. (1987). The treatment of antisocial behavior in children: Current status and future directions. *Psychological Bulletin, 102*, 187-203.

Kazdin, A. E. (1997). Parent management training evidence, outcomes, and issues. *Journal of the American Academy of Child and Adolescent Psychiatry, 36*(10), 1349-1356.

Klein, M. (1932). *The psychoanalysis of children.* London: Hogarth Press.

Kumpfer, K. L. (1991). How to get hard-to-reach parents involved in parenting programs. In Office for Substance Abuse Prevention (Ed.), *Parent training is prevention* (pp. 87-95). Washington, DC: U. S. Government Printing Office.

Leach, P. (1991). *Your baby and child: From birth to age five* (2nd ed.). New York: Knopf.

Lin, J. C. H. (1990, September 24). *Chinese families and child abuse.* Paper presented at the Conference on Asian Families and Child Abuse. Asian Pacific Child Abuse Council, Monterey Park, CA.

Lin, J. C. H., & Chow, M. (1989). *Parent education guide* (unpublished). Rosemead, CA: Asian Pacific Family Center.

Loeber, R., & Stouthamer-Loeber, M. (1986). Family factors as correlates and predictors of juvenile conduct problems and delinquency. In M. Tonry & N. Morris (Eds.), *Crime and justice: An annual review* (pp. 29-149). Chicago: University of Chicago Press.

Mahler, M., Pine, F., & Bergman, A. (1975). *The psychological birth of the human infant.* New York: Basic Books.

Mason, E. J., & Bramble, W. J. (1978). *Understanding and conducting research: Applications in education and the behavioral sciences.* New York: McGraw-Hill.

McKillip, J. (1987). *Need analysis: Tools for the human services and education.* Newbury, CA: Sage.

Meador, B. D., & Rogers, C. R. (1979). Person-centered therapy. In R. J. Corsini (Ed.), Current psychotherapies (2nd ed.) (pp. 131-184). Itasca, IL: F. E. Peacock.

NPEN (2006). History of NPEN. Retrieved September 27, 2006, from http://www.ces.ncsu.edu/depts/fcs/npen/work_hi.html

Patterson, G. R. (1986). Performance models for antisocial boys. *Amenican Paychologist*, 41(4), 432-444.

Popkin, M. (1990). *Active parenting of teens promotion guide.* Atlanta: Active Parenting.

Rogers, C. R. (1951). *Client-centered therapy.* Boston: Houghton Mifflin.

Ruma, P. R., Burke, T. V., & Thompson, R. W. (1996). Group parent training: Is it effective for children of all ages? *Behavior Therapy, 27,* 159-169.

Santrock, J. W., Minnett, A. M., & Campbell, B. D. (1994). *The authoritative guide to self-help books.* New York: The Guilford Press.

Schaefer, E. S. (1959). A circumplex model for maternal behavior. *Journal of Abnormal and Social Psychology, 59,* 226-235.

Tavormina, J. B. (1980). Evaluation and comparative studies of parent education. In R. R. Abidin (Ed.), *Parent education and intervention handbook* (pp. 130-155). Springfield, IL: Charles C Thomas.

Todres, R., & Bunston, T. (1993). Parent education program evaluation: A review of the literature. *Canadian Journal of Community Mental Health, 12*(1), 225-257.

Yankelovich, D., Skelly, & White, Inc. (1977). *Raising children in a changing society: The General Mills American family report.* Minneapolis: General Mills.

Zigler, E., & Black, K. B. (1989). America's family support movement: Strengths and limitations. *America Journal of orthopsychiatry, 59*(1), 6-19.

附錄：親職教育教學計畫

教師：

上課時間：

上課地點：

一、教學目標

1. 學生將了解父母在親職教育上的需要與困難。
2. 學生將了解至少兩種親職教育的理論基礎。
3. 學生將熟悉至少三本有關親職教育的書籍。
4. 學生將會用批判的觀點評估什麼是適合親職教育的參考書籍和課程。
5. 學生將學會設計至少一種親職教育課程。

二、分組指定作業

全班學生分為若干小組，每一小組以分工合作的方式，在截止日期以前，完成下列作業，並在課堂上分享學習心得或進行口頭報告：

1. 訪問摘要。每小組自行選擇並訪問三位為人父母者，以了解父母在子女管教以及親子關係上的問題和需要，並填寫三份訪問摘要。

2. 現場報告。每小組自行以教師、學生、記者、家長或旁觀者身分，去參加課堂外舉行的，對外公開的，收費或免費的親職教育課程至少一次。親職課程可以是演講、座談、研習、親子活動、上課等，並撰寫 2,000 字左右的現場報告一篇。報告內容至少包括：

親職教育的原理與實務

①課程名稱；②招生對象；③課程設計；④教材教法；⑤理論依據；⑥學生反應；⑦小組對該課程有何建言；⑧小組的學習心得。

3. 好書推薦。每小組蒐集坊間有關親職教育的書籍，以參考文獻方式列出，選擇其中三本值得推薦的書加以評論，並填寫三份好書推薦摘要。

4. 課程設計。每小組自行選擇主題、對象、方式，設計一門親職教育課程，撰寫 3,000 字左右的課程計畫，並在課堂上進行口頭報告。

三、評量方式

1. 訪問摘要　20%。
2. 現場報告　20%。
3. 好書推薦　20%。
4. 課程設計　40%。

四、指定參考書

林家興（1994）。天下無不是的孩子。台北市：張老師文化。
林家興（1997）。親職教育的原理與實施。台北市：心理。

五、教學進度與大綱

第一週　課程說明
第二週　親職教育的心理分析理論
　　　　小團體經驗分享：「父母管教我的早年回憶」
第三週　親職教育的行為理論

　　　　　　探討各種獎勵與處罰的管教方法

第四週　了解為人父母的需要與管教子女常見的問題

　　　　　　繳交父母訪問摘要三份並分享學習心得

第五週　親職教育與兒童保護

　　　　　　小團體經驗分享：「體罰與我」

第六週　期中考／獨立研究

第七週　如何設計親職教育課程（一）

　　　　　　繳交現場報告並分享學習心得

第八週　如何設計親職教育課程（二）

　　　　　　繳交現場報告並分享學習心得

第九週　如何帶領父母團體

　　　　　　繳交好書推薦摘要三份並分享好書閱讀心得

第十週　親職教育的實施（一）

　　　　　　繳交課程計畫並分組口頭報告

第十一週　親職教育的實施（二）

　　　　　　繳交課程計畫並分組口頭報告

第十二週　親職教育的實施（三）

　　　　　　繳交課程計畫並分組口頭報告

第十三週　期末考／獨立研究

親職教育的原理與實務

中文索引

親職教育的原理與實務

英文索引

親職教育的原理與實務

國家圖書館出版品預行編目資料

親職教育的原理與實務／林家興著. -- 二版. --
臺北市：心理, 2007.10
　面；　公分. --（教育現場系列；41120）
參考書目：面
含索引

ISBN 978-986-191-075-8（平裝）

1.親職教育

528.2　　　　　　　　　　　　　　96017831

教育現場系列 41120

親職教育的原理與實務（第二版）

作　　　者：林家興
責任編輯：郭佳玲
總 編 輯：林敬堯
發 行 人：洪有義
出 版 者：心理出版社股份有限公司
地　　　址：231 新北市新店區光明街 288 號 7 樓
電　　　話：(02) 29150566
傳　　　真：(02) 29152928
郵撥帳號：19293172　心理出版社股份有限公司
網　　　址：http://www.psy.com.tw
電子信箱：psychoco@ms15.hinet.net
駐美代表：Lisa Wu（lisawu99@optonline.net）
排 版 者：辰皓國際出版製作有限公司
印 刷 者：東緗彩色印刷有限公司
初版一刷：1997 年 11 月
二版一刷：2007 年 10 月
二版四刷：2015 年 10 月
Ｉ Ｓ Ｂ Ｎ：978-986-191-075-8
定　　　價：新台幣 400 元

■有著作權·侵害必究■